中國學術思想
研究輯刊

十 二 編

林 慶 彰 主編

第 46 冊

高攀龍理學思想之研究（上）

陳 美 吟 著

花木蘭文化出版社

國家圖書館出版品預行編目資料

高攀龍理學思想之研究（上）／陳美吟 著 — 初版 — 新北市：
花木蘭文化出版社，2011〔民 100〕
序 2+ 目 4+230 面；19×26 公分
（中國學術思想研究輯刊 十二編；第 46 冊）
ISBN：978-986-254-686-4（精裝）
1.（明）高攀龍　2.學術思想　3.理學
030.8　　　　　　　　　　　　　　　　100016212

ISBN-978-986-254-686-4

中國學術思想研究輯刊
十二編　第四六冊　　　　　　ISBN：978-986-254-686-4

高攀龍理學思想之研究（上）

作　　　者　陳美吟
主　　　編　林慶彰
總 編 輯　杜潔祥
出　　　版　花木蘭文化出版社
發 行 所　花木蘭文化出版社
發 行 人　高小娟
聯 絡 地 址　新北市永和區中正路五九五號七樓
　　　　　　電話：02-2923-1455／傳真：02-2923-1452
網　　　址　http://www.huamulan.tw 信箱 sut81518@gmail.com
印　　　刷　普羅文化出版廣告事業
封面設計　劉開工作室
初　　　版　2011 年 9 月
定　　　價　十二編 55 冊（精裝）　新台幣 90,000 元

高攀龍理學思想之研究（上）

陳美吟　著

作者簡介

陳美吟，臺灣嘉義縣人，出生於雲林純樸小鄉村，1999 年 6 月畢業於中國文化大學中文系，2003 年 12 月畢業於中國文化大學中文研究所，今為中國文化大學中文研究所博士候選人，任教於台北市志仁高中。因興趣使然，從事與中國思想相關之研究，藉由此論文的出版，希冀能有裨益於學術界。

提　要

　　明代理學之發展是程朱「性即理」之理學轉向陸王「心即理」之心學的一個關鍵時刻，但在朱學末流因空談心性與王學流於虛妄漸生流弊情況之下，主張以「氣」為本體，重視形氣世界一氣流行之「氣本論」思想，便在此時乘勢興起，有救亡圖存之理想。當時「以氣為本」之學者有羅欽順、王廷相、吳廷翰、呂坤、高拱、高攀龍、劉宗周等人，雖然各有主張，但皆是希冀以「一氣」貫通於形上下，取代程朱之學「理氣二分」、「心性情三分」與王學只重形上心靈層次，不重視現實萬物之弊端。藉此解除儒家形氣人身與道德性理之天人割裂所產生之矛盾處，並引領儒學由「內聖」跨向「外王」之路。進而改善當時社會之流弊與政治、經濟等問題，鞏固國家安危與人民生計。

　　本論文藉由「以氣為本」之主軸，以「浩然之氣」之本體論、「浩然之氣即性」之性論、「渾身是心」之心論及「物融為知」之知識論與「變化氣質」之修養論作為本論文之研究架構。由高攀龍原典之研究中，透過分析比較，以掌握其思想精髓。再者，因高攀龍在東林論學，故其「以氣為本」之論題，並非孤鳴獨發，所以參考同時代「以氣為本」之學者與當代其他思想學派之原典資料，以對顯其「以氣為本」之思想。此外，並結合各時代諸家之見解，綜合理學思潮之演進及時代背景，企圖尋找出對高攀龍思想理論具有影響力者。綜觀上述，再為高攀龍學術思想做一縱觀之評比，希冀為明代末年「以氣為本」之學術風潮，留下學術見證。並為未來欲研究「氣本論」之學者，在建構明末時期其他思想大家之學術理論工作時，會有所助益與啟發。所以本論文根據高攀龍「以氣為本」之學術思想架構之進程，分為下列八章：

　　第一章緒論：主要論述研究動機、研究材料與範圍、研究方法。

　　第二章高攀龍之生平與學思歷程：由家世背景、生平事蹟、師友交遊之論學經過，期盼掌握高攀龍思想理論之形成過程與完整經歷。

　　第三章浩然之氣：高攀龍以「氣」為宇宙生化萬物之本源，故此章在探討高攀龍以「氣」為其本體論之思想。首先，高攀龍明白說出「天地之先，惟斯一氣」，萬物之生死只是「一氣」聚散。其次，高攀龍更以孟子所言「浩然之氣」與張載「太虛即氣」相提並論，藉此說明儒家思想體系中一直都有「以氣為本」之思想。所以「浩然之氣」之本體透過「易」之陰陽二氣相盪相摩之作用來化生萬物。此外，宋明理學家所重視的「理」之論題，高攀龍亦有說明。高攀龍認為「理」只是氣之條理，即萬物天然自有之則，因此「理」是形氣萬物至善之本質，而非創生萬物之本源。所以高攀龍指出「理」乃是「浩然之氣」易之「生理」，故「理」之位階雖與「氣」同，但非一非二。

　　第四章浩然之氣即性：由前「浩然之氣」延伸而來，因為高攀龍以「浩然之氣」言其本體之內涵，而高攀龍認為孟子之「浩然之氣」即是張載之「太虛即氣」，而兩者之學術思想皆是「以氣為本」。張載之「太虛即氣」是無聲無臭之湛然而不睹不聞者，高攀龍欲藉此「太虛

即氣」來說明萬物之本源之宇宙生化本體，是超越有無而無具體形象者。因「太虛之氣」是「虛」而無具體形貌，故可以「一氣」化生森然萬物。但是高攀龍思想特點在於重視形氣世界，因此不輕言形上虛空卻實有之「太虛之氣」。高攀龍不論「太虛之氣」，而以萬物總合之「天」替代「太虛之氣」，「天」成為萬物創生之具體有形之造物者。所以高攀龍談論人之「性」時，不再言「太虛之氣」，而是多以「天」來論之。再者，高攀龍又以「浩然之氣」取代張載「虛空即氣」即是要提昇氣之道德義，別於唯物論只重形氣之自然狀態，不重視人之道德價值，而走向自然科學之弊。因此高攀龍認為人之「性」即是稟此道德「浩然之氣」為其「以善為性」之本質。

第五章渾身是心：「浩然之氣」透過「易體」之陰陽二氣相盪相摩之作用化生萬物。而此「太虛之氣」之「易體」即「氣之精靈」者，而「氣之精靈」在人身即為人之「心」。然而形氣之人除此「氣之精靈」之「心」外，更有一具體形軀之身為其道德表現之依據。而此形氣之身是以「氣之精靈」之「心」為其身之主體，故形氣之人「氣之精靈」之「心」可以主宰形氣之身，使其生生表現道德行為而躬行不輟，此即高攀龍所謂「渾身是心」之意義。所以高攀龍「以氣為本」之學術特色，在於重視形氣之氣化世界之道德實踐。

第六章物融為知：此章主要闡述高攀龍格物認知之進程。因為「道在氣中」，所以萬物皆是以「仁」之生理為其身之本質，所以萬物皆備於我。而當我形氣之人「心」之表現有過與不及時，可藉由格物而認知「至善」本在吾身，而重新找回赤子之本心，恢復人心皆道心之狀態。

第七章變化氣質：此章重點在「工夫論」之說明。高攀龍強調「學」之變化氣質之重要性，與「集義」養「浩然之氣」之修養工夫。而高攀龍又提出「半日靜坐，半日讀書」之為學修養之方，在此觀點下引出其「居敬窮理只是一事」、「大學修身為本之本即中庸天下大本之本」及「養德、養身是一件事」的特殊論點。

第八章結論：回顧前七章內容，並連結各章重點，做統整工作。其次，闡述高攀龍學術思想之價值與對後世之影響。

目次

序

　　高攀龍云：「學者讀書須要句句反到自己身上……但依那書上勉強做得一兩句，便漸漸我與書相交涉，意味漸漸浹洽，一面思索體認，一面反躬實踐，這纔是讀書。」此乃高攀龍所標舉之「爲學」方法，亦是個人深受感動之處。自古之人讀聖賢書所爲何事？只在日用庸行中，躬行實踐，認眞爲學做人而已。否則書與自家身心不相干，而書自書，卦自卦，天地自天地也。

　　從事於高攀龍論文研究過程中，發現高攀龍不著重在學術理論之說解，而是強調其生命實修實悟之進程。一開始使我在建構其學術理論體系上，頗有挫敗之感，果眞如其他學者所言，高攀龍之理學思想爲朱王調和，而其爲學重點只在潛心實踐之「工夫論」？然而在與王俊彥老師不斷地研讀高攀龍原典資料，發現其生命之圓融境界，絕非無學術理論支持而能達成。因此重新燃起希望，在既有之「以氣爲本」之學術基礎下，更進一步探索，希冀建構出最貼近高攀龍「以氣爲本」之理學思想。雖然吾人才疏學淺並未將此論文完善地展現，但就個人學術研究之眼界卻有開拓之作用，此外更深刻體認中文學海浩瀚無垠。

　　論文之完成應歸功於王俊彥老師費心指導，與家人親友之支持。再者，更應感謝應裕康先生與陳錫勇先生對本論文不吝賜教，並提供其長期從事學術研究之心得與做學問之方法，令我受益匪淺。然而因吾人資質駑鈍，學藝未精，故此論文有未完善與疏漏之處，期盼學界不吝指正，使之更臻盡善盡美。

第一章　緒　論

第一節　研究動機

　　《明史·儒林傳》有云：「原夫明初諸儒，皆朱子門人支流餘裔，師承有自，矩矱秩然。曹端、胡居仁踐篤履，謹繩墨，守儒先之正傳，無敢改錯。學術之分，則自陳獻章、王守仁始。宗獻章者曰江門之學，孤行獨詣，其傳不遠。宗守仁者曰姚江之學，別立宗旨，顯與朱學背馳，門徒遍天下，流傳逾百年，其教大行，其蔽滋甚。嘉、隆而後，篤信程、朱，不遷異說者，無復幾人矣。」〔註1〕自陳獻章、王陽明之後，程朱之學便一蹶不振，故宗程朱之學之江門學派因「孤行獨詣」，所以其學問有失傳之危機。而另一崇尚王陽明之姚江學派多從事講學，故門徒遍佈天下，顯然是當時之學術主流。但此派思想多流於空談心性，而無益於世教。所以嘉、隆之後篤信程、朱學說者幾希矣。由上可見明初程朱「性即理」之學轉變為明中晚期陸王「心即理」之學之軌跡。

　　歷來學者多用心於探討程朱之學轉為陸王心學之變化因素與過程，因而忽略從先秦以來，「氣」的觀念一直存在於諸子的思想之中，如老子「萬物負陰而抱陽，沖氣以為合」，董仲舒提出「元氣」，王充之元氣自然論。而於宋明理學時期，張載提出「太虛即氣」，使「氣」向本體層提昇，成為另一別於程朱學派與陸王心學之學術體系。在傳統之宋明理學觀念中，總將宋明理學

〔註1〕　張廷玉：《明史·儒林傳》，（北京，中華書局，1977年），卷二八二，列傳第一七○，頁7223。

區分爲程朱、陸王兩派。程朱之學以「理」爲主體，在邏輯結構上區分爲形而上、形而下，將具體現實與道德意識區分爲二，雖具有「外王」之精神，卻未能達到儒家由內聖而外王之「一以貫之」的精神。陸王之學則以「心」爲主體，雖能明白指出朱學最大之問題在於形上、形下之理氣二分，卻主張心外無理，以主觀意識建構形上學，其「良知」主體表面看來是貫通形上、形下，實際上卻是重視形上之道德意識，而忽略形下之氣化世界，故亦偏離儒家由內聖而外王之學術主軸。

然而，在明朝程朱「性即理」之理學衰微，而陸王「心即理」之心學振興的同時，尚有以氣爲本之「氣本論」一派被傳統理學主流所忽視，此派之理學思想多被視爲朱學之分歧，而未受重視。直至當代才被正式概括爲一個學派。此派之學者批評朱子之「理氣二分」、「心性情三分」思想，使「理」成一形上卻不能生生之價值本體，而生生作用則由形氣之心來完成，有天人割裂不相貫之病。再者，「以氣爲本」之學者認爲陽明學派以「良知」作爲通貫天道與性命之本體，其生生不息之道德創造，是由天命於人，成爲人踐德之價值與動力之根源，但其重點仍只是在形上「本體界」之價值創造，對形氣世界之生化，則有未予以重視之憾。故「以氣爲本」之學者繼承了中國古代元氣本體之哲學思想，以「氣」爲本體，貫通形上、形下與天人之間，闡發「元氣一元論」之思想。張岱年爲最先提出宋明理學除了程朱、陸王二派之外，另有「氣本論」一派之學者。張岱年於《中國哲學大綱》中將宋至清哲學分爲「唯理的」、「唯心的」，以及「唯氣的亦即唯物的」三個主要的潮流，重新肯定在傳統理學主流觀點中，被誤認爲朱學分歧之「氣本論」學者，使其得到一定之學術地位。張岱年於《張岱年自傳》中曾回顧此事，其云：「我在《中國哲學大綱》中首先指出：自宋至清的哲學思想，可以說有三個主要潮流，第一是唯理的潮流，即程朱之學；第二是主觀唯心論的潮流，即陸王之學；第三是唯氣的潮流亦即唯物的潮流，即張載、王廷相、王夫之以及顏元、戴震的學說。從三十年代到八十年代，經多年的論辯，宋明哲學分三派的觀點已爲多數研究者所承認了。馮友蘭晚年撰寫《中國哲學史新編》，將宋明哲學分爲理學、心學、氣學三個學派。」〔註2〕由這段話可知眞有「氣本論」一派在二十年代以前爲大家所忽視。但本論文純粹是從具有道德義之氣化生

〔註2〕 張岱年：《中國哲學大綱》，（台北，藍燈文化事業股份有限公司，民國81年4月），頁23～24。

生來論述，與張岱年的「唯氣的亦即唯物的」論點並不相同。而張載爲「氣本論」之奠基者，在此「以氣爲本」之思潮中有純粹氣本論者，如羅欽順、王廷相、吳廷翰等人，主張形上元氣與形下形氣相貫通。再者，有以氣含攝心性之「心性氣是一」者，如呂坤、高攀龍、劉宗周、黃宗羲等人。其次，更有將氣學直接轉化爲人倫治道，以達到內聖外王之精神，如高拱、戴震、陳確、唐甄、顏元、李塨等。

　　在明末思想界眾多批評與救正王學流弊之聲浪中，無庸置疑地東林學派是其中最具代表性者，而高攀龍則是此派之重點人物。關於東林學派之思想，近人已有不少研究，但皆主要圍繞在究竟是尊朱或是尊王之論爭中，鮮少注意「氣本論」所扮演之角色。綜觀高攀龍之學術著作，其思想受「氣本論」影響頗深，故吾人以爲應著重高攀龍之原典資料，以此爲研究重心，試圖證明其「以氣爲本」之學術思想。本論文之研究根據，是藉由昔日新儒家所定義儒學本體爲「即存有即活動」之自律道德之學術進路下，並試圖重新詮釋由道德創造所論之「元氣說」，而不由「唯物」觀點來詮釋「氣」。故學生論述之主線亦順著自定、自律、自悅此方向生生不息地道德創造主體之進路來研究高攀龍。希冀藉此建立高攀龍理學思想之架構，並凸顯高攀龍「以氣爲本」理學思想之特色，因而可以重新確立高攀龍在學術史上之地位與價值，以及對後世之影響。

第二節　研究材料

一、高攀龍原典著作

　　本論文高攀龍之原典研究材料主要以《高子遺書》〔註 3〕爲主要徵引資料，因爲高攀龍在東林講學之紀錄都多收於此，藉此可以掌握高攀龍在東林講學之思想。而高攀龍其他述作則爲本論文之參考對象。

〔註 3〕 本論文主要徵引爲高攀龍：《高子遺書》，《景印文淵閣四庫全書》，（台北，臺灣商務印書館，民國 72 年），第一二九二冊。並參照明崇禎四年（西元 1631 年）錢士升等刊之《高子遺書》。但因此刊本已亡佚，故於清康熙二十八年（西元 1689 年）張夏翻刻本。其內容有語一卷，箚記一卷，經說辨贊類一卷，講義一卷，會語高橋別語初謁語一卷，詩一卷，疏揭問一卷，書一卷，序一卷，碑傳記譜訓一卷，誌表狀祭文一卷，題跋雜書一卷。附：年譜，《周易孔義》十二卷，《程子節錄》四卷，《朱子節錄》十四卷。

　　《高子遺書》之內容是高攀龍卒後，其門人陳龍正由高攀龍生前自輯之《就正錄》，再加其遺作，彙編而成。共分爲十二卷，每卷一類，第一卷爲語，第二卷箚記，第三卷經解、說、辨、贊，第四卷爲講義，第五卷會語，第六卷是詩，第七卷爲疏，第八卷爲書，第九卷是序，第十卷碑、傳、記、譜、訓，第十一卷爲誌、表、狀、祭文，第十二卷爲題跋雜書。書後附錄誌狀年譜一卷。〔註4〕

　　其中第一卷至第五卷，以及第八、第九卷大都側重在義理之闡發。《明史・藝文志》云：

　　　　其講學之語，類多切近篤實，闡發周密。詩意沖澹，文格清迢，亦
　　　　均無明末纖詭之習，蓋攀龍雖亦聚徒講學，不免漸染於風尚，然嚴
　　　　氣正性，卓然自立，實非標榜門戶之流。故立朝大節，不愧古人，
　　　　發爲文章，亦不事詞藻，而品格自高，此真之所以異與偏歟。〔註5〕

高攀龍學問切近篤實，思想周密，多重實踐。而其詩意沖澹，文風清迢，高風跨俗。其詩、文無明末纖弱詭譎之習氣。而高攀龍另撰有《周易易簡說》〔註6〕三卷，已著錄。《明史・藝文志》云：

　　　　攀龍出趙南星之門，淵源有自。其學以格物爲先，兼取朱、陸兩家
　　　　之長，操履篤實，粹然一出於正。〔註7〕

其尚有《周易孔義》一卷，見於《明史・藝文志》。《二程節錄》四卷文集、鈔一卷、附錄一卷，見於《清朝續文獻通考・經籍考》。〔註8〕《朱子節要》十四卷，此見於《國史經籍志補》。〔註9〕《春秋孔義》〔註10〕十二卷。

〔註4〕　《景印文淵閣四庫全書・高子遺書》其書之後並未附錄高攀龍誌狀年譜一卷，
　　　　因此其年譜部分又參閱明華允誠：《北京圖書館藏珍本年譜叢刊・高忠憲公年
　　　　譜》，（北京，北京圖書館出版，出版年不詳）。
〔註5〕　張廷玉：《明史・藝文志》，（北京，中華書局，1977年），卷九六，志第七二，
　　　　頁 2344。
〔註6〕　高攀龍：《周易易簡說》，《景印文淵閣四庫全書》，（台北，臺灣商務印書館，
　　　　民國 72年），第三四冊。
〔註7〕　清張廷玉：《明史・藝文志》，（北京，中華書局，1977年），卷九六，志第七
　　　　二，頁 2344。
〔註8〕　劉錦藻：《清朝續文獻通考・經籍考》收錄於《十通》中。《十通》，（台北，
　　　　臺灣商務印書館，民國 76年）。
〔註9〕　《國史經籍志補》收錄於楊家駱主編：《明史藝文志廣編》，（台北，世界書局，
　　　　民國 52年）。
〔註10〕　張廷玉：《明史・藝文志》中有云：明李攀龍《春秋孔義》十二卷，疑當作「高
　　　　攀龍」。《千頃堂書目》卷二與《四庫全書總目》卷二八都作「高攀龍春秋孔
　　　　義十二卷」。

二、前人研究成果

明末以後乾嘉考據之學興盛，西學東漸，更有自然科學傳入，當時知識份子重視經世致用，此與宋明理學思想家空談心性之風格迥然不同，其中轉變並非一朝一夕，而是經過明朝政治動盪，士人儒者反省王學末流之弊，進而轉向現實躬行實踐之風，此與乾嘉考據之學有很大之關聯性，而在此士風之下表現最為出色者即是東林講學之若干學者，而高攀龍為其中之佼佼者。其雖從學於顧憲成，但是卻有其獨特之思想，在東林學風中，表現極為亮眼。

前人針對於高攀龍學術思想研究之專篇著作並不多，因為顧憲成與高攀龍為東林學派之首腦，所以大多數學者多以「顧高」兩者為研究對象，藉此探討東林學派之學術發展。其中並多側重顧憲成，再旁及高攀龍之理學思想。如古清美先生所著《顧涇陽、高景逸思想之比較研究》。〔註11〕

再者，專以高攀龍思想為研究對象者，多將高攀龍定位為在程朱之學與王學之間擺蕩或融攝者，因此並未真正面對高攀龍「本體論」之部分來研究，而多從「心性論」或「工夫論」入手，故不能真正掌握高攀龍學問主體在於「以氣為本」，而忽略高攀龍卓然獨立之學術理論與價值。如朱湘鈺《高攀龍心性論研究》〔註12〕、曾光正《東林學派的性善論與工夫論》。〔註13〕

此外，其他學者則重視東林學派與閹黨間之政治鬥爭，而忽略高攀龍於理學思潮史中，所扮演承先啟後之重要角色。或以宏觀之角度切入，主要探討整個東林學派對明末思潮與清初經世致用之學之影響。因此高攀龍只是其研究內容之一隅，所佔份量極輕，對高攀龍學說研究之細密不足。因此引起本人重新研究高攀龍之動機，希望以高攀龍原典中所具有「以氣為本」之思想為新之學術進路，重新審視高攀龍之理學思想，建構出最貼近高攀龍原貌之理學思想體系。

三、課堂討論資料

台灣研究「以氣為本」之理學思想起步較晚，且人數不多因此「氣本論」

〔註11〕古清美：《顧涇陽、高景逸思想之比較研究》，（臺灣大學中國文學研究所博士論文，民國 68 年）。

〔註12〕朱湘鈺：《高攀龍心性論研究》，（暨南大學中國文學研究所碩士論文，民國 91年 6 月）。

〔註13〕曾光正：《東林學派的性善論與工夫論》，（清華大學歷史研究所碩士論文，民國 78 年）。

之著作較少。再者，在大陸之學者則以「唯物主義」之觀點來定義「氣本論」之學者，也是使台灣學者裹足不前之因。然而，大陸學者以唯物史觀之論點，企圖說解儒家心性道德思想，其實多淪爲泛物質化與政治化，因此離道德性理之路是漸行漸遠。劉又銘先生云：

> 中國哲學傳統中的氣本論是很難歸到唯物論裡面去的。氣本論者所
> 謂「氣」並非理氣二分下的乾枯的無關乎價值的氣，而是有「神」
> 有「理」的「氣」；其所謂「神」正關乎心靈的作用；其所謂「理」
> 也仍以儒家傳統底下關乎道德實踐和道德意義的理爲核心，而非以
> 物質世界的物理屬性爲重點；可見「氣」與西方哲學心、物二分脈
> 絡下的「物質」一詞並不相當，而「唯氣」思想跟西方哲學唯心論、
> 唯物論對峙格局下的「唯物」思想也不相等。〔註14〕

所以台灣與大陸研究「氣本論」資料多不甚完整，偶有零星佳作，也不能蔚爲風氣，故不能引領學者爭相研究。因此「氣本論」在兩岸學界間，仍然具有研究與討論之空間。由於「氣本論」之研究資料並不豐富，故對於研究「氣本論」者，有相當大之挑戰性。

本人在修習「宋明理學」課程中，王俊彥老師從唐君毅、牟宗三新儒家路數爲基礎，以儒家中心思想之心、性、理、氣、道爲主體，順明代晚期理學思想之發展，轉化爲以一氣流行之思想爲理論之主體，藉此探討「氣本論」之形成原因與「氣本論」諸思想家之中心論題以及各家思想之異同，進而從中建構晚明「以氣爲本」學術思潮之梗概。再進一步推廣，希望能建立理學思潮中「以氣爲本」之學術思想體系，使學者們得知「以氣爲本」之思想亦屬晚明學術思潮之大宗。

王老師近幾年致力於「氣本論」之研究中，提出許多「氣本論」之學者皆具有的學術特色與重要觀念如下：「元氣凝爲形氣」、元氣之善爲形氣之本質之「道在氣中」、「萬物各具主體義」、「陰陽偏勝」、客觀機率決定一切之「氣種有定」與「元氣、形氣以一氣相貫通」等重要觀念。學生在此學術基礎下，希冀用「以氣爲本」爲本論文寫作之主要論點，企圖重新詮釋高攀龍之理學思想，並進一步探索新的「氣本論」之觀念，以利於後人研究「氣本論」之學術思想。

〔註14〕劉又銘：《理在氣中：羅欽順、王廷相、顧炎武、戴震氣本論研究》，（台北，五南圖書出版社，民國89年3月），頁12。

第三節 研究方法

　　首先，由高攀龍之原典字句中如：氣、陰陽、太極、心、性、理、道、天、格物、致知、知、行、等加以摘錄歸納，依其字句建立理論架構。進而找出其心、性、理、氣等字句間彼此之關係，故依據此結果則可以建構出高攀龍「以氣爲本」之理學思想。再由已經建立之高攀龍「以氣爲本」之理學思想架構中，研究高攀龍之學術特色，可進一步正式確立其在「以氣爲本」思潮中，是以「心性氣是一」爲主之「氣本論」學者，肯定高攀龍在「以氣爲本」之理學流派中所佔之地位。

　　其次，將高攀龍「以氣爲本」之思想與朱學之「性即理」、王學之「心即理」之學說做對比，找出三者間之異同。希望透過「理本論」、「心本論」與「氣本論」三家思想之比較，能重新定位高攀龍理學思想之獨特性，試圖讓高攀龍之理學思想脫離朱學之「性即理」與王學之「心即理」兩家學說之陰影，重新定位高攀龍是「以氣爲本」之理學思想體系。

　　再者，與同爲「以氣爲本」之思想家之學術著作，互相參照，希冀找出高攀龍與其他「以氣爲本」之學者有共鳴同發之處，希望能證明「以氣爲本」是晚明思想主流之一。

　　最末，遍觀理學諸家之通論與綜觀思想史之通論，確立高攀龍「以氣爲本」之理學思想在學術史上之地位和價值與對後世之影響。

第二章 高攀龍之生平與學思歷程

第一節 高攀龍之生平

　　高攀龍，〔註1〕改字存之，號景逸。常州無錫（江蘇無錫）人。明世宗嘉靖四十一年（西元 1562 年）七月十三日生於無錫城內水關（今水曲巷）。卒於熹宗天啓六年（西元 1626 年）。享年六十五歲。高攀龍自小就顯現出異於常人之稟賦，五、六歲之時，其嗣母拿水果餅餌與之，此時高攀龍竟已懂得屈身拱手而接。有時要其自行取用，高攀龍卻從未違命多取，其誠實端重有如成人。神宗萬曆八年，高攀龍十九歲，以品學兼優爲邑諸生。後二年，中鄉試舉人，極爲內閣大學士沈鯉所賞，才見一面，便以「天下士」相期許。萬曆十年（西元 1582 年）中舉，曾就學于顧憲成。萬曆十四年，二十五歲，此是高攀龍一生學問路向最具關鍵性之一年。因這時縣令李復陽與顧憲成在黌宮講學，其至此聽講後，對於聖人之學非常嚮往。亦成爲其後來與顧憲成一同於東林講學之遠因。而這時又有羅止庵學者，來講述李見羅之學，而李見羅之學說是以「修身爲本」，此與高攀龍當時信守之「心要在腔子裡」而達到「渾身是心」之體認相合，因此更確定其學說之定向。高攀龍於〈困學記〉中云：

　　　　吾年二十有五聞令公李元仲與顧涇陽先生講學，以爲聖人所以爲聖

〔註1〕 張廷玉：《明史·高攀龍傳》，（北京，中華書局，1997 年），卷二四三，列傳第一三一，頁 6311。《明史·高攀龍傳》云：「高攀龍，字存之，無錫人。少讀書，輒有志程、朱之學。舉萬曆十七年進士，授行人。四川僉事張世則進所著大學初義，詆程、朱章句，請頒天下。攀龍抗疏力駁其謬，其書遂不行。」

人者，必有做處，未知其方。……適江右羅止菴來講李見羅修身爲本之學，正合於余所持循者，亦大喜不疑，是時只作知本工夫，使身心相得，言動無謬。〔註2〕

萬曆十七年中進士，先後任職于大理寺、行人司。公餘時即研讀二程與朱熹之著作，以程朱理學爲宗。萬曆二十一年因上疏痛責首輔王錫爵排斥異己，被貶爲廣東揭陽縣典史。《明史·王用汲傳》云：

二十一年，王錫爵復入內閣。初，用賢徙南，中行、思孝、植、東之已前貶，或罷去，故執政安之。及是，用賢復以爭三王並封語侵錫爵，爲所銜。會改吏部左侍郎，與文選郎顧憲成辯論人才，尋情益附，錫爵不便也。用賢故所絕婚吳之彥者，錫爵里人，時以僉事論罷，使其子鎮訐用賢論財逐婿，蔑法棄倫。用賢疏辨，乞休。詔禮官平議。尚書羅萬化以之彥其門生，引嫌力辭。錫爵乃上議……詔從之。用賢遂免歸。……高攀龍、吳弘濟、譚一召、孫繼有、安希范輩皆坐論救褫職。自是朋黨論益熾。中行、用賢、植、東之創於前，元標、南星、憲成、攀龍繼之。言事者益裁量執政，執政日與枝拄，水火薄射，訖於明亡云。〔註3〕

萬曆二十三年高攀龍棄官回無錫，在五裏湖畔建築「水居」，家居二十七年。萬曆三十二年其與顧憲成等合力重修東林書院，聚眾講學，議論朝政，指斥時弊。顧憲成去世後，高攀龍繼承之，其後主持東林書院長達二十二年。世稱「高顧」。《明史·高攀龍傳》云：

初，海內學者率宗王守仁，攀龍心非之。與顧憲成同講學東林書院，以靜爲主。操履篤實，粹然一出於正，爲一時儒者之宗。海內士大夫，識與不識，稱高、顧無異詞。攀龍削官之秋，詔毀東林書院。莊烈帝嗣位，學者更修復之。〔註4〕

萬曆三十七年十二月，工部屯田司郎中邵輔忠參論漕運總督鳳央巡撫李三才，其後南北言官論疏三才者，數月不絕。顧憲成始貽書大學士葉向高與吏部

〔註2〕 高攀龍：〈困學記〉，《高子遺書·經解類》，（台北，臺灣商務印書館文淵閣四庫全書，民國72年），卷三，頁356。

〔註3〕 張廷玉：《明史·王用汲傳》，（北京，中華書局，1997年），卷二二九，列傳第一一七，頁6001。

〔註4〕 張廷玉：《明史·高攀龍傳》，（北京，中華書局，1997年），卷二四三，列傳第一三一，頁6314。

尙書孫丕揚，爲三才辯，御史吳亮刻之邸鈔，攻三才者大譁，遂疏攻憲成，指
「東林」爲「黨」，故時稱參與東林講學活動者之「東林學派」爲「東林黨」，
因此東林書院之被視爲朋黨而捲入政爭，即自此始。《明史・葉向高傳》云：

> 向高在相位，務調劑群情，輯和異同。然其時黨論已大起，……未
> 幾，又爭李三才之事，黨勢乃成。無錫顧憲成家居，講學東林書院，
> 朝士爭慕與游。三才被攻，憲成貽書向高暨尙書孫丕揚，訟其賢。
> 會辛亥京察，攻三才者劉國縉以他過掛察典，喬應甲亦用年例出外，
> 其黨大譁。向高以大體持之，察典得無撓，而兩黨之爭遂不可解。
> 及後，齊、楚、浙黨人攻東林殆盡。浸尋至天啓時，王紹徽等撰所
> 謂東林點將錄，令魏忠賢按氏名逐朝士。以向高嘗右東林，指目爲
> 黨魁云。〔註5〕

東林之名爲「黨」，並非高攀龍、顧憲成等領導人物所自加，而系攻之者用以
論罪之名目。然此名目以爲後世論史者所習用。

天啓元年（西元 1621 年），朝廷起用被貶謫的諸臣，高攀龍入朝爲光祿
寺丞，次年升光祿寺少卿。《明史・高攀傳》云：

> 光宗立，召拜大理卿。未至，進刑部右侍郎。天啓元年四月還朝，
> 首進和衷之說，……因薦涂宗濬、李邦華等十八人。帝優詔褒納。
> 居二日，復陳拔茅闡幽、理財振武數事，及保泰四規。且請召用葉
> 茂才、趙南星、高攀龍、劉宗周、丁元薦，而恤錄羅大紘、雒于仁
> 等十五人。帝亦褒納。〔註6〕

於山海關外已被清兵攻陷，危及京師之時，高攀龍推薦禮部右侍郎孫承宗，
專理守戰之疏奏，而此爲皇帝所接受。孫承宗出關督師，收復了遼河以西失
地。高攀龍後調任太常少卿，升太仆卿。天啓三年春，其利用出公差機會回
無錫主持東林書院講會，同年調任刑部右侍郎，彈劾宦官魏忠賢之黨羽、禦
史崔呈秀。天啓四年升都察院左都禦史。時魏忠賢已結成閹黨，矯旨指責高
攀龍與吏部尙書趙南星謀結朋黨，高攀龍被迫辭職回鄉。天啓五年起，魏忠
賢大興冤獄，作《東林點將錄》、《天鑒錄》、《同志錄》以導之，凡海內君子，

〔註5〕 張廷玉：《明史・葉向高傳》，（北京，中華書局，1997 年），卷二四〇，列傳
　　　　第一二八，頁 6235。

〔註6〕 張廷玉：《明史・高攀龍傳》，（北京，中華書局，1997 年），卷二四三，列傳
　　　　第一三一，頁 6304。

不論有無干涉，一切指爲「東林黨」人。捕殺楊漣、左光斗等正直官員，打擊「東林學派」之人。四月，高攀龍被追奪誥命，削籍爲民。十月，東林書院被毀。十二月，魏忠賢一夥頒示「東林黨人榜」，而高攀龍被列入榜中。

天啓六年二月，魏忠賢、崔呈秀合謀誣劾高攀龍和前應天巡撫周起元等七人。錦衣衛緹騎四出追捕「東林黨」人。三月，緹騎在蘇州逮捕周順昌等人，激起大規模之市民抗暴鬥爭。高攀龍得到消息，自知不能免於迫害，故寫下遺表，於三月十七日凌晨從容赴水，其終年六十四歲。《明史・宦官列傳》云：

> 六年二月，鹵簿大駕成，廕都督僉事。復使其黨李永貞僞爲浙江太監李實奏，逮治前應天巡撫周起元及江、浙里居諸臣高攀龍、周宗建、繆昌期、周順昌、黃尊素、李應昇等。攀龍赴水死，順昌等六人死獄中。蘇州民見順昌逮，不平，毆殺二校尉，巡撫毛一鷺爲捕顏佩韋等五人悉誅死。刑部尚書徐兆魁治獄，視忠賢所怒，即坐大辟。又從霍維華言，命顧秉謙等修三朝要典，極意詆諸黨人惡。御史徐復陽請毀講學書院，以絕黨根。御史盧承欽又請立東林黨碑。海內皆屏息喪氣。霍維華遂教忠賢冒邊功矣。〔註7〕

高攀龍之冤於崇禎初年得以昭雪，贈太子太保、兵部尙書，諡忠憲。遺著經後人整理爲《高子遺書》和《高忠憲公集》。

第二節　高攀龍之學思歷程

一、理學傳承

高攀龍之學思歷程中，由於因緣際會而接觸理學大家之思想，而對其學問有所啓迪，進而有所繼承與轉折，使其思想體系更完善與一貫。就其學思歷程之轉變，舉出下列學者，就其對高攀龍學問影響，作概略說明。

（一）薛　瑄

萬曆二十年，高攀龍受行人司行人，因行人司衙門裡，藏書頗豐，因此一有空閒，其即恣意閱讀，覽遍群書。因高攀龍少讀書即有程朱之志，〔註8〕

〔註7〕 張廷玉：《明史・宦官列傳》，（北京，中華書局，1997 年），卷三五〇，列傳第一九三，頁 7821。

〔註8〕 張廷玉：《明史・高攀龍傳》，（北京，中華書局，1997 年），卷二四三，列傳

因此對程朱學派之著作，更是細心閱讀，希冀有所得於心。一但有會心之處，便立即摘錄。一日其見到薛文清所言「一字不可輕與人，一言不可輕許人，一笑不可輕假人」，其內心受大很大之震撼，因此高攀龍認為其動念做事，皆求毋愧於心才可。故高攀龍在〈薛文清公傳〉云：

> 本朝薛文清公名瑄字德溫，山西河津人，幼有異質，因觀《性理大全》嘆曰：此孔孟正脉也。其書不下數百萬言，悉手錄之至，忘寢食，學務力行，嘗曰：聖賢千言萬語，皆說人身心上事，誠能因其言，反求之身心，擺脫私累，則身心皆天理矣。〔註9〕

因此薛瑄對高攀龍學術思想有很大之影響，因此以下介紹薛瑄的生平及重要學術思想。

薛瑄〔註10〕字德溫，號敬軒，山西河津人。生於明太祖洪武二十年（西元 1389 年），卒於明英宗天順八年，母夢紫衣人入謁而生，膚理如水晶，五臟皆見，家人怪之。父貞為滎陽教諭，聞魏、范二先生（魏純，字希文，山東高密人。范，俟考。）對於理學之見地頗深，俾先生與之遊處。因此薛瑄與理學之接觸就此展開。而薛瑄在明初嚴守朱學軌轍而為河東學派之開山。

薛瑄之學術宗程朱，其為學之目的在於「復性」，而方法主張「持敬」、「主一」與「篤敬」。而其篤實踐履之主張，對高攀龍思想有很大之啟迪。薛瑄曾云：

> 蓋人之為人，其理有木火土金水之神，其體有耳口鼻四肢百骸之形，其事有五倫百行之備，故內為而不敬為，則心之官昧而天理亡；外為而敬不篤，則眾欲攻而百體肆。內外脊失乎敬，則身心尚莫知所措，況於應萬事哉！此聖門為敬必先乎此也。至於其所以用之方，內則惺然其心，不使有一塵之蔽，外則肅乎其容，不使一體之情，以至接乎，物則必主於一，而無他適之擾，如是而守之以兼顧，持之以悠久，則近而屋漏無所愧，遠而天地無所怍。〔註11〕

第一三一，頁 6311。高攀龍，字存之，無錫人。少讀書，輒有志程、朱之學。舉萬曆十七年進士，授行人。四川僉事張世則進所著大學初義，詆程、朱章句，請頒天下。攀龍抗疏力駁其謬，其書遂不行。

〔註 9〕　高攀龍：〈薛文清公傳〉，《高子遺書‧碑》，（台北，臺灣商務印書館文淵閣四庫全書，民國72年），卷十，頁601。
〔註10〕　黃宗羲：〈文清薛敬軒先生瑄〉，《明儒學案‧河東學案上》，（北京，中華書局，1985年），卷七，頁109。
〔註11〕　薛瑄：〈篤敬齋記〉，《敬軒文集》，（台北，臺灣商務印書館文淵閣四庫全書，民國72年），卷十八，頁4下。

（二）陸古樵

萬曆二十一年，高攀龍三十二歲，這一年因內閣首輔王錫爵一口氣排擠調許多不肯聽從自己與依附其下之官員，高攀龍在其所罷斥之人中，被貶之後，高攀龍返鄉，第二年秋天其啓程至揭陽上任。其旅途中巧遇陸古樵。高攀龍云：

> 甲午秋赴揭揚自省，胸中理欲交戰，殊不寧帖。在武林與陸古樵、
> 吳子往談論數日。〔註12〕

而陸古樵師於潮陽之蕭自麓，蕭自麓又師事羅念庵（洪先），且又宗仰陳白沙（獻章），所以其所講之「主靜」之學，〔註13〕與高攀龍所主張靜坐之觀點不謀而合。如《明儒學案·白沙學案上》有云：

> 先生之學，以虛爲基本，以靜爲門戶，以四方上下、往古來今穿紐
> 湊合爲匡郭，以日用、常行、分殊爲功用，以勿忘、勿助之間爲體
> 認之則，以未嘗致力而應用不遺爲實得。遠之則爲曾點，近之則爲
> 堯夫，此可無疑者也。故有明儒者，不失其矩矱者亦多有之，而作
> 聖之功，至先生而始明，至文成而始大。〔註14〕

由此可知陳白沙之「主靜」爲其學派之宗旨，而其「以勿忘、勿助之間爲體認之則；以日用、常行、分殊爲功用」。在高攀龍與白沙之門人陸古樵論學之中，陸古樵所師承至白沙之「主靜」工夫，對高攀龍學說有所影響。高攀龍有云：

> 即志即義，集義即氣，非別有氣生也。義襲，襲字取衣襲於外之意，
> 若不能集義縱有一事兩事偶合於義，卻如義來襲於我，而我掩取之
> 合於此，又不合於彼，其不合處乃不慊於心，而氣索然矣。既謂之
> 義，故必有事焉，必有事者，勿忘之謂也；勿正心者，勿助長之謂
> 也。除卻告子以爲無益而舍之，又有一等助長以害之者，其爲不知
> 義一也。〔註15〕

〔註12〕高攀龍：〈因學記〉，《高子遺書·經解類》，（台北，臺灣商務印書館文淵閣四庫全書，民國72年），卷三，頁356。

〔註13〕黃宗羲：《明儒學案·東林學案一》，（北京，中華書局，1985年），卷五八，頁1425。陸粹明號古樵，廣東新會人。從潮陽蕭自麓學，以主靜爲宗。

〔註14〕黃宗羲：《明儒學案·白沙學案上》，（北京，中華書局，1985年），卷五，頁79。

〔註15〕高攀龍：〈不動心章〉，《高子遺書·講義》，（台北，臺灣商務印書館文淵閣四庫全書，民國72年），卷四，頁399。

陳白沙「主靜」之「以勿忘、勿助之間爲體認之則」間接影響高攀龍以「勿忘、勿正心、勿助長」而「集義」，以養其身浩然之氣。而高攀龍又云：

> 陸古樵曰：「只要立大本，一日有一日之力，一月有一月之力，務要靜有定力，令我制事，毋使事制我。」余深喜其言。聞其謂子微曰：「靜後覺眞氣從丹田隱隱而生。」予又懼其誤認主靜之旨也。〔註16〕

因此高攀龍與陸古樵論學，高攀龍從其身上得到不少「主靜」之法之啓發。

二、東林論學

高攀龍與顧憲成爲東林書院講學之首，故其學思歷程與東林學派之人有密切關係，但因爲人數眾多，故由「以氣爲本」的立場，再就其所交遊之學者，選出下列具代表性者，作其生平學說介紹，以及對高攀龍學術影響的點滴。

（一）顧憲成

顧憲成，〔註17〕字叔時，無錫人。世稱「涇陽先生」或「東林先生」。生於明世宗嘉靖二十九年（西元 1550 年），卒於明神宗萬曆四十年（西元 1621 年），享年六十二歲。萬曆四年舉鄉試第一。八年成進士，授戶部主事。大學士張居正病，朝士群爲之禱，憲成不可。同官代之署名，憲成手削去之。居正卒，改吏部主事。請告歸三年，補驗封主事。

就東林學派之間之交遊，以顧憲成爲首，因此顧憲成是明末東林運動中最重要之倡導者。顧憲成自爲諸生，即頗著文名，早在中舉人之前，其邑庠中應試之文即廣爲坊刊流傳，因而慕名而來之學者漸多。《明史・顧憲成傳》云：

> 邑故有東林書院，宋楊時講道處也，憲成與弟允成倡修之，常州知府歐陽東鳳與無錫知縣林宰爲之營構。落成，偕同志高攀龍、錢一本、薛敷教、史孟麟、于孔兼輩講學其中……當是時，士大夫抱道忤時者，率退處林野，聞風響附，學舍至不能容。……講習之餘，往往諷議朝政，裁量人物。朝士慕其風者，多遙相應和。由是東林名大著，而忌者亦多。〔註18〕

〔註16〕黃宗羲：《明儒學案・東林學案一》，（北京，中華書局，1985 年），卷五八，頁 1425。

〔註17〕張廷玉：《明史・顧憲成傳》，（北京，中華書局，1997 年），卷二三一，列傳第一一九，頁 6029。

〔註18〕張廷玉：《明史・顧憲成傳》，（北京，中華書局，1997 年），卷二三一，列傳

高攀龍與顧憲成爲無錫同鄉，因此高攀龍在其二十五歲時。更拜於顧憲成門
下，其後與其在東林講學多年，至憲成亡，其更續掌東林書院講學二十餘年。
而顧憲成與高攀龍更是時稱之「東林八君子」。《明史·顧憲成傳》云：

> 茂才恬淡寡嗜好。通籍四十年，家食強半。始同邑顧憲成、允成、
> 安希范、劉元珍及攀龍並建言去國，直聲震一時，茂才祇以醇德稱。
> 及官太僕，清流盡斥，邪議益棼，遂奮身與抗，人由是服其勇。時
> 稱「東林八君子」，憲成、允成、攀龍、希范、元珍、武進錢一本、
> 薛敷教及茂才也。〔註19〕

因此論及高攀龍在東林之交遊，顧憲成是重要代表人物之一。在這一層師承
關係下，顧憲成之思想對高攀龍之學術具有影響性。

　　顧憲成在從事講學之活動中，其強調要「破二惑」，〔註20〕所謂「二惑」？
第一惑，在於講學迂闊而不切，又高遠而難從。第二惑，學願力行，若講之
而所行而非，何益。如顧憲成云：

> 學者學此者也，講者講此者也。凡皆日用常行須臾不可離之事，何
> 云迂闊？又皆愚夫愚婦之所共知共能也，何云高遠？〔註21〕

高攀龍與顧憲成皆是反對王學以「無善無惡」視爲至善之說，因王學不重視
「修」之工夫，故王學末流成爲「狂禪」，將「情欲」視爲良知流行之天理。
如高攀龍所云：

> 講學者，講其所行者也。不行則是講而已矣，非學也。〔註22〕

由此可知高攀龍與顧憲成皆重視至善即是「日用常行」之事物，如高攀龍認
爲「一草一木」皆與其相干，因此顧憲成認爲其所「講學者」，是愚夫愚婦之
常人所共知共能，如同高攀龍認爲「天在人身」之天聰、天明、良知、良能
人皆有之，如其云：「良知、良能，是人之本心也。」〔註23〕所以「至善」是

　　　　第一一九，頁 6032。
〔註19〕張廷玉：《明史·顧憲成傳》，（北京，中華書局，1997 年），卷二三一，列傳
　　　　第一一九，頁 6052。
〔註20〕陳鼓應等著：《明清實學思潮史·中卷》，（北京，齊魯書社，1988 年），頁 658。
〔註21〕高攀：《續修四庫全書·東林書院志》，（上海，古籍出版社，1995 年），卷二，
　　　　頁 36。
〔註22〕高攀龍：《高子遺書·語》，（台北，臺灣商務印書館文淵閣四庫全書，民國 72
　　　　年），卷一，頁 343。
〔註23〕高攀龍：〈愛敬說〉，《高子遺書·經解類》，（台北，臺灣商務印書館文淵閣四
　　　　庫全書，民國 72 年），卷三，頁 368。

形氣之人之本質，非聖人所獨具者。但是高攀龍雖言人皆有「善」之本性，但是其所重視的是「性善實證」之具體善行，此爲其「以善爲性」之眞義。高攀龍云：

> 何必道性善，是人人本色也；何以必稱堯舜，是性善實證也。試看不學良知，不慮良能，塗之人有與堯舜針芒不合否，非七篇昭揭，則人人寶藏，千古沈埋。〔註24〕

因此高攀龍與顧憲成所「講學」皆是透過自己形氣之身，具體之道德行爲眞切實踐而得，所以「道」不在玄遠，就在氣化流行之日用常行中顯。而黃宗羲於〈文介孫淇澳先生愼行〉一文中云：

> 蕺山先師曰：近看孫淇澳書，覺更嚴密。謂自幼至老，無一事不合于義，方養得浩然之氣，苟有不慊則餒矣。是故東林之學，涇陽導其源，景逸始入細，至先生而集其成矣。〔註25〕

由此可知顧憲成是東林學派之創始人，其將東林學派引入學術殿堂。高攀龍從之講學，將其學術發揚，並加以補充。藉由此高攀龍之學術也因此更臻至細密。所以高攀龍與顧憲成對東林學派諸君之學術影響深遠。劉宗周所言之孫愼行，乃東林學派之學者，其一言一行皆合於義，故善養其「浩然之氣」。而「集義」養「浩然之氣」則爲高攀龍學問之宗旨。如《高子遺書》云：

> 客問高子曰：何謂浩然之氣？高子曰：性也。曰：性也，安得謂之氣？曰：養成之性也。性者，生理也。如草木焉，惟有性故忽而根荄，忽而幹葉，忽而花實也。實則成性而復生，或橋之或戕之則靡然委矣。人之於性也亦然，養之暢茂條達，則其氣浩然塞乎天地，而性乃成浩然者，人之花而實者也。……養之何如，曰：直而已矣。直之謂集義，直之謂有事，直之謂勿正、勿忘、勿助長也。〔註26〕

（二）劉宗周

劉宗周，〔註27〕字起東，號念臺，浙江省山陰人（今紹興水里人）。其出

〔註24〕高攀龍：〈聖賢論贊・孟子〉，《高子遺書・經解類》，（台北，臺灣商務印書館文淵閣四庫全書，民國72年），卷三，頁378。

〔註25〕黃宗羲：《明儒學案・東林學案二》，（北京，中華書局，1985年），卷五九，頁1448。

〔註26〕高攀龍：〈三勿居說〉，《高子遺書・經解類》，（台北，臺灣商務印書館文淵閣四庫全書，民國72年），卷三，頁370。

〔註27〕張廷玉：《明史・劉宗周傳》，（北京，中華書局，1997年），卷二五五，列傳

生於明神宗萬曆六年（西元 1578 年），於清順治二年絕食殉國，年六十八歲。
其學生與後人尊稱他爲「山陰先生」或「蕺山先生」，稱其學問爲「蕺山之學」。
其父劉坡，爲諸生。母章氏。劉宗周再母親懷中五月而其父坡即病亡。其母既
生宗周，家酷貧，母攜之育於外公家。後以宗周大父老疾，歸事之，析薪汲水，
持藥糜。然體孱甚，母嘗憂念之不置，遂成疾。又以貧故，忍而不治。萬曆二
十九年，宗周二十四歲成進士，母卒於家。宗周奔喪，爲堊室中門外，日哭泣
其中。服闋，選行人，請養大父母。遭喪，居七年始赴補。母以節聞於朝。

　　劉宗周守喪三年，生活嚴苦，而有人介紹他去見當時著名之學者許孚遠
（敬菴）。《明史・許孚遠傳》云：

> 孚遠篤信良知，而惡夫援良知以入佛者。知建昌，與郡人羅汝芳講
> 學不合。及官南京，與汝芳門人禮部侍郎楊起元、尚寶司卿周汝登，
> 並主講席。汝登以無善無惡爲宗，孚遠作九諦以難之，言：「文成宗
> 旨，原與聖門不異，以性無不善，故知無不良。良知即是未發之中，
> 立論至爲明析。無善無惡心之體一語，蓋指其未發時，廓然寂然者
> 而言之，止形容得一靜字，合下三語，始爲無病。今以心意知物，
> 俱無善惡可言者，非文成之正傳也。〔註28〕

由此可知孚遠雖篤信良知，但其惡夫援良知以入佛者，故其不贊成羅汝芳「無
善無惡心之體」之學說。其認爲「心意知物」非「無善惡可言者」。而《明史・
劉宗周傳》云：

> 越中自王守仁後，一傳爲王畿，再傳爲周汝登、陶望齡，三傳爲陶
> 奭齡，皆雜於禪。奭齡講學白馬山，爲因果說，去守仁益遠。宗周
> 憂之，築證人書院，集同志講肄。且死，語門人曰：「學之要，誠而
> 已，主敬其功也。敬則誠，誠則天。良知之說，鮮有不流於禪者。」
> 〔註29〕

因此劉宗周與其師許孚遠對王學「無善無惡心之體」之學說不表贊同，因其
有意識到「無善無惡心之體」會流於「狂禪」之憂．王學末流不重視修養工
夫，所以劉宗周提出「學之要，誠而已，主敬其功也」。因此其以爲「誠」之

　　　　第一四三，頁 6573。

〔註28〕張廷玉：《明史・許孚遠傳》，（北京，中華書局，1997 年），卷二八三，列傳
　　　　第一七一，頁 7287。

〔註29〕張廷玉：《明史・劉宗周傳》，（北京，中華書局，1997 年），卷二五五，列傳
　　　　第一四三，頁 6591。

本體雖重要，但是「敬」之工夫亦不可偏廢。《明史・劉宗周傳》云：

> 宗周始受業於許孚遠。已入東林書院，與高攀龍輩講習。馮從吾首
> 善書院之會，宗周亦與焉。〔註30〕

由此可知劉宗周曾與高攀龍交遊。劉宗周年三十五，因劉永澄之介，本欲訪
東林顧憲成，適憲成卒，乃改造訪高攀龍，從此往返論學多年，彼此甚為相
得。如《劉子全書・年譜》云：

> 蕺山先生平生為道交者，惟周寧宇，高景逸，丁長孺，劉靜之，魏
> 廓園五人而已。而景逸與靜之，尤以德業資麗澤，稱最摯云。〔註31〕

劉宗周並非東林學派，但與東林學派高攀龍等人論學，因此劉宗周為學行事
多受高攀龍薰陶。《明儒學案・蕺山學案》云：

> 今日之學者，大概以高劉二先生，並稱為大儒。〔註32〕

在高攀龍與劉宗周之書信往來中，高攀龍提出「敬」之工夫與其討論之。《高
子遺書》云：

> 若一日克己復禮，則軀殼之己與天地萬物為一，豈有二耶。……人
> 生而靜以上，未嘗不可說，用力敏疾則念清；人生而靜以後，未嘗
> 不可復，學問之道無他，復其性而已矣。弟觀千古聖賢心法，只一
> 敬字捷徑。無弊何謂敬，絕無之盡也，有毫釐絲忽在便不是，有敬
> 字在亦不是。易曰：直其正也。直心正念而已，直心即是正念，正
> 念即是直心，卓卓巍巍，惺惺了了，至於熟焉，習心化而無事矣。
>
> 〔註33〕

高攀龍告訴劉宗周一日「克己復禮」，則「軀殼之己與天地萬物為一」。而「人
生而靜以後」的氣質之性非學不復，因此高攀龍強調「復性」。而「復性」之
法在於「敬」之克己工夫。高攀龍告訴劉宗周「敬」是「直心」，而「直心」
即是「正念」，非別有另一「敬」存心，所以「直心」之時，「敬」之工夫即
「誠」之本體。如黃宗羲於〈子劉子行狀〉云：

〔註30〕張廷玉：《明史・劉宗周傳》，（北京，中華書局，1997 年），卷二五五，列傳
第一四三，頁 6591。

〔註31〕劉宗周：《劉子全書・年譜下》，（清嘉慶十七年陳默齋校刊本，台北，中央研
究院館藏），卷四十，頁 3720。

〔註32〕黃宗羲：〈忠端劉念臺先生宗周〉，《明儒學案・蕺山學案》，（北京，中華書局，
1985 年），卷六二，頁 1512。

〔註33〕高攀龍：〈荅念臺三〉，《高子遺書・書》，（台北，臺灣商務印書館文淵閣四庫
全書，民國 72 年），卷八上，頁 479。

> 先生宗旨爲慎獨。始從主敬入門，中年專用慎獨工夫。慎則敬，敬
> 則誠。晚年欲精微欲平實，本體只是些子，工夫只是些子。仍不分
> 此爲本體，彼爲工夫。〔註34〕

因此劉宗周亦贊同高攀龍所言「主敬」思想，並認爲「慎」即「敬」之工夫。
再者，劉宗周亦言「敬」之工夫即「誠」之本體之「即工夫即本體」。

　　劉宗周最爲人稱道者即其「慎獨」之學。《中庸》言「慎獨」，但自宋明理
學以來，學者將《大學》視爲「道問學」之路，《中庸》視爲「尊德性」之路，
因此劉宗周「慎獨」之學常被歸爲王學。而劉宗周有言：「盈天地間一氣而已」，
〔註35〕此與高攀龍所言「天地之先，惟斯一氣」〔註36〕之思想更是不謀而合，
因此劉宗周與高攀龍於東林論學，其所受影響甚鉅。其實「以氣爲本」之氣本
論學家，仍是重視「心」之道德義，但其與王學不同處在於「心」是形氣之心，
而非虛玄之形上價值賦予之生生作用。但此「形氣心」具有「太虛之氣」道德
主體義，故言「心」、「性」、「氣」是一。因此「以氣爲本」之高攀龍對「慎獨」
工夫非常重視，經由論學交友之過程中，間接影響到劉宗周。

　　高攀龍有論及「慎獨」之修身工夫即是「大學修身爲本之本，即中庸天
下大本之本，無二本也」。所以高攀龍不再將《大學》與《中庸》視爲不同進
路，因爲《大學》與《中庸》皆言「慎獨」，但人以爲《大學》之格物窮理與
《中庸》慎獨致中和是兩路，其實是一本也，因兩者皆是在形氣之身上求「中」
之「誠」體。使人之喜、怒、哀、樂表現無過與不及，心順性體表現純然道
德氣化流行。高攀龍云：

> 曰：知本爲知至是矣。知至爲知止何也？曰：大學修身爲本之本，
> 即中庸天下大本之本，無二本也。故修字不是輕易說是格至誠正者
> 實處；本字不是輕易說是心意知物著實處，本在此矣，止在此矣。
> 明德者此，新民者此，至善者此，無二物也。〔註37〕

高攀龍認爲「慎獨」之「慎」即是工夫；「獨」即是本體，而高攀龍認爲本體

〔註34〕黃宗羲：〈子劉子行狀〉，《黃宗羲全集》，（浙江，古籍出版社，1985年），第
　　　　一冊，頁250。

〔註35〕劉宗周：《劉宗周全集》，（台北，中央研究院中國文哲研究所籌備處，民國86
　　　　年6月），頁639。

〔註36〕高攀龍：〈寅直說〉，《高子遺書》，（台北，臺灣商務印書館文淵閣四庫全書，
　　　　民國72年），卷三，頁367。

〔註37〕高攀龍：〈大學首章廣義〉，《高子遺書・經解類》，（台北，臺灣商務印書館文
　　　　淵閣四庫全書，民國72年），卷三，頁352。

一源，工夫有萬殊，因此「慎獨」代表本體即工夫，工夫即本體之「修悟是一」。而「誠」之獨體在吾人之身，而身因氣之拘局與物蔽而不能通暢表現「誠」之「性」，因此透過《大學》與《中庸》之「修身」工夫，而知止於身之至善本性，可達「復性」之功。而劉宗周對其「慎獨」之學應有深刻之體會，進而發展出其「慎獨」之學術特色。如《明儒學案・蕺山學案》云：

> 先生之學，以慎獨爲宗，儒者人人言慎獨，唯先生始得其眞。盈天地間皆氣也，其在人心，一氣之流行，誠通誠復，自然分爲喜、怒、哀、樂、仁、義、禮、智之名，因此而起者也。不待安排品節，自能不過其則，即中和也。此生而有之，人人如是，所以謂之性善，即不無過不及之差，而性體原自周流，不害其爲中和之德。〔註38〕

〔註38〕黃宗羲：〈忠端劉念臺先生宗周〉，《明儒學案・蕺山學案》，（北京，中華書局，1985年），卷六二，頁1512。

第三章　浩然之氣

第一節　天地之先惟斯一氣

一、天地之先惟斯一氣

（一）氣為造化之本原

> 翁曰：公近釋正蒙，且論太和何如？曰：張子謂虛空即氣，故指氣以見虛，猶易指陰陽以謂道也。曰：即此便不是謂氣在虛空中則可，豈可便以虛空爲氣。余曰：謂氣在虛空中，則是張子所謂以萬象爲太虛中所見之物。虛是虛，氣是氣，虛與氣不相資入者矣。翁但曰：總不是、總不是。余亦不敢與長者屢辨，而止。因思學問從入之途不同，斷無合并之理，吾儒以秩序命討自然之天理爲理，其自然之條理毫髮差池不得處，正是大覺。〔註1〕

高攀龍藉張載之言說明「虛空即氣」之意。張載有云：

> 太虛無形，氣之本體。其聚其散，變化之客形爾。〔註2〕

張載認爲「元氣」稱作「太虛」，乃因爲元氣爲無形無狀之形上主體，其聚散只是形下客體之萬種變化。其又云：

> 天地之氣，雖聚散攻取百塗，然其爲理也，順而不妄。氣之爲物，

〔註1〕 高攀龍：〈與管東溟虞山精舍問答〉，《高子遺書‧經解類》，（台北，臺灣商務印書館文淵閣四庫全書，民國72年），卷三，頁377。

〔註2〕 張載：〈太和篇第一〉，《張載集‧正蒙》，（台北，漢京文化事業有限公司，民國72年9月），頁7。

－23－

散入無形，適得吾體，聚而有象，不失吾常。太虛不能無氣，氣不
能不聚而爲萬物，萬物不能不散而爲太虛。循是出入，皆不得已而
然也。〔註3〕

「氣之爲物，散入無形，適得吾體，聚而有象，不失吾常。」形上「太虛」
之無形無狀，所以「虛」之本體須藉由實有之氣，才可以生成萬物，所以「太
虛不能無氣，氣不能不聚而爲萬物，萬物不能不散而爲太虛。」「虛」即「氣」，
而「聚散」乃氣之用。因此形上「太虛」本體須藉由氣來生成萬物，其生物
之方式乃是由氣聚而來。既已生成之萬物會有死亡之時，所以「萬物不能不
散而爲太虛」。王廷相云：

天地未形，唯有太空，空即太虛，沖然元氣。氣不離虛，虛不離氣。
天地日月萬形之種皆備於內，一氤氳萌孽而萬有成質矣。是氣也者
乃太虛固有之物，無所求而來，無所從而去者。元氣之上無物，不
可知其所自，故曰太極，不可象名狀，故曰太虛。太極者，道化至
極之名，無象無數，而天地萬物莫不由之以生，實混沌未判之氣也，
故曰元氣。〔註4〕

王廷相爲「氣本論」之首倡者，由其開始定義出天地之先，只一渾沌「元氣」，
此即張載所謂「太虛」，「太虛」是無形無狀之生化本體。其後之「氣本論」
學者，便開始以「元氣」與氣本體之「太虛」相稱。劉宗周有云：

或曰虛生氣，夫虛即氣也，何生之有，吾遡之未始有氣之先亦無往
而非也。當其屈也，自無而之有，有而未始有；即其伸也，自有而
之無，無而未始無也。非有非無之間，而即有即無是謂太虛。〔註5〕

因爲先前說明「元氣」之「太虛」其生化萬物，乃藉由實有之氣才得以達成，
如此一來會讓人誤以爲「由虛生氣」，但劉宗周則明言「或曰虛生氣，夫虛即
氣也，何生之有」。由此可知「虛」即「氣」，「氣」即「虛」，兩者並無相生
之關係。而形上「太虛」本體與形下形氣之分別，「太虛」乃無形無狀之元氣，
形氣則爲有形有狀之萬物。故其言「當其屈也，自無而之有，有而未始有；
即其伸也，自有而之無，無而未始無也。」劉宗周之意爲當「太虛元氣」凝

〔註3〕 張載：〈太和篇第一〉，《張載集・正蒙》，（台北，漢京文化事業有限公司，民
國 72 年 9 月），頁 7。
〔註4〕 王廷相：《王廷相集》，（北京，中華書局，1989 年 9 月），頁 849。
〔註5〕 劉宗周：《劉宗周全集》，（台北，中央研究院中國文哲研究所籌備處，民國 86
年 6 月），頁 639。

聚時，即由無形變爲有形，亦爲萬物生成之時；當形氣消散，則又回歸「太虛元氣」無形無狀之狀態，「太虛元氣」雖是無形無狀，但卻不爲「無」。因爲「太虛元氣」爲眞實之存有，只是無具體形狀。如張載云：

> 虛者天地之祖，天地從虛中來。〔註6〕

張載強調「太虛即氣」之「太虛」乃具體氣化生成萬物之根本。而「太虛」因爲「虛」而無具體形狀，故可創生天地萬物。而王廷相亦云：「氣爲造化之宗樞。」〔註7〕雖然高攀龍藉由張載之言來論「指氣見虛」，但是高攀龍擅用具體之東西作說明，其言「指氣以見虛，猶易指陰陽以謂道也。」高攀龍即是希望吾輩可以透過具體之物，看到物之中所隱含「太虛元氣」之主體義。明白具體形氣是來自於虛空之元氣，由形氣看到主體義。雖然他與張載皆言「虛空即氣」，但此與張載所言之重心不同。張載則較具理論完整之說明，張載認爲有一虛空之元氣，此「虛空」即是「氣」，而此虛空之元氣會凝結成具體之形氣。但高攀龍則不直接明白地把元氣凝成形氣之過程說出，而是把重點放在形氣上，其言此形氣中可直接感受到「虛空」之氣之主體義。故高攀龍是較圓融地說，非分解來說。因爲從「氣本論」發展之進程來看，高攀龍所處之時代思潮，已經是「氣本論」理論發展較爲成熟之時，所以其不再由最原始之形上元氣凝結成形下形氣之過程來談論，而直接由已經創造完成之形氣來談形上元氣主體義中之「虛」。高攀龍有云：

> 元亨、利貞，皆善也，元而亨，而利而貞，貞而復元，故曰：繼之者善，元始之。故曰：善之長。天地一闔一闢，吾人一呼一吸，繼之而不已者，皆是此件，故曰：生生之謂易。〔註8〕

由易之元、亨、利、貞來論道德義之「善」。「元」是開始創造；「亨」是順利創造；「利」是完成創造；「貞」是貞定此創造完成之物是具有道德義。因此透過「指氣以見虛，猶易指陰陽以謂道也。」吾輩知道「氣」和「虛」之關係，如同陰陽相生之道與易之關係。如此一來，高攀龍又將元氣之「虛」和易道生生之作用緊密結合，所以氣與易可相提並論，元氣就成爲可以生生萬物之主體。如此可以說明元氣之虛與形氣生成之關係。但高攀龍所著重是「天

〔註6〕 張載：〈語錄下〉，《張載集・張子語錄》，（台北，漢京文化事業有限公司，民國 72 年 9 月），頁 326。

〔註7〕 王廷相：《王廷相集》，（北京，中華書局，1989 年 9 月），頁 755。

〔註8〕 高攀龍：《高子遺書・箚記》，（台北，臺灣商務印書館文淵閣四庫全書，民國 72 年），卷二，頁 347。

地一闔一闢，吾人一呼一吸」，其意為天之闔闢和人之呼吸相通，高攀龍就是要把天之闔闢和人之呼吸放在同一層次上論。所以「元氣」即「易」，而易之特色在生生創造道德之萬物，而萬物與元氣又是一氣相通，萬物所繼承之善，即是元氣具易生生不息與生物不測主體之特色。高攀龍又云：

> 天地之先，惟斯一氣，萬有大生，人為至貴，人生於寅，是謂厥初有
>
> 如嬰兒至靜而虛，其心之靈，以氣之直上際下，蟠與天無極。〔註9〕

「天地之先，惟斯一氣」此句說明天地未被創出時，只是一團渾沌元氣。王廷相有云：

> 天地未生，只有元氣，元氣具，則造化人物之道理及此而在，故元
>
> 氣之上無物、無道、無理。〔註10〕

王廷相明說出天地之先只有「元氣」，此即天地造化之本源。「萬有大生，人為至貴，是謂厥初有如嬰兒至靜而虛」高攀龍認為天地被元氣創造出來以後，開始產生萬種之形氣，人類因為擁有如嬰兒般「至靜而虛」之心，所以是萬物中最為尊貴者。「其心之靈，以氣之直上際下，蟠與天無極」，然而人類「心」的「至靜而虛」的作用是可以「以氣之直上際下，蟠與天無極」，就是可以徹上徹下與天地之初的無極元氣相通，所以才可稱作「心之靈」。由此可知人之心亦是由天地之氣而來，因為人之心若非由氣所組成，則其作為溝通天地之媒介就消失，又如何可以「以『氣』之直上際下」達到虛靈之作用。再者由元氣生出天地，天地化生萬物，人類亦是萬物的一份子，天地由元氣所生，身為萬物之首的人類，理所當然就是元氣所生之物。劉宗周有云：

> 人心之體，氣行而上，本天者也；形麗而下，本地者也；知宅其中，
>
> 本人者也。〔註11〕

由氣所創的人心，可「以『氣』之直上際下」與天、地、人三才溝通。高攀龍又云：

> 心與理一而已矣。善學者一之，不善學者二之。識義理而心體未徹
>
> 者，入於見解。見心體而義理未徹者，入於氣機。〔註12〕

〔註9〕 高攀龍：〈寅直說〉，《高子遺書・經解類》，（台北，臺灣商務印書館文淵閣四庫全書，民國72年），卷三，頁368。

〔註10〕 王廷相：《王廷相集》，（北京，中華書局，1989年9月），頁841。

〔註11〕 劉宗周：《劉宗周全集》，（台北，中央研究院中國文哲研究所籌備處，民國86年6月），頁434。

〔註12〕 高攀龍：《高子遺書・箚記》，（台北，臺灣商務印書館文淵閣四庫全書，民國

以「氣本論」角度言之，與「氣機」指形氣之生生，而相對者是「神」。高拱云：

> 凡乾坤之闔闢，日月之往來，寒暑之推遷，人物之生息，其機皆可識矣。〔註13〕

高拱言乾坤、日月、寒暑、人物之更迭交替，使萬物生生化化而無窮，其氣化之端倪，亦即生化道體之作用，皆在其闔闢、往來、推遷、生息之中可見。而「神」在人之心則稱爲生生認知作用，首先看高攀龍對「神」之看法：

> 其爲物不貳，只是一個道理。惟其一，所以生物不測，惟不測故神，所謂易也。〔註14〕

因傳統儒家認爲「神」是指神妙不可測知，即是生生造化變化多端，非吾輩所能掌握。所以一直用「生生之謂易」〔註15〕與「陰陽不測之謂神」〔註16〕來說明易之'生生不息。因「神」已經爲許多人所用，高攀龍則以「造化密移」來談神。

> 生生之謂易，無刻不生則無刻不易，無刻不易則無刻不逝，所謂造化密移是也。在天地如此，在人身如此，在物物如此，但不可得而見，可見者如川流，故聖人指以示人，云：如斯夫者，正謂物物如斯也，此是人的性體。〔註17〕

此是談易之生生是謂「神」。然而所謂「密移」是指「太虛元氣」創造萬事萬物，是非常隱微地在變化。因爲氣化世界是如此森羅萬象神妙而不可測，所以高攀龍以「密移」來說明「神」。高攀龍學問重心放在生命修養之上，所以高攀龍重視「退藏於密」，其認爲生命修養便是具體地表現天道，有形之身會和無形之天道密合，這是件隱微，而不易爲文字所掌握者。因此高攀龍言「在天地如此，在人身如此，在物物如此，但不可得而見，可見者如川流，故聖

---

72 年），卷二，頁 345。
〔註13〕高拱：《高拱論著四種》，（北京，中華書局，1993 年 7 月），頁 357。
〔註14〕高攀龍：《高子遺書・會語》，（台北，臺灣商務印書館文淵閣四庫全書，民國72 年），卷五，頁 416。
〔註15〕朱熹：《周易本義・繫辭上傳》，（台北，大安出版社，民國 88 年 7 月），卷三，頁 238。
〔註16〕朱熹：《周易本義・繫辭上傳》，（台北，大安出版社，民國 88 年 7 月），卷三，頁 238。
〔註17〕高攀龍：〈子在川上〉，《高子遺書・講義》，（台北，臺灣商務印書館文淵閣四庫全書，民國 72 年），卷四，頁 391。

人指以示人」。

從氣本論立場而言，元氣中生生作用稱作「神」，即是高攀龍所謂的「造化密移」，但元氣凝為形氣時，此「神」即轉入形氣中，則稱作「氣機」。王廷相有云：

> 元氣中萬有具備，以其氣本言之，有蒸有濕。蒸者能運動，為陽為火；濕者常潤靜，為陰為水。無濕則蒸靡附，無蒸則濕不化。始雖清微，鬱則妙合之而凝，神乃生焉。故曰「陰陽不測之謂神」。是氣者形之種，而形者氣之化，一虛一實皆氣也。神者形器之妙用，三者一貫之道，夫神必藉形氣而有者，無形氣神滅矣。〔註18〕

王廷相說明「神」是元氣萬物造化之生生作用。王廷相又云：

> 存乎體者，氣之機也，故息不已焉；存乎氣者，神之用也，故性有靈焉。體壞則機息，生機息則氣滅，氣滅則神反。〔註19〕

「神」是指元氣生生不息之作用，「機」是指形氣活動不息之作用。合而言之，氣中之「神」入於形氣中則為「機」。形氣壞則生機息，生機息則形氣滅，形氣滅則「神」返太虛本體之中。所以王廷相言「夫神必藉形氣而有者，無形氣神滅矣」。

高攀龍認為，「氣機」是「見心體而義理未徹者」，意旨心體不能真正掌握那生生作用「神」之義理，只明白元氣會造出形氣，所以稱氣機。高攀龍云：

> 蓋心作主宰，意主分別也。心，一也，黏於軀殼者為人心，即為識；發於義理者為道心，即為覺，非果有兩心。然一轉則天地懸隔，謂之覺矣。猶以為形而下者，乘於氣機也，視、聽、持、行皆物也，其則乃性也。〔註20〕

高攀龍言「心，一也，黏於軀殼者為人心，即為識」生生不息之神，此在人心即為認知作用之識。王廷相有云：

> 神也者，氣盛而攝質，與識同科也，氣衰則虛弱，神識困矣。〔註21〕

對此王俊彥先生曾云：「神是生化之靈貫於氣質中，識是如此生靈有無限妙用

〔註18〕王廷相：《王廷相集》，（北京，中華書局，1989 年 9 月），頁 963。

〔註19〕王廷相：《王廷相集》，（北京，中華書局，1989 年 9 月），頁 766。

〔註20〕高攀龍：〈答念臺三〉，《高子遺書·書》，（台北，臺灣商務印書館文淵閣四庫全書，民國 72 年），卷八上，頁 479。

〔註21〕王廷相：《王廷相集》，（北京，中華書局，1989 年 9 月），頁 754。

之自主自覺。」〔註22〕王廷相把「神」當作「識」之因並未明白說出，直到高攀龍才具體說出：「黏於軀殼者爲人心，即爲識」。王廷相元氣之生生作用稱作「神」，若此生生之「神」在形軀之身之「人心」則稱作「識」。高攀龍更引申說明人心稱作「識」，道心稱作「覺」。而高攀龍言「一轉則天地懸隔，謂之覺矣。猶以爲形而下者，乘於氣機也，視、聽、持、行皆物也，其則乃性也。」此「覺」表示可以感受到元氣本體之「虛」可以凝爲形氣，並內化於形氣之中成爲形氣中具有義理之「道心」，所以形下形氣之身具有此義理之「道心」，而形氣之身之視、聽、持、行之物皆爲具道德義之「覺」之表現，「覺」之道德義是可乘於氣機之「識」之上，不受形氣生死消散影響。而元氣凝爲形氣，並將道德義內化爲形氣之主體性，此「太虛元氣」其「易」之生生規則，即是形氣萬物之「性」。高攀龍又云：

> 只看人人處何如，從窮理入者，即虛是理，虛靈知覺便是仁、義、禮、智；不從窮理入者，即氣是虛，仁、義、禮、智只是虛靈知覺，緣心性非一、非二，只在毫芒杪忽間故也，老先生試唯一參究而終教之。〔註23〕

由前文可知「虛靈知覺」是指「心」，而此「心」具有兩種作用，一爲「識」，一爲「覺」。此即「窮理」之兩種方法，一從知識理論上之「識」來探討；一從道德實踐上之「覺」來著手。高攀龍言「從窮理入者，即虛是理」，若由理論上探討，虛靈知覺之心就是理智心，只是一生生認知之心落實在形氣中，表現出「識」之認知作用，此即爲「氣機」。因此仁、義、禮、智便是內在於心之條目，心中即存有仁、義、禮、智，窮理便是要掌握此仁、義、禮、智。高攀龍又言「不從窮理入者，即氣是虛，仁、義、禮、智只是虛靈知覺」，若不從理論上討論，而從實踐上著手，即就形氣層面論之，「乘於氣機」之上者即是「覺」，表示可以感受到元氣本體之「虛」可以凝爲形氣，並內化於形氣之中，使形氣之身具仁、義、禮、智道德義之虛靈知覺之心。所以仁、義、禮、智與心是一體。因此高攀龍言「緣心性非一、非二，只在毫芒杪忽間故也」，「非一、非二」說明心、性不是一，也不是二，因元氣可以凝爲形氣，

〔註22〕 王俊彥：〈王廷相的元氣無息論〉，《章太炎與近代中國學術研討會論文集》，（台北，里仁書局，民國88年6月），頁513。

〔註23〕 高攀龍：〈復錢漸菴三〉，《高子遺書・書》，（台北，臺灣商務印書館文淵閣四庫全書，民國72年），卷八上，頁498。

並內化於形氣之中成爲形氣中具仁、義、禮、智之道德義，即是人虛靈知覺之心的內涵。而元氣凝爲形氣並內化形氣具道德義之規則，即形氣之「性」。所以心、性之間之差別是「芒杪忽間」，所以非一、亦非二。

（二）真元之氣生生無窮

> 人之靈即天地之靈，原是一箇，卻是箇活鬼神。倏然言、倏然默、倏然喜、倏然怒，莫之爲而爲，非鬼神而何。胸中無事則眞氣充溢於中，而諸邪不能入。〔註24〕

「靈」是就心的生生作用而言。所以「人之靈」是指人具生生認知作用之心。「人之靈即天地之靈，原是一箇」知人之靈即天地之靈，本無分別，皆是一個活鬼神。「活鬼神」即相對一般人所謂人死後所言之「鬼神」而論，此即指人心之「神」之生生作用。由上可知天地之活鬼神與人之活鬼神本是一，所以「天地之心」與人之心本是一，其可言一之因在於「天地之心」即元氣之生生作用，其在元氣凝成形氣時，「天地之心」亦轉化凝結爲內在於人身之心，所以才有「天地之心」與人之心名稱之不同，但其內在之本質是同爲「一氣」，所以高攀龍言此兩者是一。劉宗周云：

> 惟天太虛，萬物皆受鑄於虛，故皆有虛體，非虛則無以形氣，非虛則無以藏神，非虛則無以通精，即一草一木皆然，而人心爲甚，而人心渾然一天體。〔註25〕

元氣爲「太虛」，但是萬物皆受此「虛」之氣而有形，就是元氣之「虛」會凝結成萬種形氣，所以各個形氣中皆有此虛體之道德內涵，此即王廷相所謂之「神」與「精」，而此二者又爲人之「心」。「神」是生生不測之作用；「精」則是形體之動能。如此一來人「心」與天是一氣相貫，所以渾然一體。

高攀龍言「倏然言、倏然默、倏然喜、倏然怒，莫之爲而爲，非鬼神而何」之意，即是指客觀機率決定一切，如王廷相云：

> 萬物巨細柔剛各異其材，聲色臭味各殊其性，閱千古而不變者，氣種有定。〔註26〕

〔註24〕高攀龍：《高子遺書・會語》，（台北，臺灣商務印書館文淵閣四庫全書，民國72年），卷五，頁416。

〔註25〕劉宗周：《劉宗周全集》，（台北，中央研究院中國文哲研究所籌備處，民國86年6月），頁643。

〔註26〕王廷相：《王廷相集》，（北京，中華書局，1989年9月），頁754。

因陰陽相盪相摩之相生而偏勝之故，凝爲形氣時即表現成萬殊之形氣，但萬殊之形氣在無形元氣本體中所具萬種種子時已經決定，王俊彥先生云：

> 氣種有殊，其殊雖本於太虛之固有，但此氣種因陰陽偏盛而決定後，即不再受外在影響，亦即人只能爲人，物只能爲物，而人物只能憑其自身之條件，去承擔成就造化大功之責任。〔註27〕

因此「非鬼神而何」，若非具無窮生生可能之鬼神，在形氣世界中如何能有這無窮萬種之表現。「胸中無事則眞氣充溢於中，而諸邪不能入。」「眞氣」即指形氣之人之「活鬼神」是由元氣凝結而成之具生生作用之心，所以心中若有此活鬼神，則任何行爲表現皆由此所生，所以皆是合於天道之生生表現，自是生氣盎然，道化流行，所以諸邪不能侵入。高攀龍又云：

> 眞元之氣生生無窮，一息不生便死矣。草木至秋冬凋謝，是霜雪一時壓住。彼之生生無一息之停也，不然春意一動，其芽何以即萌。人之爪髮即草木之枝葉也，飲食是外氣，不過藉此以養彼耳，其實眞元之氣何藉乎此哉。人之藉飲食以養其身，即草木之滋雨露以潤其根。〔註28〕

高攀龍所言「眞元之氣生生無窮」是指形上元氣之生生作用在形下形氣中，使形氣各具主體性，所以形氣各稟其生生之神用表現，形氣本身便是道德創造之主體，此時道德本體已由形上本體之位置，落實到形氣本身成爲形氣之道德主體，推之則各個人、事、物皆是道德之人、事、物，其中彼此之語默動靜與酬酢萬變，便成一氣化之道德世界。高攀龍又言「一息不生便死矣」，其所指「一息不生」者是就形下形氣而言，因爲本體層面之元氣不會「一息不生」。而形氣之身才有氣餒毀壞之時，故形下形氣會有死亡之日，表示此形體道德表現會有窮盡之情況。高攀龍有云：

> 鼻息呼吸乃闔闢之機也，非眞元之氣。眞元之氣生生不息。〔註29〕

高攀龍認爲「鼻息呼吸」是元氣在形氣之身之表現。所以其言「闔闢之機」即是形氣中所具元氣生生不測之表現，而元氣生生不測之表現者爲「神」之

〔註27〕 王俊彥：〈王廷相的元氣無息論〉，《章太炎與近代中國學術研討會論文集》，（台北，里仁書局，民國88年6月），頁518。
〔註28〕 高攀龍：《高子遺書·會語》，（台北，臺灣商務印書館文淵閣四庫全書，民國72年），卷五，頁417。
〔註29〕 高攀龍：《高子遺書·會語》，（台北，臺灣商務印書館文淵閣四庫全書，民國72年），卷五，頁417。

作用。而「草木至秋冬凋謝，是霜雪一時壓住，彼之生生無一息之停也」高攀龍言草木過冬，只是冬眠，並非死亡，所以元氣之神只是被霜雪一時壓住，故不會完全不表現，只是等待春之到來。因此形氣之生生作用不會因爲霜雪而眞正停止，除非形氣死亡。因眞元之氣是形氣之本質，所以會生生不息，但形氣有時被外在環境或其他原因所壓抑，因此生生作用有暫時停止表現之時。形氣只有在死亡後，才會停止其生生作用之表現，所以眞元之氣是形氣之主體沒有一刻是不想自主自覺地表現出來。

高攀龍又言「人之爪髮即草木之枝葉，飲食是外氣不過藉此以養彼耳」，其認爲「外氣」是指後天之修養工夫，而「眞元之氣」是指先天本具道德之善。所以人身具有先天「眞元之氣」之本質，與後天之「外氣」融匯而成。而「眞元之氣」是形體生生表現之內涵是本然具足，所以無須存養，只有形軀之身才須藉「外氣」養之。戴震云：

> 與天地通者生，與天地隔者死。以植物言。葉受風日雨露以通天氣，根接土壤以通地氣。以動物言，呼吸通天氣，飲食通地氣。人、物於天地，猶然合如一體。〔註30〕

戴震亦認爲行氣之動植物虛藉由「外氣」之「風日雨露」與「飲食」來養其形氣之身，以通天地，才可維持其生命，否則將如其所言「與天地隔者死」。而高攀龍又言形軀之身健在之時才可以生生表現，若形軀一死則生生表現亦有終止之日。高攀龍云：

> 程子曰：密者，用之源，顯諸仁即是藏諸用。譬如一株樹，春氣一動，抽芽發枝，枝葉都是春發出，是顯諸仁；然春都在枝葉，即藏諸用。〔註31〕

「顯諸仁即是藏諸用」，仁之體，即高攀龍所言無形之「春」。而仁之用，即是具體有形之「枝葉」。當春意一動便能抽芽發枝，此是指「顯諸仁」。生意盎然之春都在枝葉中彰顯，即「春」之主體藏諸枝葉之「用」中。此處說枝葉都是春發出，而春又都在枝葉中，即是「氣本論」之「道在氣中」之意。「春」即元氣本體；而春都在枝葉上，是指元氣本體就在形氣之中，爲形氣之主體，因此形氣之身之言行表現皆合於元氣主體之道德內涵。如程明道云：

〔註30〕戴震：《戴震集·答彭進士允初書》，（台北，里仁書局，民國69年），頁171。
〔註31〕高攀龍：《高子遺書·會語》，（台北，臺灣商務印書館文淵閣四庫全書，民國72年），卷五，頁418。

　　　　「生生之謂易」，是天之所以爲道也，天只是以生爲道。繼此生理者

　　　　即是善也。善便有一個元的意思。元者善之長，萬物皆有春意，便

　　　　是「繼之者善也。」〔註32〕

程明道以爲「天」即是以「生」爲「道」，而人即繼承此「生理」之善，爲善
爲德。高攀龍又云：

　　　　天何嘗離人，人何嘗離天。故曰：道也者，不可須臾離也，可離非道

　　　　也。人居天中，如魚居水中，魚無水不活，人無天不生。人亦死在天

　　　　中，蓋須自家生氣接得天著，至於養成浩然，則死亦生矣。〔註33〕

「天何嘗離人，人何嘗離天」是指天人是一。「人居天中，如魚居水中，魚無
水不活，人無天不生」只天人本是一體，如魚之於水，是須與不可離。「自家
生氣接得天著」其言生氣由天地之氣來，所以指天地之氣生萬物。「至於養成
浩然，則死亦生矣」是指形體還原其爲元氣凝結者之位置，則形氣才可稱爲
「浩然之氣」，而形體雖死，亦可言生。此句所指即生與死可以相通，是因爲
「浩然之氣」通貫於元氣與形氣之間。

　　　綜上所述，高攀龍之意乃針對形下形氣層面而言，人之形氣若能養得「浩
然之氣」，則形軀雖死，但其精神卻是永不滅絕，因爲元氣仍然一直在化生萬
物，此萬種具主體義之形氣，會生生不息之存在天地之間，所以可以言「死
亦生矣」。再者，對形上客觀層次而言，因爲死與生之氣皆得於天者，死與生
皆天地之氣所生，所以死與生皆只是物，並無所謂死即滅，生即存之觀念，
如莊子所謂「死生一體」的觀念。《莊子・齊物論》云：

　　　　方生方死，方死方生；方可方不可，方不可方可。〔註34〕

因爲身既爲虛幻，生與死對人沒有特殊之意義，根本失去保全之意義。莊子
著重在追求精神層面的絕對自由，所以不論形下生死相對之觀念，將死與生
皆視爲虛幻，所以死、生可以是一體。而高攀龍則是由萬物各具有主體義的
立場，說明死與生皆是具有天地之氣爲其主體的形氣，所以死與生可以一氣
相貫通。

〔註32〕程顥、程頤：《二程集・河南程氏遺書卷第二》，（台北，漢京文化事業有限公
　　　　司，民國 72 年 9 月），頁 29。

〔註33〕高攀龍：《高子遺書・會語》，（台北，臺灣商務印書館文淵閣四庫全書，民國
　　　　72 年），卷五，頁 416。

〔註34〕郭慶藩：〈齊物論〉，《新編諸子集成・莊子集釋》，（北京，中華書局，1984
　　　　年 11 月），第一冊，卷一下，頁 66。

（三）天地間充塞無間者惟氣

> 天地間充塞無間者，惟氣而已，在天則爲氣，在人則爲心。氣之精
> 靈爲心，心之充塞爲氣，非有二也。心正則氣清，氣清則心正，亦
> 非有二也。〔註35〕

「天地間充塞無間者，惟氣而已」由此句可知氣是充塞無間於天地之中，所以天地間森羅萬象之世界皆由氣所創。劉宗周有云：

> 盈天地間一氣而已，有氣斯有數，有數斯有象，有象斯有名，有名
> 斯有物，有物斯有性，有性斯有道，有道其後起也。〔註36〕

「在天則爲氣，在人則爲心」天地間都是氣，而氣在天則稱作「氣」；在人則稱作「心」，所以心亦是氣。「天」是指萬物也就是氣，而此統括的氣在人的身上就是心。在人身上爲心之氣是元氣，所以人身上有形氣之身軀與有元氣之心。由此可知高攀龍仍然受王學之影響，其以爲心、天道是最高之本體，但高攀龍有提出新之觀點，其認爲心、天道與人之身軀是相貫通，非有形上下之區分。「氣之精靈爲心」此「精靈」所指爲生生認知之作用。所以由此可知氣之生生與認知作用「精靈」，在元氣創生過程中，已凝結爲形氣之人心。此外，氣非精靈之處就成爲人之形體。

高攀龍所謂「心之充塞爲氣」，是指心若將其生生認知作用完全展現，則可擴大到整個天地之間（氣）之地步，成爲所有形氣事物之主宰。因此形氣之主爲心，而心屬生化形氣，所以言「非有二也」。故心若完全表現其生生認知作用即可以與天地之氣一樣盛大。心與氣之分別，在於氣是無形無限者，心則是氣之中最精靈之生生認知之特色，若此心之生生認知特色完全表現出來，則同於宇宙之元氣。所以由心與氣之關係反顯出氣是一個宇宙無限之主體，但其中最特殊者是其即存有即活動之特質，此特質稱作「心」。此心不只是人心，可以比人之心的意義更爲廣泛。高攀龍云：

> 龍嘗讀聖賢書，見孔子言仁，便說復禮；孟子言浩然之氣，便說集
> 義。夫仁者與萬物爲一體，浩然之氣塞乎天地，可謂大矣。而拈出
> 一禮義字，便分毫走作不得，其嚴如此。〔註37〕

〔註35〕高攀龍：〈雖存乎仁者節〉，《高子遺書・講義》，（台北，臺灣商務印書館文淵閣四庫全書，民國72年），卷四，頁405。

〔註36〕劉宗周：《劉宗周全集》，（台北，中央研究院中國文哲研究所籌備處，民國86年6月），頁639。

〔註37〕高攀龍：〈荅湯海若〉，《高子遺書・書》，（台北，臺灣商務印書館文淵閣四庫

「夫仁者與萬物爲一體，浩然之氣塞乎天地，可謂大矣。」如程明道云：

> 學者須先識仁。仁者渾然與物同體。義、禮、智、信，皆仁也。
> 〔註38〕

程明道所謂「識仁」是識仁體，仁體是遍體一切，與物無對者，所以「仁者渾然與物同體」。而「同體」是指形上、形下一體，而不是指同一本體。以天地萬物爲一體，渾然無物與我，內與外之分隔，這便是體現到仁的境界。當達到「仁者與萬物爲一體」時，就如同「浩然之氣塞乎天地」之無限仁境。

　　高攀龍認爲達到無限仁境之方，即是「見孔子言仁，便說復禮；孟子言浩然之氣，便說集義。」仁就要由復禮來；浩然之氣就要用「集義」。「夫仁者與萬物爲一體；浩然之氣塞乎天地，可謂大矣。」「仁」是萬物皆有之本質，所以可謂大矣；而「浩然之氣」因爲塞乎天地，所以與仁一樣，可以是無限普遍地。由此可知「浩然之氣」除了可由「集義」展現外，「浩然之氣」還有「塞乎天地」之意義。所以集義即可達到「浩然之氣」塞乎天地，也因爲「浩然之氣」可以塞乎天地，而「浩然之氣」就是塞乎天地之充分無限展示。

二、氣與理之關係

（一）理氣本非二

> 理靜者，理明欲淨，胸中廓然無事而靜也。氣靜者，定久氣澄心氣交合而靜也。理明則氣自靜，氣靜理亦明，兩者交資互益，以理氣本非二故。默坐澄心，體認天理，爲延平門下至教也。若徒以氣而已，動即失之何益哉。〔註39〕

高攀龍藉由說明理靜與氣靜之關係來說理氣有分，提出另一重點是「理氣本非二」。因氣靜不只是形下，而且是形上理如何與形下氣合一。此言理氣非二，是由氣本論立場言之，元氣凝結成形氣時，元氣之理亦同時凝爲形氣之理，所以元氣之理落實成形氣之理，並與形氣結合成爲一體，即形上元氣配元氣之理，形下形氣配形氣之理，所以理氣非二也。劉宗周有云：

全書，民國72年），卷八上，頁499。

〔註38〕程顥、程頤：《二程集・河南程氏遺書卷第二》，（台北，漢京文化事業有限公司，民國72年9月），頁16。

〔註39〕高攀龍：《高子遺書・語》，（台北，臺灣商務印書館文淵閣四庫全書，民國72年），卷一，頁336。

天地之間一氣而已，非有理而後有氣，乃沕立而理因之寓也。〔註40〕
劉宗周認爲，天地之先一氣而已，而理乃因之寓者，所以理氣有分但非二。
劉宗周提出此反對朱子「理先氣後」〔註41〕與「理氣不離不雜」〔註42〕的說
法。朱子云：

> 理與氣本無先後之可言。但推上去時，卻如理在先，氣在後相似。

〔註43〕

此句朱子說出理與氣在形下層面是無先後可言，但由形上本體層次來說，則
是理先氣後。其又云：

> 理搭在陰陽之上，如人跨馬相似。〔註44〕

> 馬一出一入，人亦與之一出一入。〔註45〕

蔡仁厚先生：「據此條，不僅可見『理氣不離不雜』（不離，是指說理與氣二
者關係之深密；不雜，是指說理與氣畢竟是二而非一）。」〔註46〕高攀龍又云：

> 仁、義、禮、智，人與物一也，形氣異，是以有偏、全、明、晦之
> 異，故曰：論性不論氣不備，論氣不論性不明。理之與氣二之固不
> 是，便認氣爲理又不可。〔註47〕

「形氣異，是以有偏、全、明、晦之異」這段是高攀龍對形氣的定義。形氣
都是不同的，因爲形氣有偏、全、明、晦之異。但是仁、義、禮、智則是人
皆同有。「論性不論氣不備，論氣不論性不明。理之與氣二之固不是，便認氣
爲理又不可。」如程明道有云：

〔註40〕劉宗周：《劉宗周全集》，（台北，中央研究院中國文哲研究所籌備處，民國86
　　　　年6月），頁364。
〔註41〕蔡仁厚：《宋明理學‧南宋篇》，（台北，臺灣學生書局，民國82年9月），頁
　　　　212。
〔註42〕蔡仁厚：《宋明理學‧南宋篇》，（台北，臺灣學生書局，民國82年9月），頁
　　　　206。
〔註43〕朱熹著，黎靖德編：《朱子語類》，（台北，文津出版社，民國75年12月），
　　　　卷一，頁3。
〔註44〕朱熹著，黎靖德編：《朱子語類》，（台北，文津出版社，民國75年12月），
　　　　卷九十四，頁2374。
〔註45〕朱熹著，黎靖德編：《朱子語類》，（台北，文津出版社，民國75年12月），
　　　　卷九十四，頁2376。
〔註46〕蔡仁厚：《宋明理學‧南宋篇》，（台北，臺灣學生書局，民國82年9月），頁
　　　　207。
〔註47〕高攀龍：〈荅涇陽生之謂性〉，《高子遺書‧書》，（台北，臺灣商務印書館文淵
　　　　閣四庫全書，民國72年），卷八上，頁470。

論性不論氣不備，論氣不論性不明。〔註48〕

而高攀龍又言「理之與氣二之固不是」由此可知理與氣是一，但是「便認氣爲理又不可」把氣視爲理又不可以，因爲氣是本體，理不是本體，所以氣不是理，而理在氣中。

（二）氣與理無聚散

凡人之言合者，必二物也。本離而合之之謂合，本合則不容言合也。

天下之物有萬而理則一，無體用、無顯微、無物我、無內外，一以貫之者也。〔註49〕

「合」指的是二物，因有二物才言合。此乃指王陽明，因爲王學言「知行合一」，由合字知道，知與行的本質是二。所以應該言知行是一。「本離而合之之謂合」，本離指兩個本質不同，所以言合；「本合則不容言合」，因爲兩者本質本相同所以不言合。「天下之物有萬而理則一，無體用、無顯微、無物我、無內外，一以貫之者也。」牽涉到「理一分殊」、「氣一理一或氣萬理萬」和「氣亡理亡不亡」的問題，因爲元氣凝爲萬物，而所以凝成之理，即是元氣內在生化理則，故理氣本質同而不可言合。「天下之物有萬而理則一」有理一氣萬的意思，看起來頗合朱子理一分殊的意思。所以先看朱子的看法，朱子云：

伊川說得好，曰：「理一分殊。」合天地萬物而言，只是一箇理；及在人則又各自有一箇理。〔註50〕

理只是這一個，道理則同，其分不同，君臣有君臣之理，父子有父子之理。〔註51〕

若順朱子解釋理一氣萬，則成理氣是二。但高攀龍又說並非朱子那種不離不雜之合，而是本然一以貫之，不可言合。是以高攀龍之理一分殊，主要在於打破朱子理氣關係是異質異層，只重形上理，輕忽形下氣，而使形上、形下斷然二分之觀念。高攀龍說法是讓元氣凝成形氣是同質同層，而一以貫之，使形氣在

〔註48〕程顥、程頤：《二程集‧河南程氏遺書卷第六》，（台北，漢京文化事業有限公司，民國 72 年 9 月），頁81。

〔註49〕高攀龍：〈陽明說辨三〉，《高子遺書‧經解類》，（台北，臺灣商務印書館文淵閣四庫全書，民國 72 年），卷三，頁 374。

〔註50〕朱熹著，黎靖德編：《朱子語類》，（台北，文津出版社，民國 75 年 12 月），卷一，頁 2。

〔註51〕朱熹著，黎靖德編：《朱子語類》，（台北，文津出版社，民國 75 年 12 月），卷六，頁 99。

價值上與物、我、天道之間皆具主體義,當形氣具主體義,形氣之人不再如朱學、王學是受形上價值所指導、爲道德所駕馭之工具而已,而是使人眞正具有道德主體義而能具自動自發地實踐動力,可以使「內聖」跨向「外王」之科學、社會學、倫理學,並把形上形下放在同一層面討論。高攀龍云:

> 有友曰:「羅整菴先生言:理氣最分明。云:氣聚有聚之理,氣散有散之理,氣散氣聚而理在其中。」先生曰:如此說也好。若以本原論之,理無聚散,氣亦無聚散。如人身爲一物,物便有壞,只在萬殊上論。本上如何有聚散,氣與理只有形上形下之分,更無聚散可言。〔註52〕

高攀龍對羅欽順之理氣關係作另一番說解。「羅欽順云:『理氣最分明。』云:氣聚有聚之理,氣散有散之理,氣散氣聚而理在其中。」高攀龍先藉由「理氣有分,非二」與「理在氣中」兩者爲理氣關係之大前提。而其言「以本原論之,理無聚散,氣亦無聚散」這由形上本體層面來說,因爲元氣與元氣中之理都是無形無狀,永恆存在,故不能討論其聚散與否。

高攀龍又言「氣與理只有形上形下之分,更無聚散可言」。由氣本論的基本原則「理在氣中」的觀念,理是氣化內在自然之條理,所以理氣並無分開的時候,故理氣間無聚散的關係。但有形上下的區別。因「如人身爲一物,物便有壞,只在萬殊上論。」高攀龍從現實形氣狀況,即形氣會死亡的立場來討論「氣在理在,氣亡理亡」理氣聚散的問題。如「鼻息呼吸乃闔闢之機也,非眞元之氣。眞元之氣生生不息。」〔註53〕因爲形氣非眞元之氣,所以有氣餒之時。具主體義的形氣,仍然會死亡,所以需要面對形氣死亡時,理亡不亡的問題。但由「理在氣中」來看,因理氣是一,無分開之時,所以形氣在形氣之理亦在,而形氣亡則形氣之理亦亡。高攀龍之論點在於先論形上層面,理氣關係是超越有無之上,故無聚散可言。其次,再就「理氣是一」之立場來看,因理與氣爲一體,故理氣間亦無聚散可說。但當此「氣」爲形下之形氣時,形氣死亡,形氣之理也就亡滅了。所以高攀龍面對「氣亡理亡不亡」之問題,提出理氣既然是一,氣與理只有在形下層次才有聚散問題之

〔註52〕 高攀龍:《高子遺書・會語》,(台北,臺灣商務印書館文淵閣四庫全書,民國72年),卷五,頁417。

〔註53〕 高攀龍:《高子遺書・會語》,(台北,臺灣商務印書館文淵閣四庫全書,民國72年),卷五,頁417。

觀點。因此高攀龍所走的不是王學、朱學氣亡理不亡的這一路，而是言氣亡則理亡，氣不亡則理亦不亡，這是高攀龍「理無聚散，氣無聚散」之新義，此又與羅欽順不同。所以高攀龍是由本原上言理氣無聚散，再從有形下具主體義之形氣仍然會死亡之觀念，他重新詮釋羅欽順所言「氣聚有聚之理，氣散有散之理，氣散氣聚而理在其中」之觀念。

三、元氣與形氣之關係

（一）元氣是無形無狀，形氣是可睹可聞

> 王南塘先生言，可睹可聞皆氣也。此句極妙，所謂野馬氤氳亦云微矣，雖微，猶氣也。神則無形之可見，但一屬神，即是感底朕兆，動之幾萌於此矣。寂然不動乃誠也。學問只到幾處可知，幾之上即不可知也。〔註54〕

「可睹可聞皆氣也」由此可知高攀龍認爲形氣是可睹可聞的。「野馬氤氳亦云微矣，雖微，猶氣也」，指的是那形上價值層面。「野馬氤氳」指的是無形之氣。而此「微」字所指爲天道是無限不具明確形體，也因此才可以生出無限可能之萬殊形體，但因其隱微而不可明見。《莊子・逍遙遊》曾云：

> 野馬也，塵埃也，生物之以息相吹也。〔註55〕

「野馬」所指即是無形之遊氣，與王塘南所言「野馬氤氳」之意同，而「塵埃」即是可睹可聞之形氣。

「神則無形之可見」由此可知氣是指有形可見的；神是指形氣中無形可見的生生作用，「一屬神，即是感底朕兆，動之幾萌於此矣」如見父母即知孝。《易・繫辭上傳》云：

> 易無思也，無爲也，寂然不動，感而遂通天下之故。〔註56〕

易傳說明生生之易是一無思、無爲的形上主體，所以其寂然不動之靜也。但此形上本體又有感的作用，即所謂動之時，因所遇之事物皆是以道德作爲其本體，一遇即感，所以可以「通天下」。而高攀龍所言的「感底朕兆」，就是

〔註54〕高攀龍：《高子遺書・會語》，（台北，臺灣商務印書館文淵閣四庫全書，民國72年），卷五，頁417。

〔註55〕郭慶藩：〈齊物論〉，《新編諸子集成・莊子集釋》，（北京，中華書局，1984年11月），第一冊，卷一上，頁4。

〔註56〕朱熹：《周易本義》，（台北，大安出版社，民國88年7月），卷三，頁246。

「感而遂通」的意思，即人是具道德創造之主體，一遇人事便知感應，對其做道德恰當之反應，所以「動之幾萌於此」。因神是元氣的生生作用是不可見，當元氣之神一凝爲形氣時，則稱爲機，形體生生變化作用始於機。「寂然不動乃誠也」，寂然不動指此道德創造本體永恆不變，由永恆不變說靜，即所謂的誠，誠即元氣的道德創造之主體。「學問只到幾處可知，幾之上即不可知也」，因爲「幾之上」即所謂的神，它是無形可見，非在見解中，所以不可用認知心之「識」來理解之。其須用道心義理層面之「覺」來體會。

（二）我亦一物也，萬物一我也

> 同是一箇命，理一分殊。一者，千萬人、千萬世是一箇；殊者，一
> 人是一箇。〔註 57〕

「一者，千萬人、千萬世是一箇」指再多不同的人和事，他們都是同一個本體爲他生命主體，所以雖有千萬人、千萬世的分別，但他們的主體是一。「殊者，一人是一箇」指無窮多的形氣。「理一分殊」的「理一」是說只有一個元氣本體。「分殊」使說此元氣本體可以分化出許多不同的形氣個體。高攀龍云：

> 龍謂天地間物莫非陰陽五行，五行便是五色，便有五味，各自其所
> 稟，紛然不同，固無足異至發之先後。蓋天地間有一大元亨利貞，
> 各物又具一元亨利貞，雜然不齊良有以也。〔註 58〕

這整段話就是朱子的「統體一太極，物物一太極」。朱子云：

> 太極只是天地萬物之理。在天地言，則天地中有太極；在萬物言，
> 則萬物中各有太極。〔註 59〕

> 太極只是箇極好至善底道理。人人有一太極，物物有一太極。〔註 60〕

「天地間有一大元亨利貞」就是「統體一太極」；「各物又具一元亨利貞」就是「物物一太極」。而高攀龍「統體一太極，物物一太極」的意義則是由元亨利貞與天地之氣來說明。「雜然不齊良有以也」，「雜然不齊」是指各物的形體

〔註 57〕高攀龍：〈盡其心者三章〉《高子遺書・講義》，（台北，臺灣商務印書館文淵閣四庫全書，民國 72 年），卷四，頁 407。

〔註 58〕高攀龍：〈荅顧涇陽先生論格物四〉，《高子遺書・書》，（台北，臺灣商務印書館文淵閣四庫全書，民國 72 年），卷八上，頁 468。

〔註 59〕朱熹著，黎靖德編：《朱子語類》，（台北，文津出版社，民國 75 年 12 月），卷一，頁 1。

〔註 60〕朱熹著，黎靖德編：《朱子語類》，（台北，文津出版社，民國 75 年 12 月），卷九十四，頁 2371。

各具其形，但是「良有以也」即指各物皆有一元亨利貞。

> 龍敬問先生曰：此一草一木與先生有關否？若不相關，便是漠然與
> 物各體，何以爲仁。不仁何以心說得正，意說得誠，樂意相關禽對
> 語，生香不斷樹交花，所以爲善，形容浩然之氣，所以不可不理會
> 也。〔註61〕

「此一草一木與先生有關否」知道高攀龍把天道和現實合在一起，他的學生也感受到，所以問先生和一草一木是否也一樣呢？因爲一草一木即是指現實，本來草木怎會與先生有關，但是因爲高攀龍說「天地間有一大元亨利貞，各物又具一元亨利貞，雜然不齊良有以也。」，所以他學生覺得高攀龍與草木有關。

高攀龍言「若不相關，便是漠然與物各體」先生若與草木不相關，則「漠然與物各體」，指人和物是不同的，這違反高攀龍「人物一氣」，人物相關之原則。因其言：「仁、義、禮、智，人與物一也，形氣異，是以有偏、全、明、晦之異。」〔註62〕因爲仁本然應無所不在，若不是就是不仁，則心如何說的正？意如何說的誠？所以「浩然之氣」需在「各氣是一」上說。原來「浩然之氣」就是草木、就是先生，而先生與草木之所以有關連，是因爲一草一木中即具「浩然之氣」之主體。故先生、草木皆爲「浩然之氣」。「所以爲善，形容浩然之氣，所以不可不理會也。」因「浩然之氣」即是生生之善，其可以表現爲先生、義可以表現爲草木，則先生、草木皆具此「浩然之氣」爲其形氣之身之道德主體。所以由「各氣是一」談「浩然之氣」，即指各氣是具「浩然之氣」之道德主體義之形氣。高攀龍云：

> 萬物總是一物，故一物皆備萬物。我亦一物也，萬物一我也，即萬
> 爲一，故藏密處不容一些散漫。〔註63〕

「萬物總是一物，故一物皆備萬物。」高攀龍言「萬物是一物」，其意是指任何萬物雖是不同樣貌之形氣，但皆是同一元氣所生化而成。而高攀龍又言「一物皆備萬物」，是因爲萬物本質皆同是元氣所生之形氣。雖然某物與萬物之形氣樣貌雖有不同，但以他們皆爲同一元氣所生之層面論之，則可言物會同於

〔註61〕高攀龍：〈答顧涇陽先生論格物四〉，《高子遺書・書》，（台北，臺灣商務印書館文淵閣四庫全書，民國72年），卷八上，頁468。

〔註62〕高攀龍：〈答顧涇陽生之謂性〉，《高子遺書・書》，（台北，臺灣商務印書館文淵閣四庫全書，民國72年），卷八上，頁470。

〔註63〕高攀龍：〈萬物皆備章〉，《高子遺書・講義》，（台北，臺灣商務印書館文淵閣四庫全書，民國72年），卷四，頁407。

萬物之「一物皆備萬物」。如《孟子・盡心上》云：

> 萬物皆備於我矣，反身而誠，樂莫大焉。強恕而行，求仁莫近焉。
> 〔註64〕

高攀龍認為仁之境界是與天地萬物為一體，渾然無物我，內外之分隔，因物我無分隔，所以可以說「萬物皆備於我矣。」如何物我內外皆無分隔？因為孟子「心性天通而為一」物我內外皆是以性善為主體之道德事物，當我觀照萬物時，萬物皆是合於道德，所以萬物合成一個道德之世界，而道德之事物皆為我所用。《莊子・齊物論》云：

> 以指喻指之非指，不若以非指喻指之非指也；以馬喻馬之非馬，不
> 若以非馬喻馬之非馬也。天地一指也，萬物一馬也。〔註65〕

莊子用一指、一馬代表天地萬物同質而可共通概念。因為天地萬物都有共通性。而「我亦一物也，萬物一我也」此句王學會理解成各物之道德意識是與萬物一樣，所以萬物與人之形質雖然不同，但因為道德之本質相同，所以我即萬物，萬物即我。而高攀龍則認為萬物和我雖然是不同樣貌之形氣，但是萬物為氣所組成，我亦為氣所組成，故在同為氣之層面，大家仍是同質同層而可以相貫通者。

第二節　天地間渾然一氣

一、天地間渾然一氣

（一）浩然之氣即易體

> 此體不可形狀，孟子名之曰浩然之氣，即易體也。〔註66〕

因為前有言高攀龍的「浩然之氣」是指形氣層面的道德之氣，而這裡高攀龍又提出「浩然之氣」即是「易體」，此「易體」是「此體不可形狀」即是無形無狀。因為高攀龍提出「浩然之氣」是道德之氣，即是「道在氣中」的「道」，所以高攀龍說「浩然之氣」是不可形狀的。高攀龍又云：

〔註64〕朱熹：《四書集注・孟子》，（台北，世界書局，民國86年3月），卷七，頁393。
〔註65〕郭慶藩：〈齊物論〉，《新編諸子集成・莊子集釋》，（北京，中華書局，1984年11月），第一冊，卷一下，頁66。
〔註66〕高攀龍：《高子遺書・語》，（台北，臺灣商務印書館文淵閣四庫全書，民國72年），卷一，頁341。

其爲物不貳，只是一箇道理。惟其一所以生物不測，爲不測故神，
所謂易也。故程夫子則曰：其體則謂之易，其理則謂之道，其用則
謂之神，其命於人則謂之性，率性則謂之道，修道則謂之教。孟子
於其中又發揮出浩然之氣來，可謂盡矣。中庸又説一箇鬼神，以形
容斯理之妙。〔註67〕

「爲物不貳」是指天道之理與天道之德。「生物不測」所指是天道生生作用，
因爲天道創生萬物是什麼可能性都會創造，無法預測天道會創造何種物來，
所以稱之爲「神」，即是說明天道生生作用是神妙而不可測的。由前所言「爲
物不貳」的天道之理、天道之德與「生物不測」的天道之生生，合二者所言
即爲「易」。所以「易」是指天生生不斷地一直創造萬物，所指的是天道之生
化萬物。如韓邦奇云：

蒸鬱凝聚者，氣之發用也；浩然湛然者，氣之本體也，所謂塊然者
也。〔註68〕

再者，高攀龍言「天」是任何可能性皆會創造，所以稱之爲「神」，「神」即
「不測」之意。所以高攀龍認爲「其爲物不貳，只是一箇道理。惟其一所以
生物不測，爲不測故神，所謂易也。」即是天道專心創生萬物，永不停止，
且使其所生之物皆是道德的事物，而天道這樣的表現即是所謂的「易」。但天
道讓這些由它創生的萬物皆是合於天道之德，他再以此「爲物不貳」、「生物
不測」爲其不易之「理」，不斷地持續下去。其下高攀龍又提出「故程夫子則
曰：其體則謂之易，其理則謂之道，其用則謂之神，其命於人則謂之性，率
性則謂之道，修道則謂之教。孟子於其中又發揮出浩然之氣來，可謂盡矣。
中庸又說一箇鬼神，以形容斯理之妙。」

高攀龍認爲「易」指本體；「道」指生生道德之理，即是天理。「神」即
是說明道德的生生作用是神妙而無法預測。若將此本體命令在人身上，即是
人之所以爲人的原因，也即是人的本性。若人依照此道德本性爲其行事風格
之標準，則稱依道而行；若此人能夠克服命限之限制，完全地展現其生生之
道德本性，使人之一舉一動皆合於道德，此即具人文教化之意義，亦具有移
風易俗之作用。而這些東西皆可以由孟子所提出的「浩然之氣」所含括，因

〔註67〕高攀龍：《高子遺書‧會語》，（台北，臺灣商務印書館文淵閣四庫全書，民國
　　　　72年），卷五，頁416。
〔註68〕韓邦奇：《性理三解》，（明正嘉間原刊本，台北，國家圖書館善本書室），頁31。

此孟子所稱「浩然之氣」即是生生之「太虛元氣」，而其中就包含易體、神與道。薛瑄云：

> 孟子言「浩然之氣，至大志剛」。至大，則大而六合，細而一塵，無
>
> 非此氣之充周；至剛，則貫崖石而草木生，透金鐵而鏽澀出。〔註69〕

薛瑄所謂「浩然之氣」之「至大」即是「氣盛大而無外」，〔註70〕指此氣具有普遍性與超越性；「至剛」則是「氣之流行無間」，〔註71〕可知此氣是充塞天地。而薛瑄言「氣」是具生化之力者。如其言：「搖扇有風，見天地間無處無氣。」〔註72〕其所謂搖扇所生之風，便是生化之氣所生，近而推至天地間萬事萬物，莫不是氣之所生。故其又言：「源泉滾滾，不舍晝夜。」〔註73〕而其具有永恆性之生化之氣，即是孟子所謂「浩然之氣」。高攀龍認為在孟子之後的《中庸》，就提出另一個「鬼神」稱謂來代表這生生不測之奧妙。如朱子云：

> 鬼神不過陰陽消長而已。亭毒化育，風雨晦冥，皆是。〔註74〕
>
> 神，伸也；鬼，屈也。如風雨雷電初發時，神也；及至風止雨過，
>
> 雷住電息，則鬼也。〔註75〕

朱子認為「鬼神」是為物不貳之陰陽二氣消長而有物之死生動靜與風雨晦冥。因為「鬼」意指形氣回歸元氣；「神」是指元氣化生各種形氣。所以「鬼神」所指為「生生不測」之意，即是所謂有形之氣回無形元氣，而無形元氣又化生各種形氣之一個循環過程。因此高攀龍認為《中庸》提出「鬼神」來與孟子「浩然之氣」相呼應。由上所知，「浩然之氣」內涵包括「易體」、「道」、「神」、「性」、「教」，所以高攀龍「浩然之氣」之意義涵蓋範圍十分廣大。如吳廷翰云：

〔註69〕薛瑄：《薛瑄全集‧讀書錄》，（山西，人民出版社，1990 年 8 月），卷一，頁1023。

〔註70〕薛瑄：《薛瑄全集‧讀書續錄》，（山西，人民出版社，1990 年 8 月），卷三，頁 1362。

〔註71〕薛瑄：《薛瑄全集‧讀書續錄》，（山西，人民出版社，1990 年 8 月），卷三，頁 1362。

〔註72〕薛瑄：《薛瑄全集‧讀書錄》，（山西，人民出版社，1990 年 8 月），卷八，頁1236。

〔註73〕薛瑄：《薛瑄全集‧讀書續錄》，（山西，人民出版社，1990 年 8 月），卷四，頁 1398。

〔註74〕朱熹著，黎靖德編：〈鬼神〉，《朱子語類》，（台北，文津出版社，民國 75 年12 月），卷三，頁 34。

〔註75〕朱熹著，黎靖德編：〈鬼神〉，《朱子語類》，（台北，文津出版社，民國 75 年12 月），卷三，頁 34。

明道先生曰：「上天之載，無聲無臭，其體則謂之易，其理則謂之道，其用則謂之神，其命於人則謂之性。率性則謂之道，修道則謂之教。孟子於中又發揮出浩然之氣，可爲盡矣。」此等語極精。蓋上天之事，只是氣。理即氣之條理，用即氣之妙用。命於人即氣爲之命。至於浩然之氣，則直指而言，亦非有出於無聲無臭之外也。故曰：「至大至剛，以直養而無害，則塞於天地之間。」〔註76〕

吳廷翰亦提出「浩然之氣」之觀點。其更明白指出天地之先只是一氣，而「理」是氣之條理。而高攀龍又云：

體者，無時而不在，體即時也。云時者，無時而不體，時即體也。戒謹恐懼，即時即體也，爲物不二者也。〔註77〕

「體」指本體義，此「體」即「浩然之氣」之氣本體。因「體」是「無時而不在」的，意思即是「浩然之氣」隨時都在形氣中。再者高攀龍之「時」是指時間，因爲「時」是「無時而不體」，所以意思是任何時刻中「浩然之氣」皆在形氣中。合上二者而言，即是高攀龍「體即時也」之完整義。由此可知，高攀龍所謂「體者，無時而不在，體即時也。」「體」意指氣本體而言，即孟子所謂「浩然之氣」，因此「體」是就橫平面說「浩然之氣」之氣本體皆在形氣中，此乃言氣本體之「普遍性」。高攀龍又言「云時者，無時而不體，時即體也。」其意指「時」是就縱貫面說，即指任何時間，其意義即是從古至今浩然之氣的氣本體皆在形氣中，這即是就氣本體的「永恆性」而言。所以高攀龍所言之「浩然之氣」是既普遍又永恆之形氣所具之道德主體。高攀龍又云：

終日乾乾與時偕行，只一時字，便見繼之者善。〔註78〕

《易》定出乾坤二卦代表一陰一陽，一陰一陽對立轉化就可以化生出萬物。楊愼云：

一陰一陽之謂道，陰陽不測之謂神。不曰陽陰，而曰陰陽，何也？曰：生生之謂易，陽主生，陰主死，若曰陽陰，則死而不復生矣。

〔註76〕吳廷翰：《吳廷翰集・吉齋漫錄》，（北京，中華書局，1982年2月），卷上，頁7。

〔註77〕高攀龍：《高子遺書・語》，（台北，臺灣商務印書館文淵閣四庫全書，民國72年），卷一，頁339。

〔註78〕高攀龍：《高子遺書・語》，（台北，臺灣商務印書館文淵閣四庫全書，民國72年），卷一，頁340。

先陰陽，有生生不窮之義焉，匪特此也。〔註79〕

　　楊慎認爲「一陰一陽」之對立轉化即是生化萬物之道。而言「陰陽」而不言「陽陰」則是因爲「陰」爲「死」，「陽」爲「生」，言「陰陽」即可死而復生，循環不已。《彖》云：

　　　　大哉乾元，萬物資始，乃統天。雲行雨施，品物流行。〔註80〕

「乾」即萬物創生之開端，故「乾」即是天之本源。而天行雲施與乎地，萬品物類才周流而生成具體之形物。羅近溪云：

　　　　蓋易之卦雖六十有四，而統之則在乾坤，乾坤雖云並列，而先之又
　　　　在乾卦。……夫天者，乾之形體；而乾者，天之性理。故乾即是天，
　　　　而純粹以精，無時而不運也。〔註81〕

羅近溪認爲「乾」即「天」，「乾」之「天」是無時不運，無時不創生萬物。所以《易·繫辭上傳》云：

　　　　夫乾，其靜也專，其動也直，是以大生焉。〔註82〕

其意指乾道靜之時，就保持其專一生物之態度，動之時即是毫不猶豫地一直創生萬物，永無停止之時。因此高攀龍說「終日乾乾與時偕行，只一時字」。由此可知「浩然之氣」是無時無刻不創生萬物，即其所謂「便見繼之者善」，此言「浩然之氣」具有「乾」之生生作用義。又因爲「乾」是「與時偕行，只一時字」，所以「乾」即「時」，進而可知「浩然之氣」亦是「時」也。高攀龍又云：

　　　　終日乾乾與時偕行，只一時字，本體工夫具存。〔註83〕

所以高攀龍「本體工夫具存」之意指「浩然之氣」具本體之特色。故「浩然之氣」具永恆性之本體義與生生作用之工夫義，而有「體用是一」之意。如高攀龍云：

〔註79〕楊慎：〈陰陽〉，《升庵全集》，（台北，臺灣商務印書館，民國57年），卷四一，頁386。

〔註80〕朱熹：《周易本義·乾第一》，（台北，大安出版社，民國88年7月），卷一，頁31。

〔註81〕羅近溪：《盱江羅近溪先生全集》，（明萬曆十四年戊午劉一焜浙江刊本，台北，國家圖書館善本書室），卷四，頁14。

〔註82〕朱熹：《周易本義·繫辭上傳》，（台北，大安出版社，民國88年7月），卷三，頁239。

〔註83〕高攀龍：《高子遺書·箚記》，（台北，臺灣商務印書館文淵閣四庫全書，民國72年）卷二，頁346。

知時則知幾。故曰：敕天之命惟時惟幾。〔註84〕

高攀龍言「幾」是指形氣之生生變化。如呂坤云：

> 氣化無一息之停，不屬進就屬退；動植之物，其氣機亦無一息之停，
> 不屬生就屬死。再無不進不退而止之理。〔註85〕

呂坤亦言形氣之動、植物會因「氣機」之止息而亡。《周易本義・繫辭下傳》
云：「子曰：『知機，其神乎。……幾者，動之微，吉之先見者也。』」〔註86〕
「幾」是「幾微」即是萬物變化之端倪。「知機，其神乎」意指「幾」即是「神」。
而「神」即是指陰陽變化相生萬物之神妙而不可測知。如《周易本義・繫辭
下傳》云：「陰陽不測之謂神。」〔註87〕所以「幾」即是萬物生生不測之端倪。
因為前所言「終日乾乾與時偕行」，所以「乾」即「時」，而「乾」是指「浩
然之氣」不斷生生不測地創生萬物，而「幾」是指萬物生生不測之端倪，所
以高攀龍言「知時則知幾」。而高攀龍又言「敕天之命惟時惟幾」因此「浩然
之氣」即是要繼此天命，無時無刻不斷地創造形氣世界之萬物。如吳廷翰云：

> 氣在天地間，謂之元氣，以其生生不息，靈變莫測也。靈變莫測，
> 故爲溫涼，爲寒暑，莫或使之，莫或撓之，乃其自然良能。〔註88〕

（二）浩然之氣即天

> 一念反求此，反求之心即道心也，更求道心轉無交涉。須知動心最
> 可恥，心至貴也，物至賤也，奈何貴爲賤役。知言則知道，氣自浩
> 然，浩然之氣即天也。〔註89〕

高攀龍認爲「道心」即「反求之心」。而「反求之心」即孟子所言「反求諸己」
之意，此乃道德之自我反省。孟子云：

> 夫仁天之尊爵也，人之安宅也。莫之禦而不仁，是不智也。不仁不

〔註84〕高攀龍：《高子遺書・劄記》，（台北，臺灣商務印書館文淵閣四庫全書，民國
　　　　72 年）卷二，頁 346。

〔註85〕呂坤：〈天地〉，《呻吟語》，（台北，志一出版社，民國 83 年 7 月），卷四，頁 187。

〔註86〕朱熹：《周易本義・繫辭下傳》，（台北，大安出版社，民國 88 年 7 月），卷三，
　　　　頁 257。

〔註87〕朱熹：《周易本義・乾第一》，（台北，大安出版社，民國 88 年 7 月），卷一，
　　　　頁 238。

〔註88〕吳廷翰，日本松臺先生訂考：《和刻和本漢籍隨筆集・續記》，（東京，古典研
　　　　究會，1979 年），卷下，頁 168。

〔註89〕高攀龍：《高子遺書・語》，（台北，臺灣商務印書館文淵閣四庫全書，民國 72
　　　　年），卷一，頁 335。

智，無禮無義，人役也。……仁者如射，射者正己，而後發；發而
不中，不怨勝己者，反求諸己而已矣。〔註90〕

孟子認為「仁」是人皆有之的尊爵良貴；「仁」亦是人之安宅。故「仁心」是人之所以尊貴之因。而人之待人處世須「反求諸己」之「仁心」，如同射箭時，射箭者須先擺正自己之身子，才可以射中目標。所以高攀龍之「道心」即孟子所謂「反求諸己」之「仁心」。也因為孟子說出「夫仁天之尊爵也，人之安宅也。」告訴吾人，人之所以尊貴處就在於吾人具有此「仁心」。所以高攀龍認為「須知動心最可恥，心至貴也，物至賤也，奈何貴為賤役。」當人動心之時，即是放棄心以仁之尊爵為主宰，而甘心為外物所役使，此即高攀龍所言「貴為賤役」者。雖然高攀龍並未在此處明說「人心」之意義，但高攀龍隱喻地告知吾輩「人心」即是「貴為賤役」之情形，即其所謂「心為物役」者。如何「不動心」，而能使自己之尊爵為自我生命之主宰呢？

高攀龍指出欲「不動心」，即其所言「知言則知道，氣自浩然，浩然之氣即天也。」，因此要透過「知言則知道」來養「浩然之氣」，然後可以達到「浩然之氣即天」之境界，即是人以「仁」之尊爵主宰人之生命。孟子曾明白說出「知言」可以養其「浩然之氣」。如孟子云：

曰：我知言，我善養吾浩然之氣。〔註91〕

孟子認為「知言」是養其「浩然之氣」之方，而何謂「知言」？孟子又云：

詖辭，知其所蔽；淫辭，知其所陷；邪辭，知其所離；遁辭，知其所窮。〔註92〕

孟子認為「知言」即是聽到偏執之言論，即可以判斷出其心為何所遮蔽；聽到別人放蕩之言語，即知其心為何而陷溺不拔；聽到別人混淆是非之言論，即知其心為何要叛離正道；聽別人支支吾吾閃爍之言辭，即知道其會窮於應對。告子云：

不得於言，勿求於心；不得於心，勿求於氣。〔註93〕

孟子反駁告子之說法：

不得於心，勿求於氣，可；不得於言，勿求於心，不可。〔註94〕

〔註90〕 朱熹：《四書集注‧孟子》，（台北，世界書局，民國86年3月），頁252。
〔註91〕 朱熹：《四書集注‧孟子》，（台北，世界書局，民國86年3月），頁242。
〔註92〕 朱熹：《四書集注‧孟子》，（台北，世界書局，民國86年3月），頁244。
〔註93〕 朱熹：《四書集注‧孟子》，（台北，世界書局，民國86年3月），頁241。
〔註94〕 朱熹：《四書集注‧孟子》，（台北，世界書局，民國86年3月），頁241。

所以孟子認爲告子所言「不得於心，勿求於氣」尚可說，因爲心不合於道德之時，心會有所不安，心不安若求助於氣也是枉然。但是孟子認爲「不得於言，勿求於心，不可」。爲何孟子會認爲告子所言「不得於言，勿求於心」是不可行呢？朱熹云：

> 四者亦相因，則心之失矣。人之有言皆出於心，其心明乎正理而無蔽，然後其言平正通達而無病，苟爲不然，則必有四者之病矣。
> 〔註95〕

「四者」即是孟子所言之「詖辭」、「淫辭」、「邪辭」、「遁辭」。朱熹認爲外在之言行皆由心所發，即是順心而動之意思，所以言既由心來發動，那必以心來知言。若是一個人之言論出現「詖辭」、「淫辭」、「邪辭」、「遁辭」此四種弊病，即由於「心之失」。因此「知言」之標準由「心」所定，所以孟子言「知言」，實則言「知心」，因爲「言」即是形氣之「物」，而「物」即告子所謂「氣」，而「言」之「物」有「物則」。再由「道在氣中」可知「言」即是「物則」之至善天理。而「言」之則即是吾人「心之理」，而吾人知此，故不受「詖辭」、「淫辭」、「邪辭」、「遁辭」之「言」的影響，反而可以「正」物之則，並知「道在氣中」之「道」，而養吾「浩然之氣」。因此「知言」養吾「浩然之氣」，即是說明「心之理」即是氣化之天，其凝結氣本體之道德內涵於人身，並爲其身之本質。而人稟此心之道德意識即可以「知言」而「正」物之則，進而涵養吾輩之「浩然之氣」。當吾人透過「知言」而養得「浩然之氣」時，即可以達到《孟子・公孫丑上》所云：

> 敢問何謂浩然之氣？曰：難言也。其爲氣也，至大至剛，以直養而無害，則塞於天地之間。〔註96〕

而孟子所謂「直養」之意是指人本著天所賦予之道德本性，率性修道，由內而外擴充之實踐道德。所以「直養」之方即是由「知言」而來。孟子雖談「知言」，實則在說明人應該要「知心」，因「心」即天所賦予之道德本心。而「直養」在於用「心」之道德意識來養吾「浩然之氣」。故孟子言「知言養氣」之意，即如同高攀龍所謂「知言則知道，氣自浩然，浩然之氣即天也。」知道人家說話合於道理，此即是用人心中之道德意識作出恰當之判斷，故此亦表示吾人心中是充滿道德意識。由於吾人之身已養成「浩然之氣」，因此吾人之

〔註95〕　朱熹：《四書集注・孟子》，（台北，世界書局，民國86年3月），頁244。
〔註96〕　朱熹：《四書集注・孟子》，（台北，世界書局，民國86年3月），頁242。

「浩然之氣」就與天等同。如朱熹云:「程子曰:『天人一也,更不分別浩然之氣乃氣也。』」〔註97〕因爲此時人心之道德意識充塞無間,與天之道德意識相同,此即所謂「天人合一」之境界,如陸九淵云:

> 宇宙便是吾心,吾心即是宇宙。〔註98〕

因此高攀龍所謂之「浩氣即天」即是孟子所言「其爲氣也,至大至剛,以直養而無害,則塞於天地之間。」之意。如焦循《孟子正義》云:

> 至大至剛,正直之氣者。解以直養三字。直即義也,緣以直養之,故爲正直之氣。爲正直之氣,故至大至剛。……集義者,聚於心以待其氣之生也。〔註99〕

(三)性乃成浩然者

> 客問高子曰:何謂浩然之氣?高子曰:性也。曰:性也,安得謂之氣?曰:養成之性也。性者,生理也。如草木焉,惟有性故忽而根荄,忽而幹葉,忽而花實也。實則成性而復生,或橋之或戕之則靡然委矣。人之於性也亦然,養之暢茂條達,則其氣浩然塞乎天地,而性乃成浩然者,人之花而實者也。〔註100〕

《高子遺書》中記載此段話,而「客問高子曰:何謂浩然之氣?高子曰:性也。」高攀龍回答:「浩然之氣即是性」。客又問高攀龍:「性也,安得謂之氣?」高攀龍就由「養成之性」來談起。那何謂「養成之性」?依據前面所言,高攀龍之「浩然之氣」是就形氣層面來論,而且「浩然之氣」是形氣之中之道德主體,也即是「道在氣中」之意思,因爲是在「形氣」層面所以可以言「浩然之氣」是可以培養而成。

在此處高攀龍又說「浩然之氣即性」,所以高攀龍認爲性是「養成之性」,其意思即是性也是可以被養成。所以由「性可以被養成」可知「形氣之性」其道德意識並非完全具足,而是須要慢慢培養。就如同高攀龍所舉之例,其言「性者,生理也。如草木焉,惟有性故忽而根荄,忽而幹葉,忽而花實也。」高攀龍言「性者,生理也。」,其言「生理」即是指萬物之生理,而萬物之生

〔註97〕 朱熹:《四書集注·孟子》,(台北,世界書局,民國86年3月),頁242。

〔註98〕 陸九淵:《陸九淵集·年譜》,(北京,中華書局,1980年),卷三十六,頁483。

〔註99〕 焦循:〈公孫丑章句上〉,《新編諸子集成·孟子正義》,(台北,世界書局,民六十七年7月),卷三,頁119。

〔註100〕 高攀龍:〈三勿居說〉,《高子遺書·經解類》,(台北,臺灣商務印書館文淵閣四庫全書,民國72年),卷三,頁370。

理亦是萬物被生生不息產生之因。

因高攀龍言「養成之性」，所以「性」會長成「根」、「葉」、「花」，明顯地此「性」是「次第展開」，而「非一次展現無限」。因此高攀龍又說「實則成性而復生，或槁之或戕之則靡然委矣。人之於性也亦然，養之暢茂條達，則其氣浩然塞乎天地，而性乃成浩然者，人之花而實者也。」高攀龍「實則成性」的意思即是當長成果實才稱作「成性」。高攀龍再提出「人之於性也亦然，養之暢茂條達，則其氣浩然塞乎天地，而性乃成浩然者，人之花而實者也。」所以對人而言，也是如此。人將其形氣之性養成時，就如同植物成長完成開花結果。如王船山云：

> 命日降，性日受。性者生之理，未死以前皆生也，皆降命受性之日也。初生而受性之量，日生而受性之生。〔註101〕

王船山認為「性」是人之生命生存之道理，故言「性者生之理」。而且其「受」、「降」之於「氣」。而其認為「性」是可以增損、擴充者。此與高攀龍所言「養成之性」意義相近。

就形氣之性是「養成之性」之觀點來說，高攀龍的意思是「聖人」才可以稱作「成性」。因為「長成具體的果實」代表「完整」之意，「完整」即說明「性被培養完成」。所以對人而言，只有「聖人」之「性」才是「完成的」，因為聖人把道德義完全表現在具體的行為上。所以只有聖人才可以稱作「成性」，因為他們才可以「把道德本性完全成就出來」。而「成性」之最大目的即是「成聖」，但是「聖人」並不是天生下來即是，而是要慢慢培養，而「變化氣質」才算完成吾身之性之「成性」。而高攀龍因人皆有成聖之可能，所以人人皆可以透過修養讓形氣之「養成之性」達到「成性」而「人之花實」之境界。若人人皆如此則形氣世界之人皆達到養成「浩然之氣」的境地。因此在人之「養成之性」完成修養後，就可以「其氣浩然塞乎天地」。所以高攀龍認為「成性」之性亦可以是「浩然之氣」，即是高攀龍所說「性乃成浩然者」之「浩然之氣即性」的意思。高攀龍云：

> 從古聖人未曾說氣，至孟子始說浩然之氣，始說夜氣，是最喫緊，何也？天地間渾然一氣而已，張子所謂虛空即氣是也。此是至虛至靈有條有理的，以其至虛至靈在人即為心，以其有條有理在人即為

〔註101〕王船山：《船山全書‧思問錄內篇》，（長沙，嶽麓書社，1988年至1996年），頁413。

性。〔註102〕

高攀龍將自己「天地間渾然一氣」之思想與孟子之「浩然之氣」、張載之「虛空即氣」相提並論。高攀龍認爲「天地間渾然一氣」即指出「氣」是天地萬物之本源。而此「氣」即張載所謂「虛空即氣」之「太虛元氣」，亦爲孟子所言之「浩然之氣」。張載云：

> 太虛無形，氣之本體，其聚其散，變化之客形爾。〔註103〕

張載言「太虛無形，氣之本體」，所以張載將「氣」之位階提昇至本體層面。當高攀龍將孟子之「浩然之氣」與張載之「虛空即氣」等同視之，此即高攀龍提出之學術創見，其意義乃是將孟子之「浩然之氣」列入「以氣爲本」之思想體系中。而且孟子言「浩然之氣」是「其爲氣也，配義與道；無是，餒也。」〔註104〕由此可知，高攀龍「天地間渾然一氣」之「氣」表示具道德主體義之氣，此肯定高攀龍之「以氣爲本」仍符合儒家思想之定義，所以高攀龍以氣爲主體，並不背離儒家思想之宗旨。

高攀龍又言「此是至虛至靈有條有理的，以其至虛至靈在人即爲心，以其有條有理在人即爲性。」「此是至虛至靈有條有理的」這是指氣本體之特色。而高攀龍言「以其至虛至靈在人即爲心」，此「至虛至靈」是指氣之「至虛至靈」若就人身而言，即是心之生生作用。如王陽明云：

> 心者身之主，而心之虛靈明覺即所謂本然之良知。〔註105〕

王陽明所稱之「虛靈明覺」即在言心之活活潑潑之生生作用。而此「虛靈明覺」即吾人身主宰之「本然良知」。高拱亦云：

> 聖人之道，至虛靈，至活潑，直觀本體，不滯方隅。〔註106〕

高拱認爲「本體」是「至虛靈，至活潑」。而高攀龍說「以其有條有理在人即爲性」，此「有條有理」是指氣中之理，在人身上而言即是人之「性」。所以氣之活潑在人爲心，氣之有條有理在人爲性。

高攀龍前所言之意在於氣之活潑是指氣之生生作用，氣之條理是指「理

〔註102〕高攀龍：〈牛山之木章〉，《高子遺書・講義》，（台北，臺灣商務印書館文淵閣四庫全書，民國72年），卷四，頁405。

〔註103〕張載：〈太和篇第一〉，《張載集・正蒙》，（台北，漢京文化事業有限公司，民國72年9月），頁7。

〔註104〕朱熹：《四書集注・孟子》，（台北，世界書局，民國86年3月），頁242。

〔註105〕陳榮捷：《傳習錄詳註集評・答顧東橋書》，（台北，臺灣學生書局，民國87年2月），頁176。

〔註106〕高拱：《高拱論著四種》，（北京，中華書局，1993年7月），頁172。

在氣中」。由此可知高攀龍對於氣本體之定義即是「至虛至靈有條有理的」。此即牟宗三先生所說之「即存有即活動」〔註107〕之「自律道德」。雖然高攀龍注重現實形氣層面，看似他律道德，但由這一段話可知高攀龍之氣本體所注重的是形氣層面之道德主體性，即是「即存有即活動」之自律道德。所以當高攀龍將自己的「天地間渾然一氣」視爲孟子之「浩然之氣」，而「浩然之氣」中「有條有理者」爲人之本性，所以可以說「浩然之氣即性」。

（四）觀天地則知身心

> 從古聖人未曾說氣，至孟子始說浩然之氣，始說夜氣，是最喫緊，何也？……澄之則清便爲理，淆之則濁便爲欲。理便是存主於中的；欲便是梏亡於外的。如何能澄之使清？一是天道自然之養，夜氣是也；一是人道當然之養，操存是也。操者何？志也；志，帥氣者也。操存愈固，夜氣愈清，夜氣愈清，操存愈固，此是天人相合處。平旦、幾希正見道心之微；操存、舍亡正見人心之危。若養之純熟，莫知其鄉之心，便是仁義良心，更無出入可言，仁義良心便是浩然之氣，亦無晝夜之別矣。〔註108〕

爲何高攀龍說「從古聖人未曾說氣，至孟子始說浩然之氣，始說夜氣，是最喫緊」吾輩知道老、莊都有言氣。例如老子說：「道生一，一生二，二生三，三生萬物。萬物負陰而抱陽，沖氣以爲和。」〔註109〕莊子亦言「氣」，如其云：「氣也者，虛而待物者也。」〔註110〕但是因爲高攀龍之「聖人」所指稱者爲儒家之聖人。因此高攀龍認爲儒家的聖人最早言氣的是孟子所言的「浩然之氣」。所以高攀龍以爲孟子之「浩然之氣」是儒家談「氣」之第一人。高攀龍說孟子之「浩然之氣」是「最喫緊」，也即是最重要之意思。因此高攀龍要從孟子之「浩然之氣」來談高攀龍自己所認爲「浩然之氣」之思想。《孟子・公孫丑上》云：

> 曰：我知言，我善養吾浩然之氣。敢問何謂浩然之氣？曰：難言也。其爲氣也，至大至剛，以直養而無害，則塞於天地之間。其爲氣也，

〔註107〕牟宗三：《心體與性體》，（台北，正中書局，民國85年2月），第一冊，頁42。
〔註108〕高攀龍：〈牛山之木章〉，《高子遺書・講義》，（台北，臺灣商務印書館文淵閣四庫全書，民國72年），卷四，頁405。
〔註109〕朱謙之：〈老子道德經・四十二章〉，《新編諸子集成・老子校釋》，（北京，中華書局，1984年11月），頁175。
〔註110〕郭慶藩：〈人間世〉，《新編諸子集成・莊子集釋》，（北京，中華書局，1984年11月），第一冊，卷二中，頁147。

配義與道；無是，餒也。〔註111〕

孟子在此解說「浩然之氣」之意義，第一是「浩然之氣」須要「養」，第二是「浩然之氣」須要「配義與道」。就第一點「浩然之氣是須要養」來論，若「浩然之氣」是屬於形上之氣，就不須要養，因為形上氣是道德完全具足，並且是無限圓滿。因而從孟子提出「我善養吾浩然之氣」，由此可知此處「浩然之氣」之定義應該是屬於形氣層面之形氣。第二點孟子又提出「浩然之氣是配義與道」來看，表示「浩然之氣」是屬於具道德義之形氣。高攀龍云：

程子曰：密者，用之源，顯諸仁即是藏諸用。譬如一株樹，春氣一動，抽芽發枝，枝葉都是春發出，是顯諸仁；然春都在枝葉，即藏諸用。夫子言仁，曰：恭、寬、信、敏、惠可見仁都在事物上，離事無仁。〔註112〕

《易·繫辭上傳》云：「一陰一陽之謂道，繼之者善，成之者性也。仁者見之謂之仁，知者見之謂之知，百姓日用而不知，故君子之道鮮矣。顯諸仁，藏諸用，鼓萬物而不與聖人同憂，盛德大業至矣哉。」〔註113〕易傳所謂「顯諸仁，藏諸用」之意，在言一陰一陽的「道」成就了萬物，是將其仁愛顯諸於外，卻將其具體作用藏在於內，所以吾輩只見「道」所創生完成道德之事物，而未見「道」之具體生化萬物之作用，因此易傳言「仁者見之謂之仁，知者見之謂之知，百姓日用而不知」。再者，道生化萬物是無思無為，因此任何一種萬物都會創生，所以「道」不與聖人同憂，因為聖人是有思有為者，故道盛大之德性和績業是至大而無以附加。

高攀龍言「顯諸仁即是藏諸用」之意義，在於告訴吾人「仁」即「太虛元氣」之道德主體，「用」即形氣之道德表現，而高攀龍以春天一到枝葉發出之例子做說明。高攀龍言「譬如一株樹，春氣一動，抽芽發枝，枝葉都是春發出，是「顯諸仁」之意；然春都在枝葉，即藏諸用。」春天一到，枝葉會發出是因為春讓枝葉生長，就如同在元氣凝為形氣，元氣之道德內涵亦凝為形氣之道德本質，此道德本質是形氣之人皆有之，此即如高攀龍所謂「春都在枝葉，即藏諸用」。

〔註111〕朱熹：《四書集注·孟子》，（台北，世界書局，民國 86 年 3 月），頁 242。

〔註112〕高攀龍：《高子遺書·會語》，（台北，臺灣商務印書館文淵閣四庫全書，民國72 年），卷五，頁 18。

〔註113〕朱熹：《周易本義·繫辭上傳》，（台北，大安出版社，民國 88 年 7 月），卷三，頁 238

　　然而形氣之人就依此元氣道德主體之仁，在現實世界中表現成爲具體道德之言行，此即「枝葉都是春發出，是顯諸仁」之意。而且高攀龍又言「離事無仁」，因爲「事」所指稱者是形下層次之形氣，而「仁」所指稱是元氣之道德內涵，因此「離事無仁」是進一步肯定「元氣道德主體就在形氣之中」，即是「道在氣中」之意。所以高攀龍所謂之「浩然之氣」，應是指氣化世界中，形氣所具之道德主體。因爲高攀龍學術重心是不喜言形上層次虛玄之「浩然之氣」。高攀龍云：

> 程子曰：「天人本無二，人只緣有此形體，與天便隔一層，除卻形體渾是天也。形體如何除得？但克去有我之私，便是除也。」愚謂眞知天，自是形體隔不得。觀天地則知身心，天包地外，而天之氣透於地中，地在天中，而地之氣皆天之氣。心，天也。身，地也。天依地，地依天，天地自相依倚。心依身，身依心，身心自相依倚，剛柔相摩，如此繞著意便不是。〔註114〕

高攀龍先引用程明道之言「天人本無二，人只緣有此形體，與天便隔一層，除卻形體渾是天也，形體如何除得？但克去有我之私，便是除也。」但是高攀龍想說明的是「眞知天自是形體隔不得」，因爲高攀龍十分重視形氣，所以形氣之人之形體是十分重要，而不應去除之。藉此高攀龍提出「觀天地則知身心」之看法。高攀龍先說明「天」與「地」之關係，高攀龍認爲元氣凝結化生萬物，即是所謂「天包地外，而天之氣透於地中，地在天中」。因爲形氣之萬物是由太虛元氣化生而來，所以太虛元氣之天與形氣之地本質皆同爲「氣」，所以「地之氣皆天之氣」。而「天之氣透於地中」與「地之氣皆天之氣」雖然指出形態上有天與地之分，但本質上卻同是「氣」，因此太虛元氣之「天」可以與形氣之「地」相通，此即是「天人本無二」之意。如高拱所言「一本之所以萬殊也」即「萬殊之所以一本」者。如高拱云：

> 至誠無息者，道之體也，萬殊之所以一本也。譬之樹然，千枝萬葉，只是一根，萬殊之所以一本也。一根而散爲千枝萬葉，一本之所以萬殊也。〔註115〕

高拱「至誠無息者，道之體也」所指者即太虛元氣本體，其專一地生生不測

〔註114〕高攀龍：《高子遺書・語》，（台北，臺灣商務印書館文淵閣四庫全書，民國72年），卷一，頁334。

〔註115〕高拱：《高拱論著四種》，（北京，中華書局，1993年7月），頁137。

創造萬物。因此高拱之意是元氣凝而化生萬殊之形物，形氣之物與太虛元氣之間之關係，就如同枝葉與根之關係。樹之千枝萬葉，只是由一根生成，此即是「萬殊之所以一本」；而樹可由一根生長成千枝萬葉，即是「一本之所以萬殊也」。所以高拱言太虛元氣與形氣之關係，就如同樹之根與枝葉之關係，因為本質相同，所以可以視為「一本」。

高攀龍「觀天地則知身心」即是先順著前所言「天之氣」即「地之氣」，並進一步說明「天」與「地」之關係，如同「太虛元氣」與「形氣」之關係，因為兩者在本質上同為「一氣」，故可相通。其次，高攀龍「觀天地則知身心」欲再說明「心」與「身」之關係亦如此。所以高攀龍又反過來言「心」與「身」之關係，即是「心，天也。身，地也。天依地，地依天，天地自相依倚。心依身，身依心，身心自相依倚，剛柔相摩，如此纔著意便不是。」因此高攀龍認為「心，天也。身，地也。」此即說明「心」等同於「天」，即是指「太虛元氣」之云氣本體；而「身」等於「地」，即是指形氣層面之「形氣」。然而「天依地，地依天」在於說明天與地論其本質則同為「一氣」，故天與地是一。高攀龍又言「心依身，身依心」由此可知「心」之本質是氣，而「身」之本質亦為氣，故可言身與心是一。由上之說明可知「身心即天地」，再由前高攀龍所言「觀天地則知身心」來看，高攀龍認為觀身心亦可以知天地。因「心，天也。身，地也。」所以前所言「天在地中，地中有天」即「心在身中，身中有心」之意，此即「太虛元氣」之主體就在形氣之身中，為形氣之本質。高攀龍云：

　　　　人之生也，直本體也。以直養而無害，工夫也。〔註116〕

高攀龍之意乃是言元氣在凝為形氣，而生化萬物之時，元氣之道德內涵亦凝為形氣之道德內涵，此成為其形氣之身之主體，故太虛元氣之主體就可以下放在形氣人身之身心上討論，其意即是元氣主體之天，即是形氣人身之心。而氣之精靈之「心」是無形無狀，故只能透過形氣之人之「身」之「形體」，才可以具體表現為道德言行。由上觀之，高攀龍之生命圓融境界，乃在於指出身心與天地之關係，乃因本質同是「一氣」上論，而且高攀龍理學思想之圓融特色之重點，是在於形氣之「身心」上，故其主在「形氣」中談圓融。故高攀龍「天人本無二」是就「形體」上說，所以高攀龍言「愚謂真知天，

〔註116〕高攀龍：《高子遺書・語》，（台北，臺灣商務印書館文淵閣四庫全書，民國72年），卷一，頁35。

自是形體隔不得。」而劉宗周云：

> 此人心參天兩地之象。《易傳》曰：「立天之道，曰陰與陽；立地之
> 道，曰柔與剛；立人之道，曰仁與義。」「兼三才而兩之，故六。六
> 者非他也，三才之道也。」此參兩之說也，而豈知爲人心之所自有
> 乎？以心參天，心即天。以心兩地，心即地。〔註117〕

劉宗周藉此說出「天」、「地」、「人」三者之間之關係。劉宗周認爲「天道」
乃陰與陽相生萬物。「地道」則剛與柔承載萬物。「人道」爲仁與義之道德世
界。但是此「參」與「兩」所組成「六」之三才之道，卻爲「人心之所自有」。
其意即指人之「心」中具有陰陽、剛柔、仁義等道德意識。故劉宗周認爲人
之「心」即是溝通三才之道之關鍵，如其又云：

> 人心之體，氣行而上，本天者也；人心之體，形麗而下，本地者也；
> 知宅其中，本人者也。〔註118〕

人心可直上元氣，是因其心本於天；人心形麗而下，乃因爲其身本於地，而
人心對人身而言，則是人之安宅，人居其中，則可以「氣行而上」、「形麗而
下」貫通「天」、「地」。所以說「以心參天，心即天。以心兩地，心即地。」
如此一來「心」與「天」與「地」即是一。此與高攀龍所謂「天人本無二」
與「觀天地則知身心」之意相同。高攀龍又云：

> 元、亨、利、貞，皆善也，元而亨，而利而貞，貞而復元，故曰：
> 繼之者善；元始之。故曰：善之長。天地一闔一闢，吾人一呼一吸，
> 繼之而不已者，皆是此件，故曰：生生之謂易。〔註119〕

高攀龍由易之元、亨、利、貞之善來談天與人之關係。「元」是開始創造；「亨」
是順利創造；「利」是完成創造；「貞」是貞定這個創造完成是道德之完成。
而高攀龍言「天地一闔一闢，吾人一呼一吸，」其意思是指天之闔闢和人之
呼吸相通，由此可知高攀龍是把天之闔闢和人之呼吸放在同一層次上看，所
以「天」即是「人身」。然而「人身」爲何可同於「天」？因爲「天地一闔一
闢」即「元、亨、利、貞」，「元、亨、利、貞」即是天一直在創造道德之事

〔註117〕 劉宗周：《劉宗周全集》，（台北，中央研究院中國文哲研究所籌備處，民國
　　　　　86年6月），頁150。

〔註118〕 劉宗周：《劉宗周全集》，（台北，中央研究院中國文哲研究所籌備處，民國
　　　　　86年6月），頁343。

〔註119〕 高攀龍：《高子遺書·箚記》，（台北，臺灣商務印書館文淵閣四庫全書，民國
　　　　　72年），卷二，頁347。

物，此即最大最公平之「善」。當高攀龍言「天地一闔一闢，吾人一呼一吸，繼之而不已者，皆是此件，故曰：生生之謂易。」即在論形氣「吾人一呼一吸」即是繼承「天地一闔一闢」生生不已之「善」，即是「生生之易」之意。因此形氣之身與天之兩者論其同具「生生之善」之主體，故「吾人一呼一吸」即是「天地一闔一闢」，兩者可以等同視之。

由前所言可知高攀龍之意在於言形上「太虛元氣」在凝為其生化各種形氣之時，元氣之道德主體之善與生生作用亦凝為形氣之道德主體之善與生生作用，所以形上之道德主體之善與生生作用皆放在形下人之身心上來談，此即高攀龍所謂「人身即天」之意。高攀龍又云：

> 何以謂心本仁？仁者，生生之謂，天只是一箇生，故仁即天也，天
> 在人身為心，故本心為仁，其不仁者，心蔽於私，非其本然。〔註120〕

高攀龍認為「仁」即生生，而「天」亦是生生，故仁即天。天在人身即心，也即是仁在人身為其心，所以「心本仁」。所以人身上有天的生生道德本體之仁，來當人身主體的「心」。高攀龍都透過人身言天道，即是所謂透過修養談本體。所以高攀龍云：

> 人身內外皆天也，一呼一吸與天相灌輸，其死也特脫闔闢之樞紐而
> 已，天未嘗動也。〔註121〕

因為高攀龍認為「人身即天」，所以說「人身內外皆天也，一呼一吸與天相灌輸」，而人唯有死亡之時，才和天脫離關係，但是天未嘗變動，只有形氣之人才會有生與死之變化。高攀龍又云：

> 人與物同一氣也，惟人能集義，養得此氣，浩然其體，則與道合其
> 用，莫不是義，故曰配義與道。〔註122〕

高攀龍以為「人」與「物」有相同之處，是在皆同為「一氣」所生之層面來說，但是人與物也有不同處，其相異點在於人能「集義」，而物不能集義。「集義」有何重要？因為人「集義」可以養其道德之氣，藉此氣擴充其形體之道德，達到浩然之狀態，所以「浩然之氣」即「人身」。

〔註120〕高攀龍：《高子遺書·語》，（台北，臺灣商務印書館文淵閣四庫全書，民國
72年），卷一，頁336。
〔註121〕高攀龍：《高子遺書·語》，（台北，臺灣商務印書館文淵閣四庫全書，民國
72年），卷一，頁336。
〔註122〕高攀龍：《高子遺書·語》，（台北，臺灣商務印書館文淵閣四庫全書，民國
72年），卷一，頁335。

二、浩然之氣剛健中正純粹

（一）大哉乾乎剛健中正純粹

> 元亨、利貞，皆善也，元而亨，而利而貞，貞而復元，故曰：繼之
> 者善。元始之，故曰：善之長。〔註123〕

高攀龍前有言「此體不可形狀，孟子名之曰浩然之氣，即易體也。」〔註124〕
所以高攀龍之意乃是「浩然之氣即易體」，所以此處「浩然之氣」所指稱者是
「太虛元氣」。而高攀龍在此是就「易」之生生來說「浩然之氣」道德至善之
內涵。「元、亨、利、貞，皆善也，元而亨，而利而貞，貞而復元，故曰：繼
之者善；元始之。故曰：善之長。」高攀龍由易之生生之元、亨、利、貞來
說善。而高攀龍所謂「元始之，故曰：善之長。」此意乃言「元」為「太虛
元氣」之「浩然之氣」創生萬物之始，故「元」為善之開端。如《彖》云：

> 大哉乾元，萬物資始，乃統天。雲行雨施，品物流行。〔註125〕

「乾元」指萬物創生之開端，所以「乾元」即是「浩然之氣」之創物之開端，
「乾元」是「浩然之氣」生生萬物之始。而《易·繫辭上傳》云：「夫乾，其
靜也專，其動也直，是以大生焉。」〔註126〕其意指「乾」靜之時即保持其專
一生物之態度，動之時則毫不猶豫地一直創生萬物，而永無停止之時。所以
「元」即「乾」此生生之易之開端。高攀龍又云：

> 大哉乾乎，剛健、中正、純粹，精也。此所謂至善。朱子謂純乎天
> 理，而無一毫人欲之私，最盡。〔註127〕

高攀龍言「大哉乾乎，剛健、中正、純粹，精也。此所謂至善。」其意乃言
「元」即「乾」，而「乾」即「浩然之氣」創生萬物之作用，亦即「至善」之
意。因「浩然之氣」創生萬物之作用，是最大、最公平之善。再者，高攀龍
又言「此所謂至善。朱子謂純乎天理，而無一毫人欲之私，最盡。」所以此

〔註123〕高攀龍：《高子遺書·箚記》，（台北，臺灣商務印書館文淵閣四庫全書，民國
　　　　72年），卷二，頁347。
〔註124〕高攀龍：《高子遺書·語》，（台北，臺灣商務印書館文淵閣四庫全書，民國
　　　　72年），卷一，頁341。
〔註125〕朱熹：《周易本義·乾第一》，（台北，大安出版社，民國88年7月），卷一，
　　　　頁31。
〔註126〕朱熹：《周易本義·繫辭上傳》，（台北，大安出版社，民國88年7月），卷三，
　　　　頁239
〔註127〕高攀龍：《高子遺書·語》，（台北，臺灣商務印書館文淵閣四庫全書，民國
　　　　72年），卷一，頁340。

「浩然之氣」生生作用之「至善」，亦是朱子所言之「天理」。而「浩然之氣」生生之「至善」之內涵則為「剛健、中正、純粹」。

（二）天在人身為心，故本心為仁

> 天地一闔一闢，吾人一呼一吸，繼之而不已者，皆是此件，故曰：
> 生生之謂易。……思慮未起時，便是此件剛健、中正、純粹、精，
> 求與堯舜一毫不同者，不可得也。〔註128〕

高攀龍言「天地一闔一闢，吾人一呼一吸，繼之而不已者，皆是此件，故曰：生生之謂易。」「天地一闔一闢」指「浩然之氣」之生生創造萬物，此即告訴人們天地運行為生生不息。「吾人一呼一吸」因為「呼吸」為人之生命表現，所以有生命傳承之意，此乃言人之生命亦是繼之不已。因此「天地一闔一闢」與「吾人一呼一吸」都是「浩然之氣」其「生生之易」之至善表現。所以高攀龍言「思慮未起時，便是此件剛健、中正、純粹」，其意義是因人之「思慮未起」之時，即「性」之展現最顯之時，所以人之「性」亦是繼承「浩然之氣」生生之「至善」內涵之「剛健、中正、純粹」而來。所以高攀龍說「繼之而不已者，皆是此件」。而高攀龍前又有言「浩然之氣即性」，即是進一步說明人之「性」之內涵與「浩然之氣」之內涵亦同是生生之「至善」，如高攀龍云：

> 性者，生理也。如草木焉，惟有性故忽而根荄，忽而幹葉，忽而花
> 實也。〔註129〕

高攀龍認為人之「性」即「生理」，如草木因有此「生理」之性，因而由根長成葉，最後長成花與果實，其意義即是人之「性」如草木之生長一樣，會表現出生生之動力。而會表現出「生理」之「性」即是「浩然之氣即性」之意。高攀龍又云：

> 仁是生生之理，充塞天地人身，通體都是，何曾有去來，有內外；
> 自人生而靜以後，誘物為欲，遂認欲為心，迷不知反耳。〔註130〕

因為前有言人之「性」為「生理」，而此又言「仁是生生之理」，所以可知人之「性」即「生生之理」之仁。前又有言人之「性」乃繼承「浩然之氣」其

〔註128〕高攀龍：《高子遺書・箚記》，（台北，臺灣商務印書館文淵閣四庫全書，民國72年），卷二，頁347。

〔註129〕高攀龍：〈三勿居說〉，《高子遺書・經解類》，（台北，臺灣商務印書館文淵閣四庫全書，民國72年），卷三，頁370。

〔註130〕高攀龍：〈仁遠乎哉章〉，《高子遺書・講義》，（台北，臺灣商務印書館文淵閣四庫全書，民國72年），卷四，頁388。

「至善」之「剛健、中正、純粹」而來，所以人性之「仁」即「浩然之氣」其生生之易「至善」之內涵。當高攀龍言「仁是生生之理，充塞天地人身，通體都是」，其意乃爲「浩然之氣」之「天」與形氣之「人」皆爲「生生之理」之仁。因此「天地一闔一闢」與「吾人一呼一吸」生生不息創造即浩然之氣「至善」之仁之內涵。高攀龍有云：

> 如易曰：乾，元、亨、利、貞；如言人，仁、義、禮、智之謂也。
> 停停當當，本體當如是而已。〔註131〕

如前其所言「天地一闔一闢，吾人一呼一吸，繼之而不已者，皆是此件，故曰：生生之謂易。」可知「浩然之氣」即生生之易，而形氣之人亦生生不已。因此高攀龍提到生生之易內涵中有元、亨、利、貞，就如同人有仁、義、禮、智。再者，高攀龍亦有言「觀天地則知身心」，即人之仁、義、禮、智又是由「浩然之氣」凝結而來，故可知人與「太虛元氣」之內涵相同，因此其將生生之易內涵中之元、亨、利、貞與人身內涵中所具有之仁、義、禮、智相提並論。

在儒家傳統思想中，形上本體本具元、亨、利、貞之生生動力和仁、義、禮、智之道德價值義，故高攀龍將「浩然之氣」生生之易之元、亨、利、貞等同於人之仁、義、禮、智，其意乃言「浩然之氣」之內涵中所具有元、亨、利、貞之外，亦具有仁、義、禮、智。因此高攀龍之論點爲「浩然之氣」凝結化生成萬種形氣時，其生生動力之善之道德價值，亦同時凝結轉化爲形氣內涵中生生動力之善之道德價值，如此一來，形氣之人與「浩然之氣」就具有相同之道德內涵，形氣之人身可以自律地貞定道德方向，並生生不變地完成道德之志業。

就王學而言，王陽明所謂「生生之易」即「良知」之形上本體，而人爲形下之形氣，道德價值乃由天命下貫賦予人身，故人身之中並非本然具有道德主體，因此道德與人之身軀是割裂爲二，當形上「生生之易」之道德內涵成爲指導形下之人身一言一行時，人身之形軀只是被動地接受形上道德指引，往道德之方向前進，而不具主動行善義。故王學忽略形氣之人身之內涵中本具同於「太虛元氣」之至善內涵與生生之易之爲善動力。因爲人生生行善之動力並不須要接受形上道德本體之駕馭，而是主動生生地展現其生命中本然具有之道德內涵。高攀龍又云：

〔註131〕高攀龍：〈觀白鷺洲問答致涇陽〉，《高子遺書‧書》，（台北，臺灣商務印書館
　　　　文淵閣四庫全書，民國72年），卷八，頁472。

何以謂心本仁？仁者，生生之謂，天只是一箇生，故仁即天也，天

在人身爲心，故本心爲仁，其不仁者，心蔽於私，非其本然。〔註132〕

高攀龍認爲「仁者，生生之謂，天只是一箇生，故仁即天也。」仁之生生，
天亦是生生，天用「生」來同於仁，所以天即是仁。高攀龍又言「天在人身
爲心，故本心爲仁」，因天在人身者又稱作「心」，因此「天」在人身即人之
「心」，因「天」即「仁」，故「心」即「仁」之「生」，由此言「心本仁」。
藉由此段話高攀龍更進一步說明形氣之人之「心」即「仁」之生生，「仁」即
「天」之生生。高攀龍前有言「浩然之氣即天」，所以「浩然之氣」即「天」
之生生。而人「心」之仁之生生之內涵與「浩然之氣」之生生之內涵相等同，
因此人心之「仁」亦即「浩然之氣」之生生道德內涵。

　　由上可知「浩然之氣」爲「生生之易」，因爲「浩然之氣」生生萬物即是
最大、最公平之善，此乃「至善」之意。而「浩然之氣」生生「至善」之內
涵是「剛健、中正、純粹」，但「剛健、中正、純粹」乃「思慮未起」之「性」
最顯的狀態。而「至善」之「剛健、中正、純粹」又等同於人之「仁、義、
禮、智」。而且高攀龍又由「生生」來說人之「心本仁」與「性」爲「生生之
理」之仁，因爲兩者之內涵都是由「浩然之氣」凝結轉化而成者，所以由此
可知，「浩然之氣」其內涵有「剛健、中正、純粹」，亦有「仁、義、禮、智」，
故「浩然之氣」即具有「仁」生生之道德義，此亦回應高攀龍前所言「浩然
之氣即易」與「浩然之氣即性」之意。

三、太和之氣

（一）浩然者，太和之充於四體

洋洋乎盈眸而是者，何物也？易也。子輿以「浩然」名氣，先生以

「太和」名易，浩然者，太和之充於四體；太和者，浩然之塞乎天

地。匪是不爲知道，不爲見易，故曰：周公才美，智不足稱。〔註133〕

高攀龍言「子輿以浩然名氣，先生以太和名易。」即孟子以「浩然」稱呼氣；
而張載以「太和」稱呼易。其實「浩然之氣」是強調「太虛元氣」之道德義，

〔註132〕高攀龍：《高子遺書・語》，（台北，臺灣商務印書館文淵閣四庫全書，民國
　　　　72年），卷一，頁336。
〔註133〕高攀龍：〈聖賢論贊・橫渠先生〉，《高子遺書・經解類》，（台北，臺灣商務印
　　　　書館文淵閣四庫全書，民國72年），卷三，頁378。

而「太和之氣」是強調「太虛元氣」之氣化創生義，因為「易」之「生」即「大德」，故具有「仁、義、禮、智」與「剛健、中正、純粹」道德義之「浩然之氣」即具生生大德之「太和之氣」。如孫應鰲云：

> 浩然之氣，即流行於宇宙之太和元氣，而人得之以生者。〔註134〕

孫應鰲以為「浩然之氣」乃「太和元氣」，為氣化流行創生萬物之宇宙本原。王船山云：

> 言太和絪縕為太虛，以有體無形而性，可以資廣生大生而無所倚，
> 道之本體。二氣之動，交感而生，凝滯而成物我之萬象，雖即太和
> 不容已之大用，而與本體之虛湛異矣。〔註135〕

> 陰陽未分，絪縕太和之眞體。〔註136〕

> 絪縕太和，合於一氣，而陰陽之體具於中矣。〔註137〕

王船山認為「物我之萬象」與「本體之虛湛」，相對應而言。而「道」即陰陽二氣交感生物之過程。而「道」之本體即是「湛然」之「太虛」，而「太和」是指稱「太虛」具有「易」之創生義。高攀龍言「洋洋乎盈眸而是者，何物也？易也。」其以為吾人眼睛所見之廣大而具體之形氣世界，皆為生生道德創造主體之「易」所創生。而「洋洋乎盈眸」乃高攀龍對「易」之看法，此高攀龍思想中較特殊之處。因為高攀龍認為「易」為眼睛可見之廣大無限，其意指吾人身所處之具體形氣世界即「易」。《高子遺書》云：

> 翁曰：公近釋正蒙，且論太和何如？曰：張子謂虛空即氣，故指氣
> 以見虛，猶易指陰陽以謂道也。〔註138〕

高攀龍先藉張載「虛空即氣」來說明「太虛元氣」為其本體，再用「陰陽」相盪相摩之過程來說明易「道」，由此可知高攀龍擅長用具體之物說明其思想理論，使吾人可以透過具體之氣，見到形氣之物中所隱含之道德主體義。就

〔註134〕孫應鰲：《四書近語》，《陽明學研究叢書・孫應鰲文集》，（貴州，教育出版社，1990年），頁299。

〔註135〕王船山：〈太和篇〉，《船山全書・張子正蒙注》，（長沙，嶽麓書社，1988年至1996年），第十二冊，卷一，頁40～41。

〔註136〕王船山：〈太和篇〉，《船山全書・張子正蒙注》，（長沙，嶽麓書社，1988年至1996年），第十二冊，卷一，頁35。

〔註137〕王船山：〈參兩篇〉，《船山全書・張子正蒙注》，（長沙，嶽麓書社，1988年至1996年），第十二冊，卷一，頁46。

〔註138〕高攀龍：〈與管東溟虞山精舍問答〉，《高子遺書・經解類》，（台北，臺灣商務印書館文淵閣四庫全書，民國72年），卷三，頁376。

如同吾人知道具體之形氣乃由太虛元氣之陰陽二氣相摩相盪化生而來。因此高攀龍言「指氣以見虛」，即由形氣中可以看到道德主體之「太虛元氣」。

　　高攀龍有言「易之本體只是一生字。」〔註139〕而高攀龍又言「易指陰陽以謂道」，「易」是透過陰陽二氣相摩相盪才能創生有形之萬物。就傳統儒家說法中，《易傳》云：「形而上者謂之道。」〔註140〕所以「易道」是形上層面不可見之本體。但今高攀龍卻藉由陰陽相生化生成具體萬物之過程，來論由此可見「易道」之生生造化。因此高攀龍透過「指氣以見虛，猶易指陰陽以謂道也。」此乃將「太虛元氣」和「易道」之具體創生萬物的過程緊密結合。「太虛元氣」即易之生生，故高攀龍言「易」即「太虛元氣」。當「太虛元氣」之易會生生不斷地凝結創造形氣之萬物，此可生出具體萬物之「太虛元氣」，即稱作「太和之氣」，故張載以「太和」名「易」。而「太虛元氣」凝結化生成無限具體之形氣之世界則稱作「太和」。所以「太和」即「易道」。蔡仁厚先生云：

　　　　太和之道的創生過程中，因爲它是帶著氣化之行程而言，所以函有
　　　　陰陽氣化之浮沈升降、動靜相感之性，亦因而有氣聚而相感時的施
　　　　受變化。〔註141〕

所以蔡仁厚先生認爲「太和之氣」乃具「易」生化之道，其以氣化爲流行，以陰陽爲性，氣而有聚散之變化，因而有天地萬物。

　　高攀龍除了認爲「太和之氣」可以生化萬物外，其更以「洋洋乎盈眸而是者」言「易」，此與傳統思想中對「易」看法爲「一陰一陽之謂道」〔註142〕與「形而上者謂之道；形而下者謂之器」〔註143〕不同。雖然高攀龍言「易」具有無限義，但其以爲「易」則是「盈眸」者，因此高攀龍言「易」之「太和之氣」乃就形氣層面之具體卻無限者言。儒家傳統說法之「易」則是形而

〔註139〕高攀龍：《高子遺書‧箚記》，（台北，臺灣商務印書館文淵閣四庫全書，民國72年），卷二，頁347。

〔註140〕朱熹：《周易本義‧繫辭上傳》，（台北，大安出版社，民國88年7月），卷三，頁250。

〔註141〕蔡仁厚：《宋明理學‧北宋篇》，（台北，臺灣學生書局，民國82年9月），頁107。

〔註142〕朱熹：《周易本義‧繫辭上傳》，（台北，大安出版社，民國88年7月），卷三，頁238。

〔註143〕朱熹：《周易本義‧繫辭上傳》，（台北，大安出版社，民國88年7月），卷三，頁250。

上之無形無狀，不可見之生生不變之道德主體，此乃心靈感受層面之無限義。

何謂「盈眸」卻又具「無限義」之「易」？「盈眸」即「具體可見」之意，其所指稱爲形下之「形氣」，但「形氣」如何具有無限義呢？因爲「太虛元氣」會凝爲無限多種「道在氣中」之「浩然」萬物。而「浩然者」即具有「太和之氣」易之生德內涵爲其形氣之身之本質，所以言「太和充於四體」。「太虛元氣」所凝結產生「道在氣中」之「浩然」萬物，又可以總括爲一個無限且具體之道德之氣化世界，此即稱作「太和之氣」。而「太和之氣」因具有「易」之「一陰一陽」之生道，故可言「太和之氣」即「易」。而再由「太和之氣」充於四體之「浩然者」來看，「浩然者」之總稱即是一具體「盈眸」又無限之「太和之氣」之氣化世界。

（二）太和者，浩然之塞乎天地

高攀龍言「浩然者，太和之充於四體；太和者，浩然之塞乎天地。」因其所言「浩然者，太和之充於四體」，可知此處所謂「太和」之意即「太虛元氣」之易生生作用。而「浩然者」即「道在氣中」之形氣個體，所以「浩然者」乃「太和之氣」生生之易之創生作用在形氣之身之展現。高攀龍又言「太和者，浩然之塞乎天地。」「太和」爲「浩然之塞乎天地」，其意指具有「太虛元氣」生生作用而能生生表現道德之「浩然」之具體形氣，若總和個體之「浩然者」而達到充塞天地，成爲一具體道德之氣化世界之「太和之氣」。「太和之氣」形成之因是由於每一個人都稟其身所直承於「太虛元氣」之本體，生生地爲仁而實踐道德，故總合個體之「浩然之氣」即稱作「太和之氣」。

人之「浩然者」如何可以充塞爲「太和」？高攀龍云：

　　天下原是一身，吾輩合并爲公，即天下如一氣呼吸。〔註144〕

先由「一氣呼吸」而論之，「一氣呼吸」即形氣之人生生不息之表現。高攀龍又言「天下原是一身」，因天下是各個形氣所組成。但形氣之外形樣貌與種類都不同，如何是「一身」？因爲天下各個形氣皆是「一氣」呼吸。所謂「一氣呼吸」雖然言形氣，但高攀龍曰「天下原是一身」，因此知道天下中各個形氣，原來都爲同一「太虛元氣」凝結所化生。當「太虛元氣」凝結爲形氣之時，「太虛元氣」生生之易之道德內涵亦凝結爲形氣之道德內涵。故天下之形氣皆爲同一「太虛元氣」凝結而來，並同具「太虛元氣」之生生作用與道德內涵，所以可以稱天

〔註144〕高攀龍：〈荅劉心統二〉，《高子遺書‧書》，（台北，臺灣商務印書館文淵閣四庫全書，民國72年），卷八下，頁523。

下爲「一身」。又因天下同爲「一身」，故可言天下是「一氣」呼吸。「一氣呼吸」即指天下每一個人都有維持生命之呼吸表現，但天下之人其呼吸具一共同特色，即其「呼吸」之本質皆來自「太虛元氣」之呼吸，因天下之人皆爲「太虛元氣」之一氣所創生，故可以同質同層之「一氣」相貫通。

雖然人人之形氣樣貌皆不同，故息息呼吸表現都不同。但卻都是承襲「太虛元氣」之「一氣呼吸」而來，因此人、我即可相通，故天下可以爲「一氣」，天下可以爲「一身」。此即所謂「天人一氣」之關係。由此可知天下之人其形氣之身皆是由「太虛元氣」之「一氣」流行而來，此即天下之可以「一身」與「一氣」之因。此即「浩然者」充塞爲「太和」之基礎。再者，「浩然者」其形氣道德之本質從何而來？高攀龍又云：

> 聖人自釋之矣，曰：乾元，始而亨者也；利貞者，性情也。乾始能以美利利天下，不言所利大矣哉。此申言元亨利貞也。曰：大哉乾乎剛健、中正、純粹，精也；六爻發揮旁通，情也。〔註145〕

高攀龍明白表示「太虛元氣」生生之「易」創造而來。「元」開始創造；「亨」是順利創造。因此高攀龍言「乾元，始而亨者也」，而「乾元」即開始創造之意。其又言「始而亨者也」，其意乃是開始創造之後，接續而來者爲順利創造。所以簡而言之「元」與「亨」皆爲「乾」之意，此意乃是「開始創造」之「元」與「順利創造」之「亨」皆具「創造」之意。而高攀龍提及「利貞者，性情也。」先由「利」完成創造，而「貞」是貞定此創造之形氣是道德之物來論，再由「利貞者，性情也。」可知高攀龍「利」與「貞」之意乃是「性情」。因爲「利貞」爲「完成道德創造」，因爲高攀龍思想所談論者，主要是針對形氣世界爲主，故「利貞」之意乃是言具體形氣之「性情」。如孫應鰲云：

> 利貞者，性情也。何以元亨不言性情？乾元者，始而亨，生生不已，是乾之大性情也。道利貞則物物自成，事物物自成之性情也。天無性情，以萬物爲性情，即是天之性情。〔註146〕

孫應鰲以爲「性情」乃言「萬物」。因「太虛元氣」之生生之「乾元」，即「大德」，即至善。若對形氣世界而言，因有「乾」之生生創造，才有形氣世界森

〔註145〕高攀龍：〈乾象說〉《高子遺書‧經解類》，（台北，臺灣商務印書館文淵閣四庫全書，民國72年），卷三，頁369。

〔註146〕孫應鰲：《淮海易談》，《陽明學研究叢書‧孫應鰲文集》，（貴州，教育出版社，1990年），頁15。

羅萬象之萬物。再者，因形氣具有「太虛元氣」之至善內涵爲其本質，故高攀龍言「利貞者，性情也」。而「利貞」爲完成形氣世界「道在氣中」之「浩然者」。所以由「乾」之生生道德創造，才有具體「浩然」之形氣。因此高攀龍言「乾始以美利利天下」。

高攀龍又言「乾始能以美利利天下，不言所利大矣哉。」其意乃是當吾人見其將「乾元」與「利貞」之性情並稱，會誤以爲「乾元」爲形上之創造本體，「利貞」之性情爲形下道德形氣之完成。此乃將形上形下二分，便誤解高攀龍由「乾元」之生生言「性情」之「利貞」。因爲高攀龍言其思想理論都是在形下之形氣世界作說解，所以「乾元」乃是具體「太和之氣」之「易」開始創造道德。「利貞」則爲具體「太和之氣」之「易」完成道德形氣創造。

高攀龍言「大哉乾乎剛健、中正、純粹，精也」爲「太虛元氣」之「至善」內涵，亦是人之「性」內涵。高攀龍云：

> 大哉乾乎，剛健、中正、純粹，精也。此所謂至善。朱子謂純乎天理，而無一毫人欲之私，最盡。〔註147〕

> 思慮未起時，便是此件剛健、中正、純粹、精求，與堯舜一毫不同者，不可得也。〔註148〕

由此可知，「精」之意，即爲形氣之人在「思慮未起」之時，其表現出與「太虛元氣」相同之「至善」天理。此與聖人表現皆相同，故由此可知形氣之人其「氣質之性」之本質即是「至善」之天理。當具體形氣之人其已發之「情」順身之本質「剛健、中正、純粹」表現，此即高攀龍所言「六爻發揮旁通，情也」。前高攀龍所言「思慮未起」乃是人之「氣質之性」之本質的純然狀態，而六爻發揮旁通之「情」所指稱者爲人藉由「氣質之性」之本質展現在現實上，而完成具體道德行爲。因此高攀龍之「性」與「情」皆可從形氣層面來論述。

再者，由前所言之基礎下，人具有與「太虛元氣」相同之道德內涵與「一氣呼吸」之生生作用，故可視爲道德之「浩然者」。所以高攀龍認爲在現實世界中之人，皆可以表現道德之「情」之具體行爲，並藉此以回應「太虛元氣」之「天」，但一人之力不足以成爲具體盈眸而是，卻又無限廣大之「太和之氣」。

〔註147〕高攀龍：《高子遺書・語》，（台北，臺灣商務印書館文淵閣四庫全書，民國72 年），卷一，頁 340。

〔註148〕高攀龍：《高子遺書・箚記》，（台北，臺灣商務印書館文淵閣四庫全書，民國72 年），卷二，頁 347。

然而「浩然者」之形氣之人要如何才能充塞成為「太和之氣」之道德世界呢？
高攀龍又云：

> 然則吾輩將何以求中？非直窮其源不可，《中庸》說喜、怒、哀、樂
> 未發謂之中，此真窮源矣，然猶未也。這中從何而來。維皇上帝降衷
> 於下民，民受天地之中以生，一降衷一受中，此中之所從來也。然何
> 以謂之中？要知天地間一太和之氣而已，易曰：天地絪縕，此所謂太
> 和也。人之生也得此以為生，既生也得此以為心，渾然在中。〔註149〕

高攀龍認為須由「中」說起。而此「中」何從而來？所以此處雖說「中」是
源頭，但求至此源頭還不夠，須再由「民受天地之中以生，一降衷一受中，
此中之所從來也」探求，知道「中」乃是「太虛元氣」之「天」所凝聚其道
德內涵與生生作用，而命於人之「形氣之心」，現實世界之百姓即稟受此天命
之「中」而生。因此求「中」至其本原處之所從來者，才是「中」真正之源
頭所在。高攀龍言「中」乃由具有「易」之生生動力「太和之氣」而來。故
高攀龍言「易曰：天地絪縕，此所謂太和也。」其又言「人之生也得此以為
生，既生也得此以為心，渾然在中。」其意思乃在說明人之化生是由「太和
之氣」其易之生生作用而來，而易之生生作用透過凝結在人身上，則為人之
「形氣心」。因此人身中具有此「太和之氣」生生作用之「中」為形氣心，故
人可藉此「中」之生生作用表現其與「太和之氣」相同之至善內涵，則可成
為現實世界中具體之道德行為。高攀龍有云：

> 知者，知其未發也，未發的模樣，便是發的節。若喜、怒、哀、樂
> 發時，一如未發模樣，豈不太和元氣。〔註150〕

當吾輩知道人之本心即喜、怒、哀、樂未發之「中」，人已發之「情」會以「中」
來節之，故吾人可以在「喜、怒、哀、樂發時，一如未發模樣」，此乃恢復人
情最初「利貞」於至善「性情」之狀態。由此可以看出「太和元氣」，具有人
文道德義，此即是具有道德主體義之「人」藉由修養行善以回應「太虛元氣」
之進程。如高攀龍所云：

> 夫人有忠孝之心，則有太和之氣，其能敦倫而睦族必矣。〔註151〕

〔註149〕高攀龍：〈子貢問師與商也孰賢章〉《高子遺書・講義》，（台北，臺灣商務印
書館文淵閣四庫全書，民國72年），卷四，頁392。

〔註150〕高攀龍：《高子遺書・會語》，（台北，臺灣商務印書館文淵閣四庫全書，民國
72年），卷五，頁411。

〔註151〕高攀龍：〈周氏族譜序〉，《高子遺書・序》，（台北，臺灣商務印書館文淵閣四

形氣之人具有道德生生作用之「忠孝之心」，「忠孝之心」可將形氣之身其本質之「性」至善內涵，表現成爲具體之忠孝人倫德行。所以當人人皆能如此時，總括各個實踐道德之「浩然者」之形氣即是一具體、無限道德氣化流行世界，高攀龍稱此爲「太和之氣」。

第三節　易即心體

一、易昭昭於吾前

> 明道先生曰：上天之載無聲無臭，其體則謂之易，一語便可見易。
> 〔註152〕

高攀龍提及「易」爲「無聲無臭」之形上本體。高攀龍又云：

> 張子曰：大易不言有，無言有，無諸字之陋也。〔註153〕

「大易不言有」乃在說明大易爲超越在形下具體有無之上，所以高攀龍引用張載此段話，主要是在於言易是「超越在有無之上」之形上本體。故其言「無言有，無諸字之陋也。」若有言「有」與「無」之分別，即落入形下有限之世界。高攀龍又云：

> 易，心體也，無思無爲。人以妄思、妄爲失之故。思也者，思其無思者也。爲也者，爲其無爲者也。思則得之之謂思其無思；行所無事之謂爲其無爲。〔註154〕

高攀龍指出易即「心體」。因爲易乃「無思無爲」之本體。傳統儒家思想以爲「無思無爲」乃針對本體層面而言，如《易‧繫辭上傳》云：「《易》，無思也，無爲也，寂然不動，感而遂通天下之故。」〔註155〕所以「易」即「無思無爲」、「寂然不動」之本體，但其一旦接觸到天下事物就會不斷地感應，所以可與

庫全書，民國 72 年），卷九，頁 568。
〔註152〕高攀龍：《高子遺書‧語》，（台北，臺灣商務印書館文淵閣四庫全書，民國 72 年），卷一，頁 341。
〔註153〕高攀龍：《高子遺書‧語》，（台北，臺灣商務印書館文淵閣四庫全書，民國 72 年），卷一，頁 341。
〔註154〕高攀龍：《高子遺書‧語》，（台北，臺灣商務印書館文淵閣四庫全書，民國 72 年），卷一，頁 341。
〔註155〕朱熹：《周易本義‧乾第一》，（台北，大安出版社，民國 88 年 7 月），卷一，頁 31。

天下事物相通。高攀龍有云：

> 易即人心。今人有以易書爲易，有以卦爻爲易，有以天地法象爲易，
> 皆易也。然與自家身心不相干，所以書自書，卦自卦，天地自天地
> 也。要知此心體便是易。〔註156〕

前高攀龍言「易」乃「無聲無臭」超越於有無之上之形上本體。但此處高攀龍又言「易即人心」。如此一來，「易」不就落入形下世界之中。而「太虛元氣」之「易」如何爲「無聲無臭」與「無思無爲」而「不言有」之無限本體？高攀龍有云：「天尊地卑，章易已昭昭於吾前矣。」〔註157〕所以形上本體之「易」創生天地，天地即昭昭然之具體表現出形上本體之易。而人其所身處於天地之間，故高攀龍又云：

> 天地之先，惟斯一氣，萬有大生，人爲至貴，人生於寅，是謂厥初有
> 如嬰兒至靜而虛，其心之靈，以氣之直上際下，蟠與天無極。〔註158〕

高攀龍言「其心之靈，以氣之直上際下，蟠與天無極。」由此可知人之「心」佔有溝通形上形下之重要地位。人之「心」如何佔有此重要地位？因高攀龍言「易即人心」。其又言「然與自家身心不相干，所以書自書，卦自卦，天地自天地也。要知此心體便是易。」所應該是人與書、卦、天地法象是一，即可達到「易即心體」，則人之「心」才能以「其心之靈，以氣之直上際下，蟠與天無極。」高攀龍又云：

> 六十四卦大象皆曰：以聖人渾身是易也。以此洗心，以此齋戒，原
> 來非此不爲洗心，不爲齋戒。〔註159〕

因爲前有言「易即人心」，故此處高攀龍又指出「聖人渾身是易也」，其意乃是「易即身」。常人如何達到聖人之「渾身是易」之境界？高攀龍認爲要以「易」洗心，其意亦乃是要人以「心體之易」來修養自己，才可達到如同「聖人渾身是易」之境界。又如何用「心體」之易來修養人之形氣心呢？高攀龍又云：

> 有言「以易洗心」是二物，何如？先生曰：此言固好，然須知易方

〔註156〕高攀龍：《高子遺書·會語》，（台北，臺灣商務印書館文淵閣四庫全書，民國72年），卷五，頁417。

〔註157〕高攀龍：《高子遺書·語》，（台北，臺灣商務印書館文淵閣四庫全書，民國72年），卷一，頁340。

〔註158〕高攀龍：〈寅直說〉，《高子遺書·經解類》，（台北，臺灣商務印書館文淵閣四庫全書，民國72年），卷一，頁367。

〔註159〕高攀龍：《高子遺書·語》，（台北，臺灣商務印書館文淵閣四庫全書，民國72年），卷一，頁340。

是心，心未必是易。到得憧憧往來之心，變成寂然不動之心，渾是

易矣，豈不是以易洗心。〔註160〕

「以易洗心」之意在於用易之道德義來洗鍊形氣之心，意指用「心體之易」來修養人心。但吾輩須知「易方是心」，亦如前所言「易即人心」，因此人生最初之時，易與心本然爲一。而高攀龍又言「心未必是易」，因爲形氣之人心，其中固然有易之本體義，但形氣之心並不只有本體之易之生生作用而已。因爲形氣之心還可以認知其他非道德之物與知識，所以高攀龍言「心未必是易」。而在「心未必是易」之狀況下，此心即成爲「憧憧往來之心」。高攀龍認爲當人「以易洗心」達到「到得憧憧往來之心，變成寂然不動之心」則又恢復心「渾是易」之境地。如何修養己身之形氣之心回復人生本然之「寂然不動之心」之「易即人心」的純粹道德之境地？因《易‧繫辭上傳》云：「《易》，無思也，無爲也，寂然不動，感而遂通天下之故。」〔註161〕然而因「憧憧往來之心」是隨不合道德之人、事、物流轉，其欲變成「寂然不動之心」在於不能因物之喜而喜、不因己之悲而悲，此便是「以易洗心」之「心即是易」，而「渾是易」之境界，恢復形氣之心之本然面貌。高攀龍云：

易言天地即是言聖人，言聖人即是言人心。〔註162〕

因爲聖人之心即是「易」，所以高攀龍贊同「以易洗心」，但高攀龍不將心與易視爲二物，其以爲心、易應是一體，此意乃是「易即心體」。高攀龍除了提及「以易洗心」來達到「聖人渾身是易」之「以易爲心體」之境外，其又進一步提出「退藏於密」，來說明「易」洗心與人「性」之關聯，此即言「易」與「性」之關係。《易‧繫辭上傳》云：

是故著之德圓而神，卦之德方以知，六爻之義，易以貢。聖人以此

洗心，退藏於密，吉凶與民同患。〔註163〕

「圓而神」亦即是指易於人倫日用中，隨機流行，而無所隱曲，所以可以稱作「顯」，就如同聖人之「心」，因「心」有表現作用。而「退藏於密」即是

〔註160〕高攀龍：《高子遺書‧會語》，（台北，臺灣商務印書館文淵閣四庫全書，民國72年），卷五，頁417。

〔註161〕朱熹：《周易本義‧乾第一》，（台北，大安出版社，民國88年7月），卷一，頁31。

〔註162〕高攀龍：《高子遺書‧語》，（台北，臺灣商務印書館文淵閣四庫全書，民國72年），卷一，頁340。

〔註163〕朱熹：《周易本義‧繫辭上傳》，（台北，大安出版社，民國88年7月），卷三，頁247。

將「顯」之心，歸攝於「密」之「性」中。此乃牟宗三先生所言「歸顯于密」
〔註164〕之意。高攀龍有云：

> 明道又曰：安有識得易後，不知退藏於密。密是用之源，聖人之妙
>
> 處。又曰：形而上者，乃密也。發密義無餘蘊矣。〔註165〕

高攀龍說「形而上者，乃密也。」所以「密」指形上之易，因此密、易皆為
形而上者。而「密」又為人之「性」，所以「易」即「密」，即人之「性」。高
攀龍云：

> 太極者，具易而言，天地間莫非易，易有太極，非易之外別有所謂
>
> 太極也。且以吾身觀之，吾身是易，當下寂然，無些子聲臭，即是
>
> 太極。周子云：寂然不動者，誠也。誠即太極也。〔註166〕

「太極者，具易而言」此意為「太極中具有易」。但高攀龍言「天地間莫非易，
易有太極，非易之外別有所謂太極也。」此句表示易中有太極。所以由上兩句
話可知「太極即易」、「易即太極」。其又言「且以吾身觀之，吾身是易，當下寂
然，無些子聲臭，即是太極。」高攀龍藉由此句明白說出「吾身是易」即「太
極」。所以太極乃「當下寂然，無些子聲臭」，此乃言本體之意。因此高攀龍所
言之太極，即從具有主體義之形氣之身來探討。而「以吾身觀之」即高攀龍之
學術特色，此意乃是在吾形氣之身上探討整個形上、形下之世界，此即「道在
氣中」觀念之綜合表現。「太極」為「吾身觀之，吾身是易，當下寂然，無些子
聲臭」，此意即為形氣之人身中之主體。高攀龍又引周敦頤之言指出「太極」為
「寂然不動者，誠也。」故周敦頤言「誠即太極也。」高攀龍有云：

> 中者，天命之性，天命不已，豈有未發之時。蓋萬古流行，而太極
>
> 本然之妙，萬古常寂也，可言不發，不可言未發。〔註167〕

吾輩可知人「天命之性」乃「太極本然之妙，萬古常寂也」，所以「寂然不動者」
之「太極」即人之「性」。如邵雍云：「太極，不動，性也，發則神。」〔註168〕

〔註164〕牟宗三：《從陸象山到劉蕺山》，（台北，臺灣學生書局，民國89年5月），頁
　　　　453。

〔註165〕高攀龍：《高子遺書・語》，（台北，臺灣商務印書館文淵閣四庫全書，民國
　　　　72年），卷一，頁341。

〔註166〕高攀龍：《高子遺書・會語》，（台北，臺灣商務印書館文淵閣四庫全書，民國
　　　　72年），卷五，頁418。

〔註167〕高攀龍：〈未發說〉，《高子遺書・經解類》，（台北，臺灣商務印書館文淵閣四
　　　　庫全書，民國72年），卷三，頁364。

〔註168〕邵雍：〈觀物外篇下〉，《皇極經世書・邵子全書》，（上海，涵芬樓商務印書館

前又有言「寂然不動者，誠也。」所以「誠」亦爲「性」。所以高攀龍引周敦頤之言說「誠即太極也。」而因「易」亦即太極，「太極」亦即「易」，而由「以吾身觀之，吾身是易，當下寂然，無些子聲臭，即是太極。」知道人身之主體亦爲「太極」，然而「太極」又爲人之「性」。所以「易」亦即「太極」，「太極」則爲人之主體，故「太極」乃人之性，因此「易」亦即吾身之主體之「性」。因爲高攀龍又言「密是用之源」，「密」即具「體」之意。高攀龍云：

> 人心有寂有感，不可偏以已發爲心。中者，心之所以爲體，寂然不
> 動者也，性也。和者，心之所以爲用，感而遂通者也，情也。〔註169〕

高攀龍以爲「密」、「顯」乃是「性」與「心」之體、用關係。「密」即是「性」，「性」即「體」；「心」即「用」。所以高攀龍言「發密義無餘蘊矣」，意指心之用之「顯」來表現性之體之「密」。高攀龍認爲「人心有寂有感，不可偏以已發爲心。」其意乃是「心」有「寂然不動」與「感而遂通」兩種狀態，而「性」是指「寂然不動」之太極本體，「心」是指「感而遂通」之「發密」。因爲「心」可以「感而遂通」表現「寂然不動」太極本體之「性」，因此高攀龍又云：

> 洋洋乎盈眸而是者，何物也？易也。子輿以「浩然」名氣，先生以
> 「太和」名易，浩然者，太和之充於四體；太和者，浩然之塞乎天
> 地。匪是不爲知道，不爲見易，故曰：周公才美，智不足稱。〔註170〕

高攀龍言「洋洋乎盈眸而是者，何物也？易也。」吾輩所「盈眸」者乃「易」，此因「洋洋乎盈眸」所指爲「易」所化生之具體氣化世界。而此「氣化世界」孟子稱作「浩然」，張載稱作「太和」。高攀龍言「浩然者，太和之充於四體；太和者，浩然之塞乎天地。」其意乃在說明「氣化世界」之「易」與「人」之關係。前有言「心」之用可以發「密」，即「心」可以表現「性」之意。若就形氣個人而言，能「以易洗心」達到「渾身是易」之「易即是身」境界，此即所謂「太和之充於四體」，亦即孟子「浩然之氣」也。若就「氣化世界」而言，當總括各個形氣之「浩然之氣」即可達成「浩然之塞乎天地」，亦即是「太和」，而「太和」即「易」之道德氣化世界。因此高攀龍藉由「浩然者，太和之充於四體；太和者，浩然之塞乎天地。」將「道德氣化世界」之「易」與「人」關

影印，民國十四年2月)，卷六。

〔註169〕高攀龍：〈未發說〉，《高子遺書·經解類》，(台北，臺灣商務印書館文淵閣四庫全書，民國72年)，卷三，頁364。

〔註170〕高攀龍：〈聖賢論贊·橫渠先生〉，《高子遺書·經解類》，(台北，臺灣商務印書館文淵閣四庫全書，民國72年)，卷三，頁378。

係緊密結合，達到在形氣世界中指出「易即人心」、「易即心體」，進而成就高攀龍前所言：「其心之靈，以氣之直上際下，蟠與天無極。」〔註171〕所以「易」不僅僅爲「無聲無臭」、「不言有」之形上本體，「易」亦是「心體」，「心體」即吾人「渾身是易」之形氣主體，「易」更爲吾輩道德形氣之「浩然」者所總括成一具體道德氣化世界之「太和」。

二、生機流行即易

> 先儒謂天地間原有一部易，開眼便見。聖人不過即其所見者，摹寫
> 之耳信然哉。〔註172〕

高攀龍說出天地之創生是由「易」而來，「易」爲何可以創生出天地呢？因爲高攀龍又云：「易之本體只是一生字；工夫只是一懼字。」〔註173〕因爲易具有「生生作用」，所以可以創生萬物。故其又云：「亙古亙今，塞天塞地，只一生機流行，所謂易也。」〔註174〕「易」之生生作用是如何創生天地？高攀龍有云：

> 邵子言：一動一靜天地之至妙，此言易也。一動一靜之間者，天地
> 人之至妙，此言太極也。〔註175〕

高攀龍引用邵雍之言來說明「易」是以「一動一靜天地之至妙」來創生萬物。而「一動一靜天地人之至妙」即「太極」，所以太極與易之關係是由動、靜關係而來。如邵雍所云：

> 一動一靜，天地之至妙歟？一動一靜之間，天地人之至妙歟？一動
> 一靜之間者，非動非靜而主乎動靜，所謂太極也。……思慮未起，
> 神鬼莫知，不由乎我，更由乎誰？所謂範圍天地，曲成萬物，造化
> 在我者。〔註176〕

〔註171〕高攀龍：〈寅直說〉，《高子遺書・經解類》，（台北，臺灣商務印書館文淵閣四庫全書，民國72年），卷一，頁367。

〔註172〕高攀龍：《高子遺書・語》，（台北，臺灣商務印書館文淵閣四庫全書，民國72年），卷一，頁340。

〔註173〕高攀龍：《高子遺書・箚記》，（台北，臺灣商務印書館文淵閣四庫全書，民國72年），卷二，頁347。

〔註174〕高攀龍：《高子遺書・語》，（台北，臺灣商務印書館文淵閣四庫全書，民國72年），卷一，頁340。

〔註175〕高攀龍：《高子遺書・箚記》，（台北，臺灣商務印書館文淵閣四庫全書，民國72年），卷二，頁346。

〔註176〕邵雍：〈觀物外篇下〉，《皇極經世書・邵子全書》，（上海，涵芬樓商務印書館

「易」藉由「太極」之一動一靜之變化，所以「曲成萬物」。如《易‧繫辭上傳》云：

> 是故易有太極，是生兩儀，兩儀生四象，四象生八卦，八卦定吉凶，吉凶生大業。〔註177〕

「兩儀」指「一陰一陽」。《高子遺書》云：

> 翁曰：公近釋正蒙，且論太和何如？曰：張子謂虛空即氣，故指氣以見虛，猶易指陰陽以謂道也。〔註178〕

高攀龍認爲藉由形氣可知「太虛元氣」之主體在形氣之身中，如同藉由「一陰一陽」之創生可以見易之「道」。如韓邦奇云：

> 動陽陰靜、浮清降濁，萬品之流，兩儀立，萬物生也。〔註179〕

由此可知「一陰一陽」創生之道即指太極之「一動一靜」。因爲《易‧說卦傳》云：「乾天也，故稱乎父；坤地也，故稱呼母。」〔註180〕所以「一陰一陽」即「一乾一坤」。

　　而《易‧繫辭上傳》云：「夫乾，其靜也專，其動也直，是以大生焉。夫坤，其靜也翕，其動也闢，是以廣生焉。」〔註181〕「翕」即「闔」。「太虛元氣」之「易」藉由「一乾一坤」之「一闔一闢」來廣生萬物，而無一物不被「易」之生生作用所創生出。薛瑄云：

> 造化萬變，皆陰陽做出。〔註182〕

> 陰陽滾滾不已，造化人事皆由此出，造化日新，人事亦日新。〔註183〕

影印，民國十四年2月），卷六。

〔註177〕朱熹：《周易本義‧繫辭上傳》，（台北，大安出版社，民國88年7月），卷三，頁248。

〔註178〕高攀龍：〈與管東溟虞山精舍問答〉，《高子遺書‧經解類》，（台北，臺灣商務印書館文淵閣四庫全書，民國72年），卷三，頁376。

〔註179〕韓邦奇：《性理三解》，（明正嘉間原刊本，台北，國家圖書館善本書室），頁6～7。

〔註180〕朱熹：《周易本義‧說卦傳》，（台北，大安出版社，民國88年7月），卷四，頁271。

〔註181〕朱熹：《周易本義‧繫辭上傳》，（台北，大安出版社，民國88年7月），卷三，頁239。

〔註182〕薛瑄：《薛瑄全集‧讀書續錄》，（山西，人民出版社，1990年8月），卷三，頁1379。

〔註183〕薛瑄：《薛瑄全集‧讀書續錄》，（山西，人民出版社，1990年8月），卷四，頁1387。

薛瑄指出天地間之變化皆由陰陽二氣之相盪相摩而循環相生不已所產生。又因陰陽之氣「滾滾不已」故天地萬物豐富多樣，變化日新。高攀龍云：

> 故萬古不易。謂有不易之易，變易之易是二之也。〔註184〕

傳統言《易》有變易、不易、簡易。但高攀龍只提出「不易」與「變易」兩部分，所以由此可知高攀龍最重視《易》之「不易」與「變易」這兩個特色。王廷相云：

> 氣有變化，是道有變化，氣即道，道即氣，不得以離合論。或謂氣
> 有變，道一而不變，是道自道，氣自氣，岐然二物，非一貫之妙也。
> 氣有常有不常，則道有變有不變。〔註185〕

王廷相所謂「道」之變即易之「易」之特色，此即是指氣之「常」乃是生生不斷創生萬物；「道」之不變即「易」之「不易」之特色，此即言氣之「變」之創生出萬種不同形氣。《高子遺書》云：

> 彥文曰：近日吳覲華先生講繫辭，謂聖人作易，總只要人能變化，
> 一部易只說得「變化」二字。先生曰：然。〔註186〕

「一部易只說得變化二字」此句說明《易》之主旨就在「變化」這兩字上，而「變化」即是指「易」之生生作用。因《易‧繫辭上傳》云：

> 故闔戶謂之坤，闢戶謂之乾，一闔一闢謂之變。〔註187〕

前有言「易」即藉由「一闔一闢」來廣生萬物。「一闔一闢謂之變」，所以「變」亦指易會「變化」，此乃「易」會「變易」之特色。所以高攀龍重視「易」會「變化」此特色，而「變化」即是指「太虛元氣」之易生生作用來化生萬物。「生生之易」生化萬物之步驟為何？高攀龍云：

> 元、亨、利、貞，皆善也，元而亨，而利而貞，貞而復元，故曰：
> 繼之者善：元始之。故曰：善之長。天地一闔一闢，吾人一呼一吸，
> 繼之而不已者，皆是此件，故曰：生生之謂易。〔註188〕

〔註184〕高攀龍：《高子遺書‧會語》，（台北，臺灣商務印書館文淵閣四庫全書，民國72年），卷一，頁340。

〔註185〕王廷相：《王廷相集》，（北京，中華書局，1989年9月），頁848。

〔註186〕高攀龍：《高子遺書‧會語》，（台北，臺灣商務印書館文淵閣四庫全書，民國72年），卷五，頁418。

〔註187〕朱熹：《周易本義‧繫辭上傳》，（台北，大安出版社，民國88年7月），卷三，頁248。

〔註188〕高攀龍：《高子遺書‧箚記》，（台北，臺灣商務印書館文淵閣四庫全書，民國72年），卷二，頁347。

「生生之易」生化萬物之步驟爲「元而亨，而利而貞，貞而復元」。所以由「元始之」，即由「元」開始，所以稱「元」爲「善之長」，此即言「元」爲善之最開端。如孫應鰲論「元」，其云：

> 天地之德，元屬之矣。天地之所以爲天地渾然，唯此元氣也。〔註189〕

> 元之旨微矣，以其氣之融會貫通謂之太和，故曰元氣，天地萬物唯此元氣耳。〔註190〕

因此「元」即指「元氣」之創生萬物之「太和」。而「生生之謂易」是虛擬創造萬物過程之總則。但具體地創造亦即是形氣世界之「天地之闔闢」、「吾人之呼吸」。而「生生之謂易」與「元、亨、利、貞」之關係，「元、亨、利、貞」亦即是虛擬之創造過程。「元、亨、利、貞」其具體之內涵爲何？高攀龍有云：

> 萬物資始，元也；品物流行，亨也；各正性命，利也；保和太和，貞也，此乾道之大明終始也。有四德之終始，故有六位之時成，有六龍之時乘，故有四德之終始。乾元統天而首出庶物，六龍御天而萬國咸寧矣。〔註191〕

因《易·象傳》云：「大哉乾元，萬物資始，乃統天。雲行雨施，品物流行，六位時成，時乘六龍以御天。乾道變化，各正性命。保和太和，乃利貞。首出庶物，萬國咸寧。」〔註192〕所以高攀龍說出「元、亨、利、貞」其具體之內涵爲「萬物資始，元也；品物流行，亨也；各正性命，利也；保和太和，貞也。」「萬物資始，元也」，「元」即《易·象傳》中所言「大哉乾元，萬物資始」，因此「乾」是萬物創生之開始。「品物流行，亨也」，「亨」即《易·象傳》中所言「雲行雨施，品物流行」，所以「亨」亦即是生生之易開始順利地創生萬物。「各正性命，利也」，「利」即《易·象傳》中所言「乾道變化，各正性命」之意思，所以「利」亦即是「太虛元氣」之「易」其生生萬物時，將「太虛元氣」之內涵亦凝爲形氣本性之內涵，因此各個形氣皆依據此內涵

〔註189〕孫應鰲：《淮海易談》，《陽明學研究叢書·孫應鰲文集》，（貴州，教育出版社，1990年），頁19。

〔註190〕孫應鰲：《淮海易談》，《陽明學研究叢書·孫應鰲文集》，（貴州，教育出版社，1990年），頁13。

〔註191〕高攀龍：〈乾象釋〉，《高子遺書·經解類》，（台北，臺灣商務印書館文淵閣四庫全書，民國72年），卷三，頁370。

〔註192〕朱熹：《周易本義·乾上經》，（台北，大安出版社，民國88年7月），卷一，頁30。

而被創生。「保和太和,貞也」,即《易‧象傳》中所言「保和太和,乃利貞」,亦即是保住「太虛元氣」所凝結之本性於道德義之上,所以「貞」之意即是將本性貞定在「太虛元氣」所凝「易」之生德之本質上。

當高攀龍說「萬物資始,元也;品物流行,亨也;各正性命,利也;保和太和,貞也,此乾道之大明終始也。」高攀龍之意思亦即如其前所言「生生之易」生化萬物之步驟乃「元而亨,而利而貞,貞而復元」,此即所謂「乾道之大明終始也」。因《易‧象傳》言「大明終始,六位時成。」所以其又曰「有四德之終始,故有六位之時成。」而《易‧繫辭下傳》云:「天地之大德曰生。」〔註193〕故「元、亨、利、貞」為四德。而「乾元」乃萬物滋生之始,所以為四德之首,因「乾元」如同高攀龍前所言之「元而亨,而利而貞,貞而復元。」之過程之首,所以「乾元」是萬物滋生之始。如孫應鰲云:

> 乾,元亨利貞,一陰一陽屬之矣。故曰:一陰一陽之謂道。故曰:
> 立天之道陰與陽。一陰一陽元屬之矣。〔註194〕

孫應鰲以為「乾」即是代表「易」之生生作用之「元亨利貞」。而「易」藉由一陰一陽二氣之相盪相摩以創生萬物,故言「立天之道陰與陽」。而「元」又為「易」之「元亨利貞」創生過程之始,亦可由此代表陰陽二氣交感相生之道,故其言「一陰一陽元屬之矣」。

「貞」為創物之終。《易‧象傳》有云:「雲行雨施,品物流行,六位時成。」所以「雲行雨施,品物流行」即高攀龍所謂「有四德之終始」,此即易之創生萬物之過程,所以「有四德之終始」,亦是「六位時成」生生創造萬物。

高攀龍又言「有六龍之時乘,故有四德之終始。」其意指乾卦為生生萬物之四德之首,因此就會有元、亨、利、貞四德之終始之輪替。而且「乾」又為貫四德之終始,貫四德之終始即「統天」之義,如《易‧象傳》云:「大哉乾元,萬物資始,乃統天。」〔註195〕黃沛榮先生云:

> 由『資始』二字,可見乾卦有主導之義。〔註196〕

〔註193〕朱熹:《周易本義‧繫辭下傳》,(台北,大安出版社,民國88年7月),卷三,頁252。

〔註194〕孫應鰲:《淮海易談》,《陽明學研究叢書‧孫應鰲文集》,(貴州,教育出版社,1990年),頁16。

〔註195〕朱熹:《周易本義‧乾上經》,(台北,大安出版社,民國88年7月),卷一,頁30。

〔註196〕黃沛榮:〈易經卦義系統之研究〉,《易學乾坤》,(台北,大安出版社,民國87年8月),頁90。

此即《易・象傳》所云：「雲行雨施，品物流行，六位時成，時乘六龍以御天。」黃沛榮先生又云：

> 此即『天』之具體內容。故乾卦……，並象喻人類所生存之空間環
> 境，包括日月照耀，雲雨施降等。〔註197〕

而乾之「統天」就代表萬物要開始生出，故高攀龍言「乾元統天而首出庶物」。而高攀龍又言「六龍御天而萬國咸寧矣。」因為「龍」代表陽爻，如《易・乾・初九》之注釋中：「龍，陽物也。」〔註198〕所以六龍代表「乾」卦，而「時」之意，如高攀龍有云：

> 終日乾乾與時偕行，只一時字，便見繼之者善。〔註199〕

「時」之意亦即是六龍之「乾」卦是無時不生，所以「時乘六龍以御天」之意即是隨時可以憑藉六龍之「乾」之變化來駕馭「天」之變化。因為「天」之變化是針對其生生萬物而言，「乾」之六龍變化則是「天」之生生變化之始，所以「乾」之六龍可以「御天」。當「乾」之六龍可以「御天」之時，此即是高攀龍所謂「萬國咸寧」之意思。而「萬國咸寧」之意為形氣世界皆在「太虛元氣」生生之「乾」之主導、駕馭之下，不斷地繼之不已，順利創生道德形氣。

三、仁是生生之理

> 生生之謂易，無刻不生則無刻不易，無刻不易則無刻不逝，所謂造
> 化密移是也。在天地如此，在人身如此，在物物如此，但不可得而
> 見，可見者如川流，故聖人指以示人，云：如斯者，正謂物物如斯
> 也，此是人的性體。〔註200〕

在《易・繫辭下傳》有云：「陰陽不測之謂神。」〔註201〕昔日儒家說造化生生不息之謂「神」，因為「神」是指神妙不可測知，言生生造化變化多端，非吾

〔註197〕黃沛榮：〈易經卦義系統之研究〉，《易學乾坤》，（台北，大安出版社，民國87年8月），頁90。

〔註198〕朱熹：《周易本義・乾上經》，（台北，大安出版社，民國88年7月），卷一，頁28。

〔註199〕高攀龍：《高子遺書・語》，（台北，臺灣商務印書館文淵閣四庫全書，民國72年），卷一，頁340。

〔註200〕高攀龍：〈子在川上章巳未〉，《高子遺書・講義》，（台北，臺灣商務印書館文淵閣四庫全書，民國72年），卷四，頁391。

〔註201〕朱熹：《周易本義・繫辭下傳》，（台北，大安出版社，民國88年7月），卷三，頁238。

人所能掌握。因爲「神」已經爲許多人所用，所以高攀龍用「密移」來談「神」。所謂「密移」是指「易」之創造萬事萬物是非常隱微地在變化，爲何氣化世界會如此森羅萬象？主要是因爲「易」是神妙而不可測。故以「密移」來作說明。因此高攀龍所言「生生之謂易，無刻不生則無刻不易，無刻不易則無刻不逝」之「造化密移」亦即是「生物不測」之「神」之意，所以「造化密移」是指「太虛元氣」其「易」之生生作用之大德，「易」之創生萬物是變化多端，難以預料。「在天地如此，在人身如此，在物物如此，但不可得而見，可見者如川流」其意思是指「易」的生生作用表現在「天地」、「人」、「物」各形氣之中都存在，即《易·繫辭上傳》云：「一陰一陽之謂道。繼之者，善也；成之者，性也。」〔註202〕呂坤云：

> 或曰：「孔子繫《易》，言繼善成性，非與？」曰：「世儒解經，皆不
> 善讀《易》者也。孔子云：『一陰一陽之謂道。』謂一陰一陽均調而
> 不偏，乃天地中和之氣，故謂之道，人繼之則爲善。繼者，稟受之
> 初。人成之則爲性。成者，不作之謂。〔註203〕

呂坤由「一陰一陽均調而不偏」，可知「均調」的內容是陰陽兩者相盪相摩，生生不息地創生萬物。不偏爲陰或陽，即是「中和之氣」之內涵，即稱之謂「道」。「繼者，稟受之初」是指生下來繼承先天即具有陰陽相生之本性，此即萬殊形氣必然繼承此稟受之初純善無惡之義理之性。「人成之則爲性」表示人繼承這陰陽互相調和「中和之氣」之善爲其身之本性。「成者，不作之謂。」此「不作」是指不做非陰陽調和之「中和之氣」之過猶不及之事。

高攀龍認爲形氣世界之萬事萬物，皆具此陰陽調和相盪相摩生生之「易」之道德內涵爲其本性。但是這「太虛元氣」之生生之「易」其作用是無形無狀，故「不可得而見」，只能在被「太虛元氣」之「易」所創生之具體形氣之「川流」上，見到「易」創生之表現作用。所以高攀龍又言「故聖人指以示人，云：如斯者，正謂物物如斯也，此是人的性體。」而「太虛元氣」之「易」其生生作用之「神」，其內涵與本質就如同形氣之人身之性體之內涵與本質，因爲「性體」其本質與內涵是來自於無形無狀之「太虛元氣」，而「易」之「神」之本質亦來自於「太虛元氣」，故兩者本質與內涵皆同爲「不

〔註202〕朱熹：《周易本義·繫辭上傳》，（台北，大安出版社，民國88年7月），卷三，頁238。

〔註203〕呂坤：〈談道〉，《呻吟語》，（台北，志一出版社，民國83年7月），卷一，頁74。

「可得而見」者。高攀龍有云：

> 先生三代以後之聖人乎，無轍跡可尋，無聲臭可即，無極太極。太
> 極無極是之謂易妙於未畫，聖人洗心退藏於密以此。〔註204〕

高攀龍認爲何謂「無極太極」呢？「無極太極」是指陰陽不測之「神」。如韓
邦奇云：

> 氣之性，本虛而神，……虛而神，正是無極而太極。〔註205〕

所以高攀龍認爲「無極太極」是「無轍跡可尋，無聲臭可即」之虛而神之不
可測者。「太極無極」則是指「易妙於未畫」。而此即是聖人洗心退藏於密之
處。因爲「密」即是性，所以如前所言人之「性體」與易之「神」本質、內
涵皆相同爲無形無狀之「太虛元氣」。薛瑄云：

> 讀有卦畫之易，當知無卦畫之易。有卦畫之易，今之《易》書，猶
> 可以言求。無卦畫之易，則可以心會，而不可以言求。邵子所謂「虛
> 信畫前元有易」是也。〔註206〕

薛瑄言「既畫之易」是「即卦即爻一理沖漠無朕」，〔註207〕可以言求者。而「畫
前之易」則是「充漠無朕之中，萬象森然已具」，〔註208〕可以心會，而不可以
言求。「畫前之易」雖不能即卦即爻求得其理，但其言「羲皇雖未畫卦，而天
地自然之易已著」，〔註209〕此亦即「象數未形其理已具」。〔註210〕太極之理無
所不在，天地萬物亦在此沖漠無朕之中，自有其象。有卦畫之易，太極與陰
陽相生之無極自不相離；有畫前之易，太極雖沖漠無形，但萬象已具存焉，
太極與陰陽相生之無極亦不相離。薛瑄將「易」分爲「卦畫之易」與「畫前

〔註204〕高攀龍：〈聖賢論贊・濂溪先生〉，《高子遺書・經解類》，（台北，臺灣商務印
　　　　書館文淵閣四庫全書，民國72年），卷三，頁378。

〔註205〕韓邦奇：《性理三解》，（明正嘉間原刊本，台北，國家圖書館善本書室），頁
　　　　51。

〔註206〕薛瑄：《薛瑄全集・讀書錄》，（山西，人民出版社，1990年8月），卷四，頁
　　　　1106。

〔註207〕薛瑄：《薛瑄全集・讀書續錄》，（山西，人民出版社，1990年8月），卷八，
　　　　頁1459。

〔註208〕薛瑄：《薛瑄全集・讀書續錄》，（山西，人民出版社，1990年8月），卷八，
　　　　頁1459。

〔註209〕薛瑄：《薛瑄全集・讀書續錄》，（山西，人民出版社，1990年8月），卷三，
　　　　頁1379。

〔註210〕薛瑄：《薛瑄全集・讀書續錄》，（山西，人民出版社，1990年8月），卷一，
　　　　頁1290。

之易」，而「卦畫之易」即高攀龍之「無極太極」，陰陽相生所創生出之萬物。
而「畫前之易」即是高攀龍所謂「太極無極」者，因為具體之物並未生出，
但是因為「太虛元氣」中已具萬種種子，而形氣之理以本具其中，故言「太
極無極」。王廷相云：

> 有太虛之氣，則有陰陽，有陰陽則有萬物之種，則萬物之種一本皆
> 皆具。〔註211〕

形氣世界之森羅萬象是因為陰陽二氣比例不同之氣種而產生，而氣種即是「畫
前之易」之「太極無極」者。「氣種」即氣之條理，亦即人之「性」。而高攀
龍又云：

> 蓋格致者，皆推究其極之謂，推究到極處，即太極無極，所謂至善
> 也。〔註212〕

由此可知「無極太極」所指者為「至善」之易之生德，易之「神」有道德義
之至善，其生生作用創生萬物，因而人之「性」其內涵亦同於「易」之生德。
高攀龍認為格物者是推究致「太極無極」之「至善」。而高攀龍云：

> 羅整菴曰：聖人所謂太極，乃據易而言之。蓋就實體上指出此理以
> 示人，不是懸空說，此語最精切。〔註213〕

高攀龍藉由羅整菴先生之言清楚指出「太極即易」，故「太極無極」之「未畫
之易」者即指「易」之「太極」，而「太極」即是「就實體上指出此理以示人」。
因此「太極」即「易」，亦是「理」。「理」和「易」之至善關係為何？高攀龍
又云：

> 有物必有則。則者，至善也。窮至事物之理，窮至於至善處也。
> 〔註214〕

「則」即「理」也。而「則者，至善也」由此可知高攀龍認為「理」之內涵
即是「至善」。因此高攀龍言「窮至事物之理，窮至於至善處也。」高攀龍云：

> 窮理者天理也，天然自有之理，人之所以為性，天之所以為命也。

〔註211〕王廷相：《王廷相集》，（北京，中華書局，1989年9月），頁754。
〔註212〕高攀龍：〈荅吳百昌中翰〉，《高子遺書·書》，（台北，臺灣商務印書館文淵閣
四庫全書，民國72年），卷八上，頁500。
〔註213〕高攀龍：《高子遺書·語》，（台北，臺灣商務印書館文淵閣四庫全書，民國
72年），卷一，頁340。
〔註214〕高攀龍：《高子遺書·語》，（台北，臺灣商務印書館文淵閣四庫全書，民國
72年），卷一，頁331。

在易之爲中正，聖人卦卦拈出示人，此處有毫釐之差便不是性學。
〔註215〕

由此句話可以得知，「天理」即爲人之「性」也是人之「命」，亦即「易」之
「中正」。如湛甘泉云：

> 器譬則氣也，道譬則性也，氣得其中正焉，理也、性也，是故性氣
> 一體。〔註216〕

> 氣與道爲體者也，得其中正即是性，即是理，即是道。〔註217〕

所以天理、人之性、命與易之內涵即皆爲易之中正之「至善」。而天理、人之
性、命與易之具體內涵爲何？高攀龍云：

> 大哉乾乎，剛健、中正、純粹，精也。此所謂至善。朱子謂純乎天
> 理，而無一毫人欲之私，最盡。〔註218〕

「至善」之內涵是乾、剛健、中正、純粹。而高攀龍云：「不識天理，不識
性爲何物矣。是儒者至善極處，是佛氏毫釐差處。」〔註219〕所以「天理」
與「性」之內涵皆爲至善所以內涵亦即是乾、剛健、中正、純粹。而高攀龍
又云：

> 如易曰：乾，元亨、利貞；如言人，仁、義、禮、智之謂也。停停
> 當當，本體當如是而已。〔註220〕

易之「元、亨、利、貞」如同人之仁、義、禮、智一樣，因爲人之仁、義、
禮、智又是由「太虛元氣」之氣本體來，故由此可知「太虛元氣」其本體內
涵中具有元、亨、利、貞之外，又具有仁、義、禮、智之內涵。而由前所言
「浩然之氣即易」可知「太虛元氣」即是「易」，而「易」之生生作用中有元、

〔註215〕高攀龍：《高子遺書‧語》，（台北，臺灣商務印書館文淵閣四庫全書，民國
　　　　72年），卷一，頁337。

〔註216〕湛甘泉：《甘泉全集‧湛甘泉先生文集》，（清同治五年資政堂本，台北，臺灣
　　　　大學圖書館善本書室），卷一，頁1。

〔註217〕湛甘泉：《甘泉全集‧湛甘泉先生文集》，（清同治五年資政堂本，台北，臺灣
　　　　大學圖書館善本書室），卷八，頁7。

〔註218〕高攀龍：《高子遺書‧語》，（台北，臺灣商務印書館文淵閣四庫全書，民國
　　　　72年），卷一，頁340。

〔註219〕高攀龍：〈聖賢論贊‧明道先生〉，《高子遺書‧語》，（台北，臺灣商務印書館
　　　　文淵閣四庫全書，民國72年），卷一，頁378。

〔註220〕高攀龍：〈觀白鷺洲問答致涇陽〉，《高子遺書‧書》，（台北，臺灣商務印書館
　　　　文淵閣四庫全書，民國72年），卷八上，頁472。

亨、利、貞，就如同人之性中有仁、義、禮、智。而高攀龍言：「仁是生生之
理，充塞天地人身，通體都是。」〔註221〕因爲「易」之作用即生生，故易即
爲生生之理之「天理」，而此處高攀龍則說「仁」是「生生之理」，所以「仁」
亦即是「易」之生生作用之天理之內涵。因爲高攀龍又言「如易日：乾，元
亨、利貞；如言人，仁、義、禮、智之謂也。」所以易之內涵除了「元、亨、
利、貞」還有「仁、義、禮、智」。總結上之所言，吾輩可知「易」之內涵是
具道德義之「至善」，而「至善」中含有乾、剛健、中正、純粹，元、亨、利、
貞和仁、義、禮、智等內容。

四、感應無端息息造命

> 易者，象也。乾者，天行之象也。君子自強不息則乾之象也。以者，
> 非法其如此而如此之謂也。〔註222〕

高攀龍言「易者，象也。乾者，天行之象也。」其認爲易乃「乾」，而且「易」
與「乾」之無聲無臭者，兩者皆須透過具體之「象」才可見。所以高攀龍將
「易」放在具體之「卦象」上談，其意在於由現實上指點出「太虛元氣」之
「易」之生道。因儒學傳統說法，「乾」是指天道生生之作用，「坤」則是天
道完成生生之作用。高攀龍雖然亦言易有「乾」之生生作用。但高攀龍思想
特殊之處是從具體之「卦象」上指出「太虛元氣」之「易」之生生作用，而
「卦象」亦即是指具體之氣化世界。此即高攀龍重視形氣世界萬物生生不斷
地實踐道德之表現。高攀龍又云：

> 六十四卦一易而已，生道者一易而已。天得之爲天，地得之爲地，
> 人得之爲人，皆此也。以此自強不息則謂之乾，以此厚德載物則謂
> 之坤，非此則更有何者可以自強不息，厚德載物乎？易者，象三才
> 之爲一象也。〔註223〕

高攀龍言「六十四卦一易而已，生道者一易而已。天得之爲天，地得之爲地，
人得之爲人，皆此也。」高攀龍認爲「太虛元氣」之「易」只是一個「生道」，

〔註221〕高攀龍：〈仁遠乎哉章〉，《高子遺書‧講義》，（台北，臺灣商務印書館文淵閣
　　　　四庫全書，民國72年），卷四，頁388。

〔註222〕高攀龍：〈大象〉，《高子遺書‧經解類》，（台北，臺灣商務印書館文淵閣四庫
　　　　全書，民國72年），卷三，頁416。

〔註223〕高攀龍：〈大象〉，《高子遺書‧經解類》，（台北，臺灣商務印書館文淵閣四庫
　　　　全書，民國72年），卷三，頁416。

其意義是「易」爲生生萬物之過程。因爲「易」之生生作用而有形氣世界之具體地天、地、人三才之象。而高攀龍又言「以此自強不息則謂之乾，以此厚德載物則謂之坤，非此則更有何者可以自強不息，厚德載物乎？易者，象三才之爲一象也。」由此可知高攀龍之意是「易」生生不斷地創造，以此自強不息者爲「乾」；而「坤」則是不斷地乘載「易」所生生之萬物，除了「易」無法有此表現，所以「易」就可以統括天、地、人爲「一象」。形氣世界也就具體地被「太虛元氣」之「易」所創生出。而高攀龍云：

> 人生天地間要思量一箇究竟，此身何來，將何所去？太極圖引「原始反終」一句，卻大關係。所謂太極者，原始也，要原到這裡；反終也，要反到這裡。〔註224〕

高攀龍要吾人思考形氣之人身從何而來？將何所去？高攀龍藉由太極圖引之「原始反終」來說明之。「所謂太極者，原始也，要原到這裡；反終也，要反到這裡。」何謂「太極」？劉又銘先生云：

> 王廷相直接把元氣稱做太極，他說：「推極造化之源，不可名言，故曰太極，求其實即天地未判之前，大始渾沌清虛之氣也。」又說：「元氣之外無太極，陰陽之外無氣，以元氣之上，不可意象求，故曰太極。」總之，有陰有陽的氣，取代了理做爲太極，這點再度顯示了王廷相氣本論立論的徹底性。〔註225〕

劉又銘先生直接點明氣本論學者王廷相直接將「元氣」稱作「太極」，其實王廷相如此說，乃在於希冀以「元氣」取代「性即理」之學，確立「氣本論」之本體爲「氣」。

　　高攀龍與王廷相同是「以氣爲本」之「氣本論」學者，因此高攀龍此言「太極」之「原始反終」，即是指形氣之源頭在此，形氣消散亦回歸至此。因此「太虛元氣」之「太極」即是形氣之原始與反終之根據。高攀龍又云：

> 其說太極而以死生之說終何耶。死生之說在終始之故矣。若何原，若何反耶。爲之研味者，累月一夕夢有儒衣冠者，以爲元公也。前而叩焉公曰：夫一動一靜者，天地之生、死也；一死一生者，群生

〔註224〕高攀龍：《高子遺書・會語》，（台北，臺灣商務印書館文淵閣四庫全書，民國72年），卷五，頁416。

〔註225〕劉又銘：《理在氣中：羅欽順、王廷相、顧炎武、戴震氣本論研究》，（台北，五南圖書出版社，民國89年3月），頁59。

之動、靜也。此所謂易也。〔註226〕

高攀龍言「其說太極而以死生之說終何耶。死生之說在終始之故矣。」由此可知高攀龍認為「太極」與「易」之「原始、反終」即是所謂「死生之說」。而何謂「死生之說」？高攀龍言「夫一動一靜者，天地之生、死也；一死一生者，群生之動、靜也。此所謂易也。」高攀龍認為「死生之說」即「太極」之「一動一靜」，而「一動一靜」是指天地之化之「生」與「死」。天地間何者會有生與死？即是高攀龍所謂「一死一生者，群生之動、靜也。」由「易」所創之群生萬物，因群生萬物是形氣，形氣才會有生有死之動、靜現象。所以高攀龍要吾輩把握有限之人生，而「息息造命」。高攀龍云：

> 大易教人息息造命，臣弒其君，子弒其父，其所由來者，漸也。既
> 已來矣，寧可逃乎？〔註227〕

高攀龍有言：「鼻息呼吸乃闔闢之機也，非真元之氣。真元之氣生生不息。」〔註228〕高攀龍認為「鼻息呼吸」即是群生萬物會動、靜與生死。不如「太虛元氣」之「真元之氣」是生生不息。如王廷相云：

> 氣者造化之本。有渾渾者，有生生者，皆道之體，生則有滅，故有
> 始有終。渾然者充塞宇宙，無機無執，不見其始，安知其終？世儒
> 只知氣化不知氣本，皆於道遠矣。〔註229〕

王廷相認為元氣是渾渾者，故無終始。而元氣所生之萬物，則是生生者，而有生即有滅，故形氣之物有始有終。王俊彥先生云：

> 生氣與元氣雖皆是氣，但元氣超越始終之上是本，生氣範限於始終
> 之中是末。本是體，末是用，由體生用，萬物即由之以生。〔註230〕

因為高攀龍認為「真元之氣」生生之「易」是「息息」不斷地創生萬物，因此「易」之天地之化，故「息息」即指天地之化之意。「易」是「息息」展現天地之化，故其教人亦應與其相同，故言「大易教人息息造命」。何謂「造命」

〔註226〕高攀龍：〈夕可說〉，《高子遺書・經解類》，（台北，臺灣商務印書館文淵閣四庫全書，民國72年），卷三，頁371。

〔註227〕高攀龍：《高子遺書・語》，（台北，臺灣商務印書館文淵閣四庫全書，民國72年），卷一，頁340。

〔註228〕高攀龍：《高子遺書・會語》，（台北，臺灣商務印書館文淵閣四庫全書，民國72年），卷五，頁417。

〔註229〕王廷相：〈道體〉，《王廷相集》，（北京，中華書局，1989年9月），頁755。

〔註230〕王俊彥：〈王廷相的元氣無息論〉，《章太炎與近代中國學術研討會論文集》，（台北，里仁書局，民國88年6月），頁512。

呢？高攀龍云：

> 天地間感應二者，循環無端，所云：定數莫逃者，皆應也。君子盡
> 道其間者，皆感也。「應」是受命之事；「感」是造命之事。聖人祈
> 天永命，皆造命也。我由命造，命由我造，但知委順，而不知盡道，
> 非知命者。〔註231〕

高攀龍認為「感」即是造命之事。何謂「感」？《易・繫辭上傳》云：「《易》，
無思也，無為也，寂然不動，感而遂通天下之故。」〔註232〕「易」是「無思
無為」、「寂然不動」、「感而遂通」之本體，所謂易之「感」即是一旦接觸到
天下之事物，就會不斷地作道德判斷，也因有「易」本體之「感」，所以可以
與天下事物相通。而高攀龍認為人之「感」，即「君子盡道其間者」，其意為
君子在氣化世界不斷地實踐道德此即是「感」，此即是「造命」。高攀龍有云：

> 龜山曰：天理即所謂命，知命只事事循天理而已。〔註233〕

因為高攀龍言「不知盡道，非知命者」，所以君子「盡道」之標準在於「事事
循天理」而行。高攀龍有云：「在天為命，在人、物為性，一也。」〔註234〕
所應循之「天理」，其標準就在人之本性內涵中。高攀龍有云：

> 未發者，即在常發中，更無未發時也，後乃知人心有寂有感，不可
> 偏以已發為心。中者，心之所以為體，寂然不動者也，性也。和者，
> 心之所以為用，感而遂通者也，情也。〔註235〕

高攀龍指出「人心有寂有感」，因此人對天之命可以「感」與「應」。高攀龍
又言「中者，心之所以為體，寂然不動者也，性也。和者，心之所以為用，
感而遂通者也，情也。」所以「天命」即人之本性，而人之本性則是寂然不
動之本體，須藉由「心」之感才能表現通於是物之間之情。高攀龍認為寂然
不動的天命之性，其內涵須藉由「心」之生生作用，才能表現為具體道德行

〔註231〕高攀龍：《高子遺書・語》，（台北，臺灣商務印書館文淵閣四庫全書，民國
　　　　72年），卷一，頁341。
〔註232〕朱熹：《周易本義・乾第一》，（台北，大安出版社，民國88年7月），卷一，
　　　　頁31。
〔註233〕高攀龍：《高子遺書・語》，（台北，臺灣商務印書館文淵閣四庫全書，民國
　　　　72年），卷一，頁337。
〔註234〕高攀龍：〈荅涇陽論生之謂性〉，《高子遺書・書》，（台北，臺灣商務印書館文
　　　　淵閣四庫全書，民國72年），卷八上，頁470。
〔註235〕高攀龍：〈未發說〉，《高子遺書・經解類》，（台北，臺灣商務印書館文淵閣四
　　　　庫全書，民國72年），卷三，頁364。

為之情。高攀龍認為「天地間感應二者，循環無端，所云：定數莫逃者，皆應也。」因為易道即是「寂然不動，感而遂通」之即寂即感。而「寂」即本體，「感」即作用。因此易道是本體即作用；作用即本體。因為前有言「易即人心」，所以高攀龍亦言「人心有寂有感」，而高攀龍藉由此「體」與「用」之觀點論感、應。因為「易」之生生作用是不斷地創物，所以群生之萬物皆受命於此，稱為「應」；萬物受命之「應」以後，秉此「性」，作造命之事，就稱為「感」。又因為「易」是生生不斷地創造各種形氣，而各個形氣因為有死生消亡之時，所以言「感應循環無端」。而此即符合高攀龍所言「易教人息息造命」，因為人可「造命」是因人心有寂、感之作用，所以可以盡道其間。但形氣人身非生生不息之「真元之氣」，所以會有死亡毀壞之時。個體之人身雖有死亡之日，但因「易」之「真元之氣」生生無窮，故不會有停止創生道德形氣之時，所以由「息息」的天地之化可知，「易」會一直創造具道德內涵之形氣，而萬種不同形氣之人會不斷地隨其「息息呼吸」而「造命」，由此死生動靜循環不已，故道德川流不息。所以高攀龍云：

> 吾於是沛然於錢啓新先生像象之說，而知其有功於易者大也。像象之說曰：……夫聖人不云乎，君子行此四德者，故曰：乾，元、亨、利、貞，明言乾之為人也；柔、順、利、貞，君子攸行明言坤之為人也；豈獨聖人有之，明言人人自有之也，人人自有之而以歸之天地，歸之聖人，歸之易書者，何也？〔註236〕

如《易・文言傳》云：「元者，善之長也；亨者，嘉之會也；利者，義之和也；貞者事之幹也也。君子體仁足以長人，嘉會足以合禮，利物足以和義，貞故足以幹事。君子行此四德，故曰：『乾：元、亨、利、貞。』」〔註237〕所以高攀龍認為「君子行此四德者，故曰：乾，元、亨、利、貞。」，形氣之人之君子行德，可稱為「乾」之「元、亨、利、貞」，可以稱作「坤」之「柔、順、利、貞」，此易之「乾」與「坤」是於形氣之人一創生出，即存在人身為其道德主體與道德內涵，所以高攀龍言「人人有之」，何必歸之於「天地」、「聖人」或「易」。也因此人可以「息息造命」，完成道德之志業。

〔註236〕高攀龍：〈乾象說〉，《高子遺書・經解類》，（台北，臺灣商務印書館文淵閣四庫全書，民國72年），卷三，頁369。

〔註237〕朱熹：《周易本義・乾上經》，（台北，大安出版社，民國88年7月），卷一，頁32。

第四節　理是氣之條理

一、理是氣之條理

> 天地間渾然一氣而已，張子所謂虛空即氣是也。此是至虛至靈有條有
> 理的，以其至虛至靈在人即爲心，以其有條有理在人即爲性。〔註238〕

高攀龍云：「亙古亙今，塞天塞地，只一生機流行，所謂易也。〔註239〕」高攀
龍明白說出「天地間渾然一氣而已，張子所謂虛空即氣是也。」所以天地間
之萬事萬物是由「太虛元氣」本體中所具「易」之創生作用所生出。高攀龍
云：「天地一闔一闢，吾人一呼一吸，繼之而不已者，皆是此件，故曰：生生
之謂易。」〔註240〕」高攀龍認爲人即是直承「太虛元氣」生生之「易」之生
生作用而來，因爲「太虛元氣」之創生作用又有「至虛至靈」與「有條有理」
這兩個特性，所以高攀龍言「其至虛至靈在人即爲心，以其有條有理在人即
爲性」，其意即指「太虛元氣」中「易」之創生作用之「至虛至靈」特色在人
身上，即是人之「心」；「太虛元氣」中「易」之創生作用中「有條有理」之
特色在人身上即是人之「性」。高攀龍云：

> 天地間充塞無間者，惟氣而已，在天則爲氣，在人則爲心。氣之精
> 靈爲心，心之充塞爲氣，非有二也。〔註241〕

由前可知因「太虛元氣」有「易」之生生作用，所以可以創生萬物，故高攀
龍言「天地間充塞無間者，惟氣而已」，其意在言天地間所充塞爲「太虛元氣」
創生之萬物。而「天」則是天地間充塞之萬物之總括，故「天」稱作「氣」。
值得注意的是此「氣」並非指「太虛」之氣本體，而是指各形氣總和者。再
者，「心」則是就形氣之人身而言者。但因爲形氣之「身」與形氣人身之「心」，
皆是由「太虛元氣」所創生而來，本質上同是「一氣」所生，所以高攀龍言
「氣之精靈爲心，心之充塞爲氣，非有二也。」

〔註238〕高攀龍：〈牛山之木章〉，《高子遺書・講義》，（台北，臺灣商務印書館文淵閣
　　　　四庫全書，民國72年），卷四，頁405。

〔註239〕高攀龍：《高子遺書・語》，（台北，臺灣商務印書館文淵閣四庫全書，民國
　　　　72年），卷一，頁340。

〔註240〕高攀龍：《高子遺書・箚記》，（台北，臺灣商務印書館文淵閣四庫全書，民國
　　　　72年），卷二，頁347。

〔註241〕高攀龍：〈雖存乎仁者節〉，《高子遺書・講義》，（台北，臺灣商務印書館文淵
　　　　閣四庫全書，民國72年），卷四，頁405。

　　高攀龍云：「人心有寂有感，不可偏以已發爲心。」〔註242〕由「氣之精靈爲心，心之充塞爲氣，非有二也。」可知「氣」即「心」。在藉由高攀龍說明人「心」之「有寂有感」，由此可看出氣本論是「即存有即活動」之自律道德。雖然高攀龍注重現實層面之形氣，看似他律道德，但由此知其有自律道德之精神，因爲此爲儒家思想之宗旨。高攀龍又云：

> 天地之先，惟斯一氣，萬有大生，人爲至貴，人生於寅，是謂厥初有
> 如嬰兒至靜而虛，其心之靈，以氣之直上際下，蟠與天無極。〔註243〕

高攀龍言「其心之靈，以氣之直上際下，蟠與天無極。」由此可知「人心」是佔有溝通形上、形下之重要地位。何謂心之「至虛至靈」？高攀龍云：

> 易即人心。今人有以易書爲易，有以卦爻爲易，有以天地法象爲易，
> 皆易也。然與自家身心不相干，所以書自書，卦自卦，天地自天地
> 也。要知此心體便是易。〔註244〕

因爲「太虛元氣」其「至虛至靈」之特色在人身上即是人之「心」，因人心即「易」，所以「太虛元氣」其「至虛至靈」之特色即是「易」之生生作用。所以心之「至虛至靈」之意，即人之心具有「易」之生生作用。何謂性之「有條有理」？高攀龍云：

> 羅整菴曰：聖人所謂太極，乃據易而言之。蓋就實體上指出此理以
> 示人，不是懸空說，此語最精切。〔註245〕

高攀龍藉由羅整菴先生之言說明「太極即易」，而「太極即易」意指「就實體上指出此理以示人」。「太極」即「太虛元氣」其「易」生生次序之「理」。楊愼云：

> 太極在天地之先而不爲先，在天地之後而不爲後，此說精明，可以
> 補注疏之遺。〔註246〕

楊愼認爲「太極」在天地之先卻不言先，此表示「太極」雖爲形上本體層面，

〔註242〕高攀龍：〈未發說〉，《高子遺書·經解類》，（台北，臺灣商務印書館文淵閣四庫全書，民國72年），卷三，頁364。

〔註243〕高攀龍：〈寅直說〉，《高子遺書·經解類》，（台北，臺灣商務印書館文淵閣四庫全書，民國72年），卷一，頁367。

〔註244〕高攀龍：《高子遺書·會語》，（台北，臺灣商務印書館文淵閣四庫全書，民國72年），卷五，頁417。

〔註245〕高攀龍：《高子遺書·語》，（台北，臺灣商務印書館文淵閣四庫全書，民國72年），卷一，頁340。

〔註246〕楊愼：〈太極兩儀〉，《升庵全集》，（台北，臺灣商務印書館，民國57年），卷四一，頁386。

但不爲宇宙造化之本原。而高攀龍有云：

> 中者，天命之性，天命不已，豈有未發之時。蓋萬古流行，而太極
>
> 本然之妙，萬古常寂也，可言不發，不可言未發。〔註247〕

因爲「太極本然之妙，萬古常寂也」，而「太極」又是「理」，所以高攀龍言：「惟天理至靜。」〔註248〕而由此可知人之「天命之性」亦是「太極本然之妙，萬古常寂也」，所以「寂然不動者」之「太極」即是人之「性」。因此高攀龍言：「性者何，天理也。」〔註249〕所以性即「天理」，亦即是「太虛元氣」其「有條有理」之特色，此亦即是「太虛元氣」中「易」生生之「理」。由上可知「有條有理」者所指的是氣中之理，而「氣中之理」即「易」之生生次序；「至虛至靈」者指氣之精靈，即「易」之生生之作用。所以氣之精靈之「至虛至靈」之「易」之生生作用在人爲「心」，氣之「有條有理」之「易」之生生次序在人爲「性」。《高子遺書》云：

> 有友曰：「羅整菴先生言：理氣最分明。云：氣聚有聚之理，氣散有
>
> 散之理，一氣散氣聚而理在其中。」先生曰：如此說也好。〔註250〕

藉由高攀龍贊成羅整菴之言，來說明「理」與「氣」之間之關係。因「太虛元氣」具有「易」之生生作用，而「易」之生生作用即是藉由「氣」之聚散來創生萬物。前有言「理」是「易」之生生次序，此即羅整菴先生所言「氣聚有聚之理，氣散有散之理，氣散氣聚而理在其中」之意。所以高攀龍云：「理之與氣二之固不是，便認氣爲理又不可。」〔註251〕雖然高攀龍藉由羅整菴之言說明「理」與「氣」之間之關係是「理氣最分明」，但是高攀龍又言「理之與氣二之固不是，便認氣爲理又不可。」由此可知高攀龍之意即是「理在氣中」。因爲「理在氣中」之意表示理與氣是「一體」而無罅縫，所以高攀龍言「理之與氣二之固不是」。如羅整菴云：

〔註247〕高攀龍：〈未發說〉，《高子遺書‧經解類》，（台北，臺灣商務印書館文淵閣四庫全書，民國72年），卷三，頁364。

〔註248〕高攀龍：《高子遺書‧語》，（台北，臺灣商務印書館文淵閣四庫全書，民國72年），卷一，頁336。

〔註249〕高攀龍：〈氣心性說〉，《高子遺書‧經解類》，（台北，臺灣商務印書館文淵閣四庫全書，民國72年），卷三，頁365。

〔註250〕高攀龍：《高子遺書‧會語》，（台北，臺灣商務印書館文淵閣四庫全書，民國72年），卷五，頁417。

〔註251〕高攀龍：〈答涇陽論生之謂性〉，《高子遺書‧書》，（台北，臺灣商務印書館文淵閣四庫全書，民國72年），卷八上，頁470。

即氣即理，絕無罅縫。〔註252〕

羅整菴之言乃在說明氣上可以認取理，「理」只是氣之理，因為「理在氣中」，所以「理」與「氣」是無罅縫，而非二。如薛瑄亦云：

> 如人之一身，四肢、百骸，「顯」也。而莫不各有自然之則，所謂「微」也。即顯而微不能外，故曰「無間」。〔註253〕

薛瑄認為「自然之則」之「理」之「微」者與人身「形氣」之「顯」者，兩者是「無間」。而薛瑄又云：

> 理氣本不可分先後，但語其微、顯，則若理在氣先，其實有則俱有，不可以先後論也。〔註254〕

薛瑄認為理、氣關係是「不可分先後」，因為「有則俱有」，所以「顯」之形氣之身與「微」之「理」是一，而不可分為二。因此若就「理在氣中」之理氣關係而言，理與氣間之位階與相互間之意義又為何？王俊彥先生云：

> 理非「超然一物立於地之先以為理」，與形下氣化相對之形上先在者，而是氣本體因「得其理」而成其為生生之氣本體之名，所以凡是氣得其成氣之理便是理，理是氣之所以成氣所依循之理則。〔註255〕

王俊彥先生認為理非「超然一物立於地之先以為理」，而「理」是「氣之所以成氣所依循之理則」。呂緝熙云：

> 朱子認太極為理，故有理生氣說。其認理氣為二，蓋由於此。余謂氣之善處即是理，不惟無形，實亦無物，安能生氣。氣者，生於氣者也。〔註256〕

呂緝熙反對朱子「性即理」之「理生氣」之說，而使「理氣為二」，因為「氣者，生於氣者」，氣之善處才是「理」。而劉又銘先生云

> 對氣本論來說，「理在氣中」卻已是一個最核心的與最根本的表達

〔註252〕羅欽順：〈答林次崖僉憲〉，《困知記‧附錄》，（明嘉靖十六年吳郡陸粲刊本，台北，國家圖書館善本書室），卷下，頁8上。

〔註253〕薛瑄：《薛瑄全集‧讀書續錄》，（山西，人民出版社，1990年8月），卷三，頁1375。

〔註254〕薛瑄：《薛瑄全集‧讀書錄》，（山西，人民出版社，1990年8月），卷二，頁1070。

〔註255〕王俊彥：〈吳廷翰「以氣即理，以性即氣」的思想〉，（台北，《華岡文科學報》，民國86年3月），第二十一期，頁71。

〔註256〕呂緝熙：〈健菴性命理氣說〉，《中國子學名著集成》，（中國子學名著集成編印基金會，民國69年5月），第四十五輯，頁432。

了。可以説，用「理在氣中」來標示氣本論，是相對於理本論的「理。
在氣先」和「理在氣之上」而提出來的。〔註257〕
因此「理在氣中」之思想即標舉高攀龍爲「氣本論」之最佳見證。藉由「理
在氣中」之觀念，高攀龍提出理與氣之關係是「理氣最分明」，即「氣」是本
體，但是「理」是「氣中之理」，而不是本體，所以高攀龍言「便認氣爲理又
不可」。如呂坤云：

　　　天地只是一箇氣，理在氣之中，賦於萬物，方以性言。〔註258〕
高攀龍更進一步詳細地說明何謂「理氣有分」與「理氣非二」。高攀龍云：

　　　靜如是動不如是者，氣靜也。靜如是動亦如是者，理靜也。〔註259〕
高攀龍認爲「氣靜」是「靜如是動不如是者」，即是指動、靜二分之非常清楚
者，此即是形下有限世界。而「理靜」是「靜如是動亦如是者」，即指動與靜
無分，即是形上無限層面。何謂「理靜」？呂坤云：

　　　天地萬物之理，出於靜，入於靜。〔註260〕
呂坤認爲「理」是出入於靜者，「出」指「太虛元氣」創生形氣，「入」指形
氣消散回歸「太虛元氣」。由此可知高攀龍之「理靜」即指「太虛元氣」之「生
理」是氣化不已之道德意識，故出、入皆靜而無動靜之別。而高攀龍言「氣
靜」會誤以爲其把「氣」看成形下有限，「理」是形上無限。但其實不然，因
爲高攀龍在此句話中有許多涵義，首先此處所言之「氣」是指形氣層面之氣。
所以高攀龍除了說明何謂「氣靜」外，又言「理靜」之意，所以高攀龍是以
形氣世界之「氣靜」與「太虛元氣」之「理靜」其兩者之明顯差別來說明「理
氣有分」。而高攀龍又云：

　　　理靜者，理明欲淨，胸中廓然無事而靜也。氣靜者，定久氣澄心氣
　　　交合而靜也。理明則氣自靜，氣靜理亦明，兩者交資互益，以理氣
　　　本非二故。默坐澄心，體認天理，爲延平門下至教也。若徒以氣而
　　　已，動即失之何益哉。〔註261〕

〔註257〕劉又銘：《理在氣中：羅欽順、王廷相、顧炎武、戴震氣本論研究》，（台北，
　　　　　五南圖書出版社，民國89年11月），頁10。
〔註258〕呂坤：〈性命〉，《呻吟語》，（台北，志一出版社，民國83年7月），頁28。
〔註259〕高攀龍：《高子遺書・語》，（台北，臺灣商務印書館文淵閣四庫全書，民國
　　　　　72年），卷一，頁336。
〔註260〕呂坤：〈存心〉，《呻吟語》，（台北，志一出版社，民國83年7月），頁39。
〔註261〕高攀龍：《高子遺書・語》，（台北，臺灣商務印書館文淵閣四庫全書，民國
　　　　　72年），卷一，頁336。

所以高攀龍於此段話則重新詮釋前所言之「理靜」爲形上層面與「氣靜」爲形下層面，兩者雖有所不同，但就形氣之人身而言，卻又可以達到「理靜」之「理氣非二」狀態，何故？因爲高攀龍前所言之「氣靜」是指形下形氣之狀態；「理靜」則是「太虛元氣」之生理，所以有形上、形下「理氣有分」之差別。而此處再以形氣世界形氣之身透過「默坐澄心，體認天理」達到「胸中廓然無事」之「理靜」狀態，來說明「理氣非二」。

　　形上「理靜」如何與形下氣達到「理氣非二」之合一境界？就高攀龍思想而言，天地間充塞者爲氣，所以天地間各形氣皆藉由「太虛元氣」聚散而有所變化，「太虛元氣」透過凝聚之變化而創生萬物，在此過程中，「太虛元氣」內涵中之「理」，凝結成形氣之「理」，「太虛元氣」之「理」與形氣之「理」是一致。所以其實人人身中都有「太虛元氣」之「理靜」爲其「性」之內涵，所以前面高攀龍有云「性者何，天理也」。而「理靜」與「氣靜」之關係，如高攀龍言「理明則氣自靜，氣靜理亦明，兩者交資互益，以理氣本非二故。」那如何達到此「理明氣靜」與「氣靜理明」之「理氣非二」之狀態？高攀龍認爲欲達到此境地須要透過「默坐澄心，體認天理」之修養工夫。而何謂「澄心」？如高攀龍所云：

　　　　心正則氣清，氣清則心正，亦非有二也。〔註262〕

高攀龍認爲「澄心」乃是達到「心正氣清」之境界。因高攀龍云：「氣之精靈爲心，心之充塞爲氣，非有二也。」〔註263〕因爲「心之充塞爲氣」，所以「心正氣清」時，此「心」與「太虛元氣」合一，而形氣之「性」也與「太虛元氣」之「天理」合一。所以形氣之身即可以達到「靜如是動亦如是」眞正「理靜」之狀態，如同「太虛元氣」中「理氣本非二」。因此高攀龍言「若徒以氣而已，動即失之何益哉。」如果形氣之人其行爲不合於「天理」，則會「動即失之」。所謂「動即失之」就如同前所言「靜如是動不如是者」之「氣靜」狀態。所以高攀龍前所言「靜如是動不如是者，氣靜也。靜如是動亦如是者，理靜也。」其第二個意涵是具有人文化成義，當人透過修養工夫，可以將心中同於「太虛元氣」之「天理」之道德內涵表現出來，即可以達到「理靜」

〔註262〕高攀龍：《高子遺書‧講義‧雖存乎仁者節己未》，（台北，臺灣商務印書館文淵閣四庫全書，民國72年），卷四，頁405。

〔註263〕高攀龍：〈雖存乎仁者節〉，《高子遺書‧講義》，（台北，臺灣商務印書館文淵閣四庫全書，民國72年），卷四，頁405。

之「靜如是動亦如是者」的「天人合一」之「理氣非二」狀態。

二、人心之體即天之體

> 如太虛，然四時自行，百物自生，無所不有，實無所有，此所謂天
> 理也。〔註264〕

高攀龍藉由「太虛元氣」之創生萬物，來談「天理」即是「太虛元氣」生生
之理。由「太虛元氣」爲「四時自行，百物自生」可知「天理」就如同「太
虛元氣」一樣是生生不息。因爲「太虛元氣」生生創物，其所創生態度是任
何方向、任何物種都創生，所以可以言其「無所不有」。而「無所不有」亦是
即「無所不在」之意，此即言「天理」具有普遍性。又因爲「太虛元氣」創
生萬物是每一種物都創生，所以高攀龍言「實無所有」，「實無所有」即是「無
所不包」之意，而「實無所有」乃言「天理」是具有無限性。高攀龍云：

> 故萬古不易。謂有不易之易，變易之易是二之也。〔註265〕

前有言「太虛元氣」是「四時自行，百物自生」之「天理」。因爲「太虛元氣」
生生作用稱作「易」，所以高攀龍即是由「易」之生生作用來談「天理」。因
爲傳統言「易」有變易、不易、簡易三個特色。高攀龍在此提出「不易」、「變
易」來說明「易」之生生作用。高攀龍又云：

> 朱子曰：天地間自有一定不易之理，不容毫髮意思安排，不容毫髮
> 意見夾雜，自然先聖後聖若合符節，此究竟處也，所謂天理者如此。
> 〔註266〕

高攀龍藉朱子之言說明「易」之生生作用中「不易」之特色，即是所謂之「天
理」，所以高攀龍前有言「惟天理至靜。」〔註267〕因此「天理」即「易」之生
生作用之條理，而因爲「易」之生生作用是從不停止，因此高攀龍言其具「不
易」之特色，「不易」亦即言「太虛元氣」之「易」生生作用從未改變之意。

〔註264〕高攀龍：〈達巷黨人章〉，《高子遺書・講義》，（台北，臺灣商務印書館文淵閣
　　　　四庫全書，民國72年），卷四，頁388。

〔註265〕高攀龍：《高子遺書・語》，（台北，臺灣商務印書館文淵閣四庫全書，民國
　　　　72年），卷一，頁340。

〔註266〕高攀龍：《高子遺書・語》，（台北，臺灣商務印書館文淵閣四庫全書，民國
　　　　72年），卷一，頁338。

〔註267〕高攀龍：《高子遺書・語》，（台北，臺灣商務印書館文淵閣四庫全書，民國
　　　　72年），卷一，頁336。

高攀龍再由「易」有「簡易」之特色來說明「天理」。高攀龍云：

> 易簡而理得矣，中庸其至矣乎，聖人示人竭盡無餘，天理於此而見。

〔註268〕

高攀龍言「天理」是易簡、中庸。而《高子遺書》云：「彥文問曰：大學『至善』二字，即中庸也。先生曰：然。」〔註269〕由此可知《中庸》與《大學》之旨同爲「至善」，所以天理之「易」、「簡」也是「至善」之意思。何謂「易」、「簡」呢？高攀龍又云：

> 與兄別來略窺得路徑，聖人之學閑邪以存誠，此理眞是易、簡，然
> 卻與世學所謂易、簡者不同。乾之易也以健，坤之簡也以順，益以
> 健順而易簡，非以易、簡廢工夫。若以易、簡爲心，便入異端去矣。

〔註270〕

「此理眞是易簡」指「理」是「易」、「簡」。然而高攀龍又言「然卻與世學所謂易、簡者不同」。所以高攀龍對「易」、「簡」之看法是不能純從傳統《易傳》所言「乾以易知，坤以簡能」之觀點來說明。而《周易本義·繫辭上傳》云：

> 乾之大始，坤作成物，乾以易知，坤以簡能。易則易知，簡則易從。
> 易知則有親，易從則有功。有親則可久，有功則可大。可久則賢人
> 之德，可大則賢人之業。易簡而天下之理得矣。〔註271〕

傳統《易傳》之意即是要形氣之人「心」遵從形上之「易」之「易」、「簡」，而能尊親與成就道德功業。但高攀龍言「若以易、簡爲心，便入異端去矣。」因傳統說法「易」是形上，而人心應依循形上之道行事。但若就高攀龍之思想而言，人之「心」即「氣之精靈」，此意乃言人之「心」中本具有「太虛元氣」之「易」生生作用，不須再由形上之「易」之生生指導人遵行之，而形氣之人「心」自己便會有創生道德之生生主體。所以高攀龍認爲應由「理在氣中」之立場來論何謂「理」之「易」、「簡」。而高攀龍對理之「易」、「簡」解釋爲「乾之易也以健，坤之簡也以順」，所以「易」是指乾之健；「簡」是

〔註268〕高攀龍：《高子遺書·語》，（台北，臺灣商務印書館文淵閣四庫全書，民國72年），卷一，頁338。

〔註269〕高攀龍：《高子遺書·會語》，（台北，臺灣商務印書館文淵閣四庫全書，民國72年），卷五，頁419。

〔註270〕高攀龍：〈與逯確齋〉，《高子遺書·書》，（台北，臺灣商務印書館文淵閣四庫全書，民國72年），卷八上，頁477。

〔註271〕朱熹：《周易本義·繫辭上傳》，（台北，大安出版社，民國88年7月），卷三，頁233。

指坤之順。因爲人性即「理」，表示人之性中即本具有「太虛元氣」生生作用之「易」、「簡」之理。所以高攀龍言「聖人之學閑邪以存誠，此理眞是易、簡」。因此形氣之聖人「易」與「簡」之表現，即是「太虛元氣」之「易」之「易」、「簡」之理，而「易」、「簡」之理即是「至善」。由此可知「天理」即「易」之生生作用中之「不易」與「簡易」之特色。而高攀龍言：「性者何，天理也。」〔註272〕「性」與「天理」是一，而此意謂「性」亦是「生生之理」呢？高攀龍先引用錢啓新之言來說明心與性之關係。《高子遺書》云：

> 人心之體即天之體，本來一物，但其主於我者，謂之心耳。……心性至爲難明，謂之兩物，又非兩物，謂之一物，又非一物，除卻心即無性，除卻性即無心，爲就一物中分剖得兩物出來，方可謂之知性，數語已顛撲不破。吾文謂「心之理便是性」六字，亦顛撲不破矣。〔註273〕

高攀龍認爲「心與性」是「非一」又「非二」，因爲「天地間充塞無間者，惟氣而已，在天則爲氣，在人則爲心。」所以心與性之關係，就如同理與氣之關係，因此高攀龍以爲「心之理便是性」六字，亦顛撲不破矣。高攀龍指出「性」即「心之理」。高攀龍言「人心之體即天之體」，又言「易即人心」，所以形氣之人「心」即具有「太虛元氣」之「易」之生生作用。羅近溪云：

> 天即是乾，而大生並生，無處而不包也。無處不包，則天體無外，天不外乎我，而我獨外乎天哉。無時不運，則乾行不已，乾不能已乎我，而我獨能已乎乾哉！〔註274〕

羅近溪認爲「我」即「天體」，而「天」之「乾」無時不運之生生造物，故「我」亦無時不已。而高攀龍云：

> 客問高子曰：何謂浩然之氣？高子曰：性也。曰：性也，安得謂之氣？曰：養成之性也。性者，生理也。如草木焉，惟有性故忽而根荄，忽而幹葉，忽而花實也。實則成性而復生，或槁之或戕之則靡然委矣。人之於性也亦然，養之暢茂條達，則其氣浩然塞乎天地，

〔註272〕高攀龍：〈氣心性說〉，《高子遺書・經解類》，（台北，臺灣商務印書館文淵閣四庫全書，民國72年），卷三，頁365。

〔註273〕高攀龍：〈荅錢啓新一〉，《高子遺書・書》，（台北，臺灣商務印書館文淵閣四庫全書，民國72年），卷八上，頁480。

〔註274〕羅近溪：《盱江羅近溪先生全集》，（明萬曆十四年戊午劉一焜浙江刊本，台北，國家圖書館善本書室），卷四，頁14。

而性乃成浩然者，人之花而實者也。〔註275〕

因此高攀龍說「性者，生理也。」「性」即「太虛元氣」生生之理。湛甘泉云：

> 若見得自性明白時，氣即是性，性即是氣，原無性氣之可分也。
> 〔註276〕

因「性」之本原即「氣」，而「性」即「太虛元氣」易之生生條理。高攀龍前有言「理氣有分」又「理氣非二」，此意指「理在氣中」之義，故「性在氣中」為氣之生理。所以湛甘泉認為「氣即是性，性即是氣，原無性氣之可分也」。因此高攀龍透過「如草木焉，惟有性故忽而根荄，忽而幹葉，忽而花實也」來具體說明「性」乃生生之理。個人之「性」其氣之生理，可以透過「養」之「變化氣質」而成「人之花而實者」，故可為浩然塞乎天地之完滿之「性」。

三、各物又具一元亨利貞

> 其為物不貳，只是一箇道理。惟其一所以生物不測，為不測故神，所謂易也。故程夫子則曰：其體則謂之易，其理則謂之道，其用則謂之神，其命於人則謂之性。〔註277〕

高攀龍認為「為物不貳」乃指天道之理與天道之德，因為天道專心創生萬物是永不停止，且其所生之物皆是道德之事物。而「生物不測」即天道之生生作用，因為天道創生萬物是任何可能性都會創生，無法預測其下一步會創造何種物來，所以稱天道之生生為「神」，「神」乃指其生生作用是神妙而不可測。由前所言「為物不貳」之天道之理、天道之德與「生物不測」天道之生生，合而言之則為「易」。所以「易」乃天道生生不斷地創造萬物，任何可能性皆會創造。此外天道會使其所創生之萬物皆合於道德。「易」再以此「為物不貳」、「生物不測」為其不易之「理」。天道之「理」命於人身者則謂之「性」。高攀龍云：

> 同是一箇命，理一分殊。一者，千萬人、千萬世是一箇；殊者，一人是一箇。〔註278〕

〔註275〕高攀龍：〈三勿居說〉，《高子遺書・經解類》，（台北，臺灣商務印書館文淵閣四庫全書，民國72年），卷三，頁370。

〔註276〕湛甘泉：《甘泉全集・湛甘泉先生文集》，（清同治五年資政堂本，台北，臺灣大學圖書館善本書室），卷中，頁85。

〔註277〕高攀龍：《高子遺書・會語》，（台北，臺灣商務印書館文淵閣四庫全書，民國72年），卷五，頁416。

〔註278〕高攀龍：〈盡其心者三章〉，《高子遺書・講義》，（台北，臺灣商務印書館文淵

「性」乃人所受於天之「命」者，但「性」又有「理一」與「分殊」之別。「理一」者，即「千萬人、千萬世是一箇」即言從古至今，人人性中本具「太虛元氣」之易生生之理之內涵；「分殊」者，即是特定時空中，個人之性中所具有「太虛元氣」之易生生之理之內涵。看似頗合朱子「理一分殊」之意思。先論朱子「理一分殊」。朱子云：

> 伊川說得好，曰：「理一分殊。」合天地萬物而言，只是一箇理；及在人則又各自有一箇理。〔註279〕

> 理只是這一個，道理則同，其分不同，君臣有君臣之理，父子有父子之理。〔註280〕

朱子「理一分殊」之意乃針對天地萬物而言，只有一個形上之「理一」，須藉由「陰陽二氣」相盪相摩化生萬物，而形下形氣之萬物中則又各具一「物之所以然」之共同的形式之理。所以朱子理與氣之關係乃「不離不雜」。張立文云：

> 譬如房子有廳有堂，只是一個理，樹木有桃樹李樹，只是一個理，人有張三李四，只是一個理。即使「理」與「氣」同在一個事物之中，兩者的地位和作用也是不同的，張三所以是張三，李四所以是李四，是由理決定的。所以說，理是生物的本原，決定事物的性質；氣是構成萬物具體材料，決定事物的形狀。〔註281〕

張立文以為朱子所言主宰形氣能夠具體生化萬物成各個不同之物質，是由形上具有無限本體義之「生物的本原」之「理」，亦即萬物雖各不同，但是萬物皆有萬物之所以不同之「所以然之理」。而朱子「所以然之理」，其意義為何？牟宗三先生云：

> 此言「大頭腦處」、「大總腦處」，即客觀地說的「總會處」，此即是太極。從下面節節推上，到最後的普遍之理，便是太極。從太極處，再節節下推，「必能見得天下許多道理條件皆自此出」，「下面節節只是此理散為萬殊」。節節推上並不是憑空推上，自有一個可以推上的契機，此即呈現在眼的事事物物之「然」，「然」必有其「所以然」。

閣四庫全書，民國72年），卷四，頁407。
〔註279〕朱熹著，黎靖德編：《朱子語類》，（台北，文津出版社，民國75年12月），卷一，頁2。
〔註280〕朱熹著，黎靖德編：《朱子語類》，（台北，文津出版社，民國75年12月），卷六，頁99。
〔註281〕張立文：《朱熹思想研究》，（台北，谷風出版社，民國75年10月），頁95。

如是，就特殊而具體的「然」，便見到「所以然」的普遍之理，此即
是「窮在物之理」。〔註282〕

此即牟宗三先生解釋何謂「所以然之理」。再來看高攀龍對「理一分殊」之看
法。高攀龍云：

凡人之言合者，必二物也。本離而合之之謂合，本合則不容言合也。
天下之物有萬而理則一，無體用、無顯微、無物我、無內外，一以
貫之者也。〔註283〕

高攀龍之「理一分殊」與朱子之「理一分殊」意義不同。朱子之「理一分殊」
是「理氣不離不雜」，此即高攀龍所言之「凡人之言合者，必二物也。本離而
合之之謂合。」高攀龍之「理一分殊」是「本合則不容言合」之理、氣關係。
其一，高攀龍以為「合」乃為二物相合之意，因為二物才言合。因此「本離
而合之之謂合」是指兩物之本質不同，所以言合；而「本合則不容言合」，則
是兩物之本質皆同，所以不容言合。其二，高攀龍又言「天下之物有萬而理
則一，無體用、無顯微、無物我、無內外，一以貫之者也。」此乃高攀龍對
「理一分殊」之看法，高攀龍與朱子最大不同點在於朱子乃以「理」為創生
萬物之形上主體，「氣」為形下化生萬物之材質；高攀龍則明白說出「天地之
先，惟斯一氣。」〔註284〕以「太虛元氣」凝結化生萬物，而所以凝成之「理」，
即是元氣內在生化之理則，故「理」、「氣」本質同而不可言合。高攀龍前所
言「一者，千萬人、千萬世是一箇；殊者，一人是一箇。」其意指「本合則
不容言合」之「理一分殊」。

高攀龍思想另一特色，則是將「太虛」本體之內涵放在形氣之物中來談。
因此「理一」不是指形上「太虛之理」，而是由形下「千萬人」與「千萬世」
之總合，來論何謂形氣中具有普遍性與無限性之「理一」，亦即是「天下之物
有萬而理則一」之意。但因形氣世界中除了有具有普遍性與無限性之「理一」
外，還有各形氣之間之個別存在「萬殊」之理，此即高攀龍所謂之「殊者」。
「殊者」是朱子所言「及在人則又各自有一箇理。」

〔註282〕牟宗三：《心體與性體》》，（台北，正中書局，民國85年2月），第三冊，頁
360。
〔註283〕高攀龍：〈陽明說辨三〉，《高子遺書・經解類》，（台北，臺灣商務印書館文淵
閣四庫全書，民國72年），卷三，頁374。
〔註284〕高攀龍：〈寅直說〉，《高子遺書・經解類》，（台北，臺灣商務印書館文淵閣四
庫全書，民國72年），卷一，頁367。

　　若就形氣時間與空間總合而言，則「千萬人」、「千萬世」只是一個「理一」；但就各個形氣之身而言，則因形氣各有不同而各具一「理」。高攀龍認爲形氣層面之「氣化世界」亦具有無限性與普遍性之共同「理一」，此即由「太虛元氣」之「理一」凝結成各物「殊者」中之「理一」，但各物「殊者」中之「理一」之總合，即成形氣層面之「氣化世界」。而此由萬物所組成之形氣層面之「氣化世界」，則具有一個普遍性與無限性之「理一」。如高攀龍所云：

> 生生之謂易，無刻不生則無刻不易，無刻不易則無刻不逝，所謂造化密移是也。在天地如此，在人身如此，在物物如此，但不可得而見，可見者如川流，故聖人指以示人，云：如斯者，正謂物物如斯也，此是人的性體。〔註285〕

「太虛元氣」透過「生生之易」之創生作用化生天地間之萬物，而高攀龍言「物物如斯」即「在天地如此，在人身如此，在物物如此」，此意即言各物皆具有太虛之理之內涵，亦即爲人之「性體」，如高攀龍所言：「性者何，天理也。天理者，天然自有之理，非人所爲。」〔註286〕而高拱亦云：

> 使有物而無則是器之離乎道也，而何以爲情乎？所以天之生人，有是物必有是則，乃其所爲主者也。〔註287〕

高拱以爲「道」在「器」中，故「物」皆具其則，人則有「性」爲其主體。高攀龍又云：

> 龍謂天地間物莫非陰陽五行，五行便是五色，便有五味，各自其所秉，紛然不同，故無足異至發之先後。蓋天地間有一大元亨利貞，各物又具一元亨利貞，雜然不齊良有以也。〔註288〕

「蓋天地間有一大元亨利貞，各物又具一元亨利貞」即朱子所言之「通體一太極，物物一太極」之意，朱子云：

> 太極只是天地萬物理。在天地言，則天地中有太極；在萬物言，

〔註285〕高攀龍：〈子在川上章〉，《高子遺書・講義》，（台北，臺灣商務印書館文淵閣四庫全書，民國72年），卷四，頁391。

〔註286〕高攀龍：《高子遺書・會語》，（台北，臺灣商務印書館文淵閣四庫全書，民國72年），卷五，頁416。

〔註287〕高拱：《程士集》，（明嘉靖年間吉水廖如春校刊本，台北，國家圖書館善本書室），卷二，頁6。

〔註288〕高攀龍：〈荅顧涇陽先生論格物四〉，《高子遺書・書》，（台北，臺灣商務印書館文淵閣四庫全書，民國72年），卷八上，頁468。

則萬物中各有太極。〔註289〕

太極只是箇極好至善底道理。人人有一太極,物物有一太極。〔註290〕

高攀龍言「天地間有一大元亨利貞」即朱子所謂「通體一太極」,亦即是前所言「理一」;高攀龍又言「各物又具一元亨利貞」即朱子所謂「物物一太極」,亦即高攀龍前所言之「殊者」。如呂緝熙云:

太極者,萬化之原,氣之所從出。凡物上溯之而至於盡,則名曰極。易稱太極,是由儀象未分之始,指其渾然之體,蓋無可名之耳。方其未分,一氣渾淪,則一理渾淪,判爲陰陽,則健順之理著,分爲五行,則五常之理著,散爲萬殊,則萬事之理著。〔註291〕

呂緝熙認爲「太極」是「萬物本原」之「理一」,一氣渾淪則一理渾淪。當氣生化萬物,則此「理一」之「太極」會隨氣化而爲五常之理著,即散爲萬殊則爲萬事之理。而高攀龍重新詮釋朱子「通體一太極,物物一太極」之意,其由形氣中所具有之「元亨利貞」與「天地之氣」之具體形氣來說明,此更能表現高攀龍所著重者乃形氣主體義之精神。所以高攀龍並非如朱子由形上之「太極」之理之進程來說明。但高攀龍言「龍謂天地間物莫非陰陽五行,五行便是五色,便有五味,各自其所秉,紛然不同,故無足異至發之先後。」故高攀龍乃以「一氣」貫通形上形下世界,即形上有「太虛元氣」,形下有「形氣」。而各個形氣皆是由「太虛元氣」凝結成萬物時,將「太虛元氣」其「易」之生理之道德內涵亦爲凝成形氣之「性」之內涵,此乃人人所具有共通之「元亨利貞」。但是「太虛元氣」化生萬物亦透過陰陽偏勝而化生成各種不同樣貌、種類之形氣,故各形氣亦有其特殊性。各物之特殊性即「龍謂天地間物莫非陰陽五行,五行便是五色,便有五味,各自其所秉,紛然不同」之意。如高攀龍云:

性者,萬物之一原,安有不同。……在天爲命,在人、物爲性,一也。然以命言,則萬物一原;以性言,則有稟受之不同,故人得之而爲人之性,犬牛得之而爲犬牛之性,非性異也。形既異,則氣爲形拘,有不得不異者,所謂纔說性時,便已不是性者,謂落在形氣

〔註289〕朱熹著,黎靖德編:《朱子語類》,(台北,文津出版社,民國75年12月),卷一,頁1。

〔註290〕朱熹著,黎靖德編:《朱子語類》,(台北,文津出版社,民國75年12月),卷九十四,頁2371。

〔註291〕呂緝熙:〈健菴性命理氣說〉,《中國子學名著集成》,(中國子學名著集成編印基金會,民國69年5月),第四十五輯,頁432。

中也。仁、義、禮、智，人與物一也，形氣異，是以有偏、全、明、
晦之異，故曰：論性不論氣不備，論氣不論性不明。理之與氣二之
固不是，便認氣爲理又不可。〔註292〕

高攀龍以爲「在天爲命，在人、物爲性，一也。然以命言，則萬物一原；以
性言，則有稟受之不同。」高攀龍所謂「在天爲命，在人、物爲性，一也。」
亦即是「蓋天地間有一大元亨利貞，各物又具一元亨利貞」之意。而其又言
「然以命言，則萬物一原；以性言，則有稟受之不同。」高攀龍認爲以天所
命言之，即「萬物一原」，此意指萬物皆具有天所命之「元亨利貞」道德主體
義，亦即「仁、義、禮、智，人與物一也」之共通性；若就各物分殊之性言
之，則是「稟受之不同」，此即「形氣異，是以有偏、全、明、晦之異」之特
殊性，此即高攀龍對「形氣」之定義，因爲形氣有偏、全、明、晦之異，所
以各個形氣都各具特色而各有獨特價值。前有言「雜然不齊良有以也」，其言
「雜然不齊」是指各物之形體各有其形，但卻是「良有以也」，因各物皆有一
「元亨利貞」之道德主體。王廷相云：

天地之間，一氣生生，而常，而變，萬有不齊，故氣一則理一，氣
萬則理萬。天有天之理，地有地之理，人有人之理，物有物之理，
各各差別。統而言之，皆氣之化，大德敦厚，本始一元也；分而言
之，氣有百昌，大德川流，各正性命也。氣有常有不常，則道有變
有不變，一而不變不足以該之。〔註293〕

王廷相所言「天有天之理，地有地之理，人有人之理，物有物之理，各各差別。
統而言之，皆氣之化，大德敦厚，本始一元也。」即高攀龍所謂「在天爲命，
在人、物爲性，一也。」而王廷相又言「分而言之，氣有百昌，大德川流，各
正性命也。」此即高攀龍所謂「以性言，則有稟受之不同。」因此高攀龍言「論
性不論氣不備，論氣不論性不明。理之與氣二之固不是，便認氣爲理又不可。」
高攀龍認爲須透過「太虛元氣」來論「性」才可以全面完備而無疏漏之處。因
高攀龍並非朱子「理氣不離不雜」之「性即理」之理本論進路來說明理氣間之
關係；而高攀龍是由「本合不容言合」之「以氣爲本」之氣本論之學術立場，
來說明理氣間之關係。所以高攀龍認爲論「性」須由以氣爲主體之學術立場來

〔註292〕高攀龍：〈荅涇陽論生之謂性〉，《高子遺書・書》，（台北，臺灣商務印書館文
　　　　淵閣四庫全書，民國72年），卷八上，頁470。
〔註293〕王廷相：《王廷相集》，（北京，中華書局，1989年9月），頁849。

談，才可以將「性」之內涵談論完善。而理氣之間之關係則是以「理在氣中」之以「氣」爲本體，而「理」爲氣中之理之角度，才符合高攀龍所言「理之與氣二之固不是，便認氣爲理又不可。」《高子遺書》云：

> 龍敬問先生曰：此一草一木與先生有關否？若不相關，便是漠然與物各體，何以爲仁。不仁何以心說得正，意說得誠，樂意相關禽對語，生香不斷樹交花所以爲善，形容浩然之氣，所以不可不理會也。
> 〔註294〕

「此一草一木與先生有關否？」此「一草一木」乃言現實形氣世界。「若不相關，便是漠然與物各體」先生若與草木不相關，則「漠然與物各體」，意指人和物有所不同，此乃違反高攀龍所謂「仁、義、禮、智，人與物一也」之人物相關之原則，因此高攀龍言「若不相關，便是漠然與物各體，何以爲仁。」由此可知「仁」乃物、我本具，所以「仁」本然應該無所不在，若不是即是不仁，則心如何說的正？意如何說的誠？因爲「浩然之氣」即是草木、即是先生，所以先生與草木是有所關聯，其有關聯之因在於一草一木皆「浩然之氣」所生，先生亦爲「浩然之氣」所生，故「浩然之氣」是先生與草木生命之本質。如朱子云：

> 一草一木皆天地和平之氣。〔註295〕

因此由「客問高子曰：何謂浩然之氣？高子曰：性也。曰：性也。」〔註296〕可知高攀龍所言「樂意相關禽對語，生香不斷樹交花所以爲善，形容浩然之氣，所以不可不理會也。」此「浩然之氣」之生生即表現集創造先生與草木等不同之形氣，而各形氣中皆具「浩然之氣」之道德主體，此及「氣本論」之「萬物各具主體義」。故先生、草木皆爲具「浩然之氣」主體義之道德形氣。所以言「浩然之氣」即是「各氣是一」，「各氣是一」之意乃在說明各氣皆是具有「一元亨利貞」之主體義之道德形氣。所以高攀龍在此提出「浩然之氣」是須在「各氣是一」上論述之觀念。如劉宗周云：

> 惟天太虛萬物皆受鑄於虛，故皆有虛體，非虛則無以行氣，非虛則

〔註294〕高攀龍：〈荅顧涇陽先生論格物四〉，《高子遺書・書》，(台北，臺灣商務印書館文淵閣四庫全書，民國72年)，卷八上，頁468。

〔註295〕朱熹著，黎靖德編：〈性理一〉，《朱子語類》，(台北，文津出版社，民國75年12月)，卷四，頁56。

〔註296〕高攀龍：〈三勿居說〉，《高子遺書・經解類》，(台北，臺灣商務印書館文淵閣四庫全書，民國72年)，卷三，頁370。

無以藏神，非虛則無以通精，即一草一木皆然，而人心爲甚，人心
渾然一天體。〔註297〕

劉宗周亦認爲「萬物各具主體義」，因爲萬物皆受鑄於「太虛」之「虛」爲其
主體，草木皆然。而高攀龍又云：

心非內也，萬物皆備於我矣；物非外也，糟粕煨燼無非教也。夫然
則物即理，理即心，而謂心理可析，格物爲外乎。天下之道，貞於
一，而所以害道者二，高之則虛無寂滅，卑之則功利詞章。〔註298〕

「心非內也」高攀龍之意乃爲言「心也非外」，而「心也非外」之意則是「心」
之道德主體並不只在我生命內在而已，「心」之道德主體亦當然存在我生命之
外在之萬事萬物中。所以此「心」在我生命內外在皆有，故此「心」當然是
無限大之心。如高拱云：

人心虛靈不昧，都有箇自然的知識，天下事物不齊，都有箇當然的
道理，這心雖在內，其知實周於物，那物雖在外，其理實具於心。
惟於物之理有未窮，故其心之知有不盡也。〔註299〕

高拱以爲「物」之當然之理即「心之理」，故「心」於我之內外在皆具。「物
非外也」其意思是「物非內也」，因爲傳統說法物本來都是在外，今說「物非
外」，表示我生命中也有物。「心非內也」與「物非外也」合而言之即「心物
是一」，此是就由「仁、義、禮、智，人與物一也」來說。「然則物即理，理
即心」此句指「心、物、理是一」。「物即理」因物之理爲「理」；「理即心」
是因爲「心」是「氣之精靈」，〔註300〕所以「心即氣」。而「理」是氣中之理，
因此「理」亦爲心中之理，此即「理即心」之意。高攀龍又言「而謂心理可
析，格物爲外乎。」因爲高攀龍認爲「心、物、理是一」即「萬物皆備於我
矣」所以格物並不用外求，因爲我心之理與物之則皆同於「太虛元氣」之生
理。但若言心與理爲二，則格物就成外求於物。高攀龍又云「天下之道，貞
於一，而所以害道者二，高之則虛無寂滅，卑之則功利詞章」。因爲其言「心、

〔註297〕劉宗周：《劉宗周全集》，（台北，中央研究院中國文哲研究所籌備處，民國
　　　　86年6月），頁643。
〔註298〕高攀龍：〈王文成公年譜序〉，《高子遺書·序》，（台北，臺灣商務印書館文淵
　　　　閣四庫全書，民國72年），卷九上，頁545。
〔註299〕高拱：《程士集》，（明嘉靖年間吉水廖如春校刊本，台北，國家圖書館善本書
　　　　室），卷二，頁4左。
〔註300〕高攀龍：〈雖存乎仁者節〉，《高子遺書·講義》，（台北，臺灣商務印書館文淵
　　　　閣四庫全書，民國72年），卷四，頁405。

物、理是一」而使「萬物皆備於我」，此即可達到「天下之道，貞於一」之圓滿境界。但是若天下之道不貞於一，就會有害道之情況產生。而害道者有二，其一即是「高之則虛無寂滅」此指佛家之害；其二即是「卑之則功利詞章」此言功利詞章雖卑亦危害道。高攀龍又云：

> 求諸理又豈有內外之可言哉。在心之理，在物之理，一也。天下無
> 性外之物，無心外之理，猶之器受日光，在彼、在此，日則一也。
> 不能析之爲二，豈待合之，而始一也。陽明亦曰：理無內外，性無
> 內外，故學無內外。〔註301〕

高攀龍前有言「性者，理也。」，而其又言「仁、義、禮、智，人與物一也」，因此「在心之理」指天所命於人之「性」；「在物之理」指天所命於物之則，因爲天所命於人之「性」與天所命於物之則，皆具有「仁、義、禮、智」。所以高攀龍言「在心之理，在物之理，一也。」又因爲前有言「心、物、理是一」即「萬物皆備於我矣」。如湛甘泉云：

> 心與天下不可分內外，稍云求之本心，又云由內，便有外物之弊。
> 心體物而不遺，何往非心，此理一也。〔註302〕

高攀龍言「天下無性外之物，無心外之理」，即萬物皆有具主體義的「仁、義、禮、智」之性；「心」中即包含人之「性」與物之「理」。所以說「猶之器受日光，在彼、在此，日則一也。不能析之爲二，豈待合之，而始一也。」心與理之關係，就如同前所言氣與理之關係，因爲「天地間充塞無間者，惟氣而已，在天則爲氣，在人則爲心。」〔註303〕「心」是「氣在人者」，所以「理」是心之「理」，亦即是「理在心中」。而高攀龍引王陽明之言說明之，而「陽明亦曰：理無內外，性無內外，故學無內外……」此段話即高攀龍所云：

> 理者，天理也。理非良知而何，或疑文成格物爲虛玄之物，不知各
> 得其正。正者，物則也。物則非天理而何。〔註304〕

高攀龍認爲「理非良知而何」，此指「天理」即王陽明之「良知」。如王艮云：

〔註301〕高攀龍：〈陽明說辨三〉，《高子遺書・經解類》，（台北，臺灣商務印書館文淵閣四庫全書，民國72年），卷三，頁374。

〔註302〕湛甘泉：《甘泉全集・湛甘泉先生文集》，（清同治五年資政堂本，台北，臺灣大學圖書館善本書室），卷七，頁7。

〔註303〕高攀龍：〈雖存乎仁者節〉，《高子遺書・講義》，（台北，臺灣商務印書館文淵閣四庫全書，民國72年），卷四，頁405。

〔註304〕高攀龍：《高子遺書・箚記》，（台北，臺灣商務印書館文淵閣四庫全書，民國72年），卷二，頁345。

> 天理者，天然自有之理也。良知者，不學而知、不學而能者也。惟
> 其不慮而知、不學而能，所以爲天然自有之理。惟其天然自有之理，
> 所以不慮而知、不學而能也。〔註305〕

王艮之學術理論仍是由王陽明言「良知」而來，故其言「良知」即是「天理」
之「天然自有之理」。但是因爲王陽明言「格物」之「格」，其將之釋爲「正」。
但高攀龍則詮釋「正」爲「各得其正」，而「正」即「物則」，所指者爲「物
之最洽當之狀態」。故其又云「物則非天理而何」，由此可知物之最恰當之狀
態乃是「物則」即「天理」。所以高攀龍云：

> 天下之理無內外、無鉅細，自吾之性情以及一草一木，通貫只是一
> 理，見有彼此，便不可謂盡心知性。〔註306〕

高攀龍明白地說出「人身與草木之關係」是「自吾之性情以及一草一木，通
貫只是一理」。《朱子語類》云：

> 問：「枯槁有理否？」曰：「才有物，便有理」。〔註307〕

朱子亦認爲「理」是遍布萬事萬物，「理」是人物同得於天者。而高攀龍言「天
下之理無內外、無鉅細」，此即前所言「各物又具一元亨利貞」，亦爲「浩然
之氣各氣是一」之意。由此更顯示高攀龍重形氣本具「太虛元氣」之主體義，
連形氣世界之萬物都與以尊重之態度，所以高攀龍希望形氣世界之品物川
流，皆爲「太虛元氣」之生生道德的具體展現。

　　此外高攀龍亦重視「形氣」之間之特殊性，即前所言「以性言，則有稟
受之不同，故人得之而爲人之性，犬牛得之而爲犬牛之性，非性異也。形既
異，則氣爲形拘，有不得不異者，所謂纔說性時，便已不是性者，謂落在形
氣中也。」高攀龍認爲當吾人談到「性」時，其實已經不是人生而靜以上之
形上「太虛元氣」之「太極」天理。

　　因爲「太虛元氣」凝結成形下具體形氣時才是稱「性」。故高攀龍言「性」
即「氣質之性」，非有一「氣質之性」外的「天地之性」。如呂坤云：

> 氣質亦天命於人，而與生俱生者，不謂之性可乎？〔註308〕

〔註305〕王艮：〈天理良知說〉，《王心齋全集・雜著》，（日本嘉永元年刊本，台北，廣
　　　　文書局，民國76年3月），卷四，頁6。

〔註306〕高攀龍：〈荅顧涇陽先生論格物　一〉，《高子遺書・書》，（台北，臺灣商務印
　　　　書館文淵閣四庫全書，民國72年），卷八上，頁466。

〔註307〕朱熹著，黎靖德編：〈性理一〉，《朱子語類)》，（台北，文津出版社，民國75
　　　　年12月），卷四，頁61。

「氣質之性」因爲會受到「形氣異，是以有偏、全、明、晦之異」之影響，所以萬物之「氣質之性」有「稟受之不同」。如朱子云：

> 人物之生，其賦形偏正，固自合下不同，然隨其偏正之中，又自有清濁昏明之異。〔註309〕

但是高攀龍認爲「形氣異」之萬物有偏、全、明、晦之不同，更可表現其「氣質之性」是各具特色與價值。雖然「氣質之性」是「雜然不齊」但他們卻有「良有以也」之「太虛元氣」之「元、亨、利、貞」與「仁、義、禮、智」，共同爲其「氣質之性」之本質。如《朱子語類》云：

> 問：「性具仁義禮智？」曰：「此猶是說『成之者性』。上面更有『一陰一陽』，『繼之者善』。只一陰一陽之道，未知做人做物，已具是四者。」〔註310〕

然而，當「氣質之性」之純善本質之「仁、義、禮、智」透過各個「形氣異」具特色之氣質，使每一個形氣「踐其形」盡心表現其「氣質之性」本質之「仁、義、禮、智」，即可以達到形氣世界之品物川流具體表現，都合乎「太虛元氣」之道德內涵，此即是「太和世界」。故高攀龍言「見有彼此，便不可謂盡心知性」。如同前其所言「千萬人、千萬世是一箇」之「理一」使「天下之道，貞於一」之境界。

四、天理即至善

（一）天理即至善

> 大哉乾乎，剛健、中正、純粹，精也。此所謂至善。朱子謂純乎天理，而無一毫人欲之私，最盡。〔註311〕

高攀龍言「乾」之「剛健、中正、純粹」即是朱子所言之「天理」。如《易‧繫辭上傳》云：

〔註308〕呂坤：〈論性〉，《呂新吾全書‧去僞齋文集》，（彙集明萬曆至清康熙刊本，台北，國家圖書館善本書室），卷六，頁27。

〔註309〕朱熹著，黎靖德編：〈性理一〉，《朱子語類》，（台北，文津出版社，民國75年12月），卷四，頁56。

〔註310〕朱熹著，黎靖德編：〈性理一〉，《朱子語類》，（台北，文津出版社，民國75年12月），卷四，頁56。

〔註311〕高攀龍：《高子遺書‧語》，（台北，臺灣商務印書館文淵閣四庫全書，民國72年），卷一，頁340。

> 夫乾，其靜也專，其動也直，是以大生焉。夫坤，其靜也翕，其動
> 也闢，是以廣生焉。〔註312〕

「翕」即「闔」也。而「易」藉由「一乾一坤」之「一闔一闢」來廣生萬物，
故無一物不被「易」之生生作用所創生。而高攀龍又言「大哉乾乎，剛健、
中正、純粹，精也。此所謂至善。」表示「易」之生生即「至善」之意。而
高攀龍引朱子之言論「至善」即「純乎天理」，如其所云：「所謂至善也。此
是一塵不到，萬理明淨之境。」〔註313〕所以「天理」之「萬理明淨之境」即
「至善」，所以「天理」之內涵即是「至善」即是「純乎天理」之「剛健、中
正、純粹」。高攀龍云：

> 如太虛，然四時自行，百物自生，無所不有，實無所有，此所謂天
> 理也。〔註314〕

高攀龍言「天理」即「太虛」之生理，而前有言「理」是「氣中之理」，故「理」
即「太虛元氣」之「易」中之「生理」。唐鶴徵亦云：

> 盈天地之間，一氣而已，生生不已皆此也。乾元也，太極也，太和
> 也，皆氣之別名也。自其分陰分陽，千變萬化，條理精詳，卒不可
> 亂，故謂之理〔註315〕

唐鶴徵認爲「理」乃「太虛元氣」易之生生「乾元」氣化之「太極」。攀龍又
云：

> 生生之謂易，無刻不生則無刻不易，無刻不易則無刻不逝，所謂造
> 化密移是也。在天地如此，在人身如此，在物物如此，但不可得而
> 見，可見者如川流，故聖人指以示人，云：如斯者，正謂物物如斯
> 也，此是人的性體。〔註316〕

高攀龍其意指太虛之「易」生生形氣萬物，萬物即繼承此太虛生生之易之內

〔註312〕 朱熹：《周易本義·繫辭上傳》，（台北，大安出版社，民國 88 年 7 月），卷三，
　　　　 頁 239。
〔註313〕 高攀龍：〈荅吳百昌中翰〉，《高子遺書·書》，（台北，臺灣商務印書館文淵閣
　　　　 四庫全書，民國 72 年），卷八上，頁 500。
〔註314〕 高攀龍：〈達巷黨人章〉，《高子遺書·講義》，（台北，臺灣商務印書館文淵閣
　　　　 四庫全書，民國 72 年），卷四，頁 388。
〔註315〕 唐鶴徵：〈桃溪箚記〉，《明儒學案·南中王門學案二》，（北京，中華書局，1985
　　　　 年），卷二十六，頁 607。
〔註316〕 高攀龍：〈子在川上章〉，《高子遺書·講義》，（台北，臺灣商務印書館文淵閣
　　　　 四庫全書，民國 72 年），卷四，頁 391。

涵，人爲其性，物爲其理。湛甘泉云：

> 性以理言，言天道。〔註317〕

湛甘泉認爲「性」即天理，因爲其所言「理」是指「天道」之生理。所以高攀龍言「在天地如此，在人身如此，在物物如此」。高攀龍云：

> 天理者，天然自有之理，天得之爲天，地得之爲地，人得之爲人，無所增於聖，無所減於凡，無所生於古，無所降於今者也。誠者，誠此；敬者，敬此；格物者，格此；明此而後知俗儒之所蔽，佛氏之所亂，一膜而千里也。〔註318〕

高攀龍認爲「天理」即易之生生萬物之「天然自有之理」，此即說明形氣世界之品物川流之形氣之理，皆由「太虛元氣」理之內涵而來，於現實世界中各成形氣之「天然自有之理」，造成森羅萬象之氣化世界。此即高攀龍重視形氣世界之論證。高攀龍言「天得之爲天，地得之爲地，人得之爲人」，而天、地、人內涵中完全具足「天理」之「剛健、中正、純粹」之「至善」內涵，所以「無所增於聖，無所減於凡，無所生於古，無所降於今者也。」呂緝熙云：

> 宇宙間只是一氣而已，天得之爲天，地得之爲地，自天賦之則曰命，自人稟之曰性。發於事業則曰道，合乎當然則曰理，皆一氣爲之。
> 〔註319〕

呂緝熙認爲人稟之性是「太虛元氣」之「天理」，人稟之命是「太虛元氣」之「天命」。所以高攀龍又云：

> 有物必有則。則者，至善也。窮至事物之理，窮至於至善處也。
> 〔註320〕

「太虛元氣」之「易」生化萬物並使各物有其理，此即所謂「有物必有則。」因此「則」即物之「理」。因爲前有言「天得之爲天，地得之爲地，人得之爲人」，因爲人之內涵是符合「天理」其「剛健、中正、純粹」之「至善」內涵。因此高攀龍又補充說明「物」之部分亦是如此。所以「則者，至善也。」即

〔註317〕湛甘泉：《甘泉全集・湛甘泉先生文集》，（清同治五年資政堂本，台北，臺灣大學圖書館善本書室），卷二三，頁1。

〔註318〕高攀龍：〈程朱關里志序〉，《高子遺書・序》，（台北，臺灣商務印書館文淵閣四庫全書，民國72年），卷九上，頁543。

〔註319〕呂緝熙：〈健菴性命理氣說〉，《中國子學名著集成》，（中國子學名著集成編印基金會，民國69年5月），第四十五輯，頁435～436。

〔註320〕高攀龍：《高子遺書・語》，（台北，臺灣商務印書館文淵閣四庫全書，民國72年），卷一，頁331。

物之「則」亦是繼承「太虛元氣」之「易」生生之德之「至善」而來。所以物之「則」亦是「至善」。而「太虛元氣」之「易」之生生除了生出天、地、人之外，還有萬物。因高攀龍前有言「性者，生理也。」〔註321〕那人性生生之理之具體內涵又為何？

（二）性者天理

不識天理，不識性為何物矣。是儒者至善極處，是佛氏毫釐差處。
〔註322〕

高攀龍先肯定人之性即「天理」，亦即「至善」，所以人之「性」之內涵乃「天理」之內涵。高攀龍又云：

仁是生生之理，充塞天地人身，通體都是，何曾有去來，有內外；
自人生而靜以後，誘物為欲，遂認欲為心，迷不知反耳。〔註323〕

因為前已有言天、地、人內涵中皆完全具足「天理」其「剛健、中正、純粹」之「至善」之內涵。但此處高攀龍又言「仁是生生之理，充塞天地人身，通體都是，何曾有去來，有內外。」所謂「仁是生生之理」乃在說明人之性之生理之內涵即「仁」。由「自人生而靜以後，誘物為欲，遂認欲為心，迷不知反耳。」可知人性之「仁」乃因被物欲所誘，心就認欲為其主，所以迷失其本心之仁性。由此可知「人生而靜」之時，即人一出生，未被物欲誘惑之前「性」是符合「至善」之「仁」之生生之理。因為人之性之內涵是直承「太虛元氣」之內涵而來，當人性中存有仁德，亦表示「天理」中亦具此仁德。所以天理之內涵除了「剛健、中正、純粹」外，又可以加上「仁」。高攀龍云：

性者，萬物之一原，安有不同。……在天為命，在人、物為性，一也。然以命言，則萬物一原；以性言，則有稟受之不同，故人得之而為人之性，犬牛得之而為犬牛之性，非性異也。形既異，則氣為形拘，有不得不異者，所謂纔說性時，便已不是性者，謂落在形氣中也。仁、義、禮、智，人與物一也，形氣異，是以有偏、全、明、晦之異，故曰：論性不論氣不備，論氣不論性不明。理之與氣二之

〔註321〕高攀龍：〈三勿居說〉，《高子遺書·經解類》，（台北，臺灣商務印書館文淵閣四庫全書，民國72年），卷三，頁370。

〔註322〕高攀龍：〈聖賢論贊·明道先生〉，《高子遺書·經解類》，（台北，臺灣商務印書館文淵閣四庫全書，民國72年），卷三，頁378。

〔註323〕高攀龍：〈與涇陽論知本〉，《高子遺書·書》，（台北，臺灣商務印書館文淵閣四庫全書，民國72年），卷八上，頁471。

固不是，便認氣爲理又不可。〔註324〕

高攀龍意思即是「人」與「物」皆有一個天所命之「性」即是「天理」之至
善，即前所言「不識天理，不識性爲何物矣。」如高拱云：

> 人之生也，必得天地之理，以爲立命之本。如仁、義、禮、知具
> 於心者，皆眞實而無偏妄，見於事者皆公正而無私邪，率性自然
> 而非由勉強，乃人生之本然者也。故人必順是理，然後可以保其
> 生。〔註325〕

所以高攀龍言「仁、義、禮、智，人與物一也」，表示人與物之天命之性內涵
是相同，皆爲「仁、義、禮、智」，所以「天理」之內涵即具有「仁、義、禮、
智」。所以由此可知天理之內涵除了前所言「剛健、中正、純粹」與「仁」之
外，須再加入「義、禮、智」三者。所以「天理」乃「至善」而其內涵爲「剛
健、中正、純粹」與「仁、義、禮、智」。高攀龍理之內涵爲「剛健、中正、
純粹」與「仁、義、禮、智」，但是因爲前高攀龍有言「惟天理至靜」〔註326〕
「天理」是「寂然不動」，不會自己表現；再者，雖然而且吾輩本性之中有「天
理」，「人生而靜以後」會受到外在物欲之誘惑而迷失。「天理」之「至善」之
內涵如何認知、回復與展現呢？

（三）天理即良知

> 默坐澄心體認天理者，謂默座之時，此心澄然無事，乃所謂天理也。
> 要於此時默識此體云爾。非默坐澄心又別有天理，當體認也。〔註327〕

高攀龍認爲「自人生而靜以後，誘物爲欲，遂認欲爲心，迷不知反耳。」所
以須透過「默坐澄心」修養工夫達到「體認天理」，體認「人生而靜」之時，
性中純然天理，無一毫人欲之私「至善」之狀態。認知天理內涵除了「默坐
澄心體認天理者」，還有「格物窮理」之方。高攀龍云：

> 或疑程朱致知爲見聞之知，不知窮至物理。理者，天理也。理非良
> 知而何；或疑文成格物爲虛玄之物，不知各得其正。正者，物則也。

〔註324〕高攀龍：〈荅涇陽論生之謂性〉，《高子遺書・書》，（台北，臺灣商務印書館文
　　　　淵閣四庫全書，民國72年），卷八上，頁470。
〔註325〕高拱：《高拱論著四種》，（北京，中華書局，1993年7月），頁331。
〔註326〕高攀龍：《高子遺書・語》，（台北，臺灣商務印書館文淵閣四庫全書，民國
　　　　72年），卷一，頁336。
〔註327〕高攀龍：《高子遺書・語》，（台北，臺灣商務印書館文淵閣四庫全書，民國
　　　　72年），卷一，頁337。

物則非天理而何。〔註328〕

高攀龍認爲程朱之「見聞之知」所欲窮理之「理」應爲「天理」，即求得吾心「良知」之天理，並不是去一一去窮盡「物理」。如王陽明云：

良知即天理之昭明靈覺處，故良知即是天理。〔註329〕

王陽明認爲「良知」即是昭明靈覺，其作用在表現「天理」內涵。而高攀龍云：

尋常見世儒以在物爲理，爲程子錯認理在物上；以窮至事物之理，

爲朱子錯在物上求理，頗爲絕倒，此不獨不識理，亦不識物，名爲

合心理而一之，實則歧心理而二之，此程子所以喫緊。〔註330〕

因爲高攀龍曾引羅整菴之言「吾丈謂『心之理便是性』六字，亦顛撲不破矣。」，所以「理」即「良知」，此意爲「理」即「心之理」，亦言「理」即「性」。因爲吾心良知之理即是吾人之「性」，人之「性」即「天理」。高攀龍又認爲王陽明之格物是格虛玄之物，因爲王陽明格物之「格」釋作「正」，即用「良知」去正物，而各得其正。但是高攀龍認爲「正」即「物則」。因高攀龍云：

天下之理無內外、無鉅細，自吾之性情以及一草一木，通貫只是一

理，見有彼此，便不可謂盡心知性。〔註331〕

「吾之性情以及一草一木，通貫只是一理」人之性與物之則通貫只是一個「天理」。所以王陽明又何必「正」物，因爲「物則」即「天理」，而且「理非良知而何」，所以「物則」即「良知」。所以高攀龍認爲王陽明之「格物」之「各得其正」亦即是各得其「吾之性情以及一草一木，通貫只是一理」之「一理」，此即言「心之理」之性即「天理」。所以高攀龍云：

窮理者天理也，天然自有之理，人之所以爲性，天之所以爲命也。

在易之爲中正，聖人卦卦拈出示人，此處有毫釐之差便不是性學。

〔註332〕

〔註328〕高攀龍：《高子遺書・劄記》，（台北，臺灣商務印書館文淵閣四庫全書，民國72年），卷二，頁345。

〔註329〕王陽明：〈答歐陽崇一書〉，《王陽明傳習錄》，（台北，正中書局，民國43年7月），卷二，頁59。

〔註330〕高攀龍：〈荅錢啓新一記〉，《高子遺書・書》，（台北，臺灣商務印書館文淵閣四庫全書，民國72年），卷八上，頁480。

〔註331〕高攀龍：〈荅顧涇陽先生論格物　一〉，《高子遺書・書》，（台北，臺灣商務印書館文淵閣四庫全書，民國72年），卷八上，頁466。

〔註332〕高攀龍：《高子遺書・語》，（台北，臺灣商務印書館文淵閣四庫全書，民國

高攀龍說明「窮理」是要窮「天理」，並不是如程、朱一一窮盡「物理」。而此「天理」即是吾人為天所命之「性」。如高拱云：

> 天之命於人者，性也。人之率性而行者，道也。〔註333〕

因此只要知道吾人之本性，即可知「天理」。高攀龍又云：

> 求諸理又豈有內外之可言哉。在心之理，在物之理，一也。天下無
> 性外之物，無心外之理，猶之器受日光，在彼、在此，日則一也。
> 不能析之為二，豈待合之，而始一也。〔註334〕

高攀龍之意乃不論「物理」或人之「性」皆存在「心」中。如高攀龍云：

> 心即理，理即心，理散見於六經，聞見狹而心亦狹，非細事也，兄
> 勿疑於此。〔註335〕

因為高攀龍言「心即理」、「理即心」，此即「澄心」體認「天理」之狀態，但是因為「心」與「理」之間會互相影響，所以說「聞見狹而心亦狹」。「人生而靜」之當下，「心即理」、「理即心」。但「人生而靜已後」會受到外界影響，若無法保持，則不一定會維持在「心即理」、「理即心」之道德狀態下。再者，高攀龍十分重視形氣世界之人之道德具體表現，所以高攀龍會討論到現實形氣層面，因此其言「聞見狹而心亦狹」，此意即當「聞見」之工夫有偏狹，心之表現就會有所影響而偏頗。

（四）理者矩也

> 聖學所以與佛學異者，只一性字：性者，理也；理者，矩也；從心
> 所欲不逾矩，方是躬行，方是踐形。〔註336〕

高攀龍認為透過「默坐澄心」與「格物」得知「天理」即「人之性」與「物之則」。高攀龍再次說明「性」即「理」，而「理」即「心所欲不逾矩」之「矩」，故「理」之「矩」即心處事之標準與規範。儒學與佛學最大不同點在於儒學重視「從心所欲不逾矩，方是躬行，方是踐形。」表示「性」與「天理」在

---

72 年），卷一，頁 377。

〔註333〕高拱：《高拱論著四種》，（北京，中華書局，1993 年 7 月），頁 101。

〔註334〕高攀龍：〈陽明說辨三〉，《高子遺書・經解類》，（台北，臺灣商務印書館文淵閣四庫全書，民國 72 年），卷三，頁 347。

〔註335〕高攀龍：〈與吳子往二〉，《高子遺書・書》，（台北，臺灣商務印書館文淵閣四庫全書，民國 72 年），卷八上，頁 492。

〔註336〕高攀龍：〈答區羅陽太常〉，《高子遺書・書》，（台北，臺灣商務印書館文淵閣四庫全書，民國 72 年），卷八上，頁 500。

「躬行」與「踐形」之中，當吾輩之心依照己心之理之本性表現時，吾人形氣之身所表現之具體行爲即合乎「天理」。具體行爲若合乎「天理」即爲展現「天理」，展現「天理」則是表現天所「命」之性。由此可知高攀龍認爲心乃表現「天理」之「性」之作用。然而人除了主動地表現先天本有之「性」外，還要面對外界事物。而高攀龍云：

　　有物有則之謂在物爲理，因物付物之謂處物爲義。〔註337〕

「有物有則」即「在物爲理」其意思乃是「物之理」即所謂「物之則」；「因物付物」即「處物爲義」。何謂「因物付物」、「處物爲義」？高攀龍云：

　　嗚呼天下豈有心外之物哉。當其寂也，心爲在物之理，義之藏於無
　　朕也，當其感也，心爲處物之義，理之呈於各當也。心爲在物之理，
　　故萬象森羅，心皆與物爲體；心爲處物之義，故一靈變化，心皆與
　　物爲用，體用一源，不可得而二也。物顯乎心，心妙乎物，妙物之
　　心，無物於心，而後能物物。故君子不從心以爲理，但循物而爲義。
　　不從心而爲理，公也；循物爲義者，順也。故曰：廓然大公，物來
　　順應。故曰：聖人之喜怒，在物不在己。八元當舉，當舉之理在八
　　元當舉而舉之，義也。四凶當罪，當罪之理在四凶當罪而罪之，義
　　也。此之謂因物付物，此之謂艮背行庭，內外兩忘，澄然無事也。
　　彼徒知昭昭靈靈者，爲心。而外天下之物是心爲無矩之心，以應天
　　下之物，師心自用而已，與聖賢作處，天地懸隔。〔註338〕

高攀龍認爲天下「無心外之物」，而前有言「心即理」、「理即心」，因爲天理之內涵即吾人性之內涵，性爲心之理，而「仁、義、禮、智，人與物一也」，所以高攀龍云：「因物付物者，萬變皆在人，其實無一事也。」〔註339〕高攀龍認爲「因物付物」之主體在「人」，亦由人來「處物」，此乃由人來面對外界事物之意。因此其言「當其寂也，心爲在物之理，義之藏於無朕也，當其感也，心爲處物之義，理之呈於各當也。」高攀龍所云：

　　人心有寂有感，不可偏以已發爲心。中者，心之所以爲體，寂然不

〔註337〕高攀龍：《高子遺書・語》，（台北，臺灣商務印書館文淵閣四庫全書，民國
　　　　72年），卷一，頁377。
〔註338〕高攀龍：〈理義說〉，《高子遺書・經解類・》，（台北臺灣商務印書館文淵閣四
　　　　庫全書，民國72年），卷三，頁366。
〔註339〕高攀龍：《高子遺書・語》，（台北，臺灣商務印書館文淵閣四庫全書，民國
　　　　72年），卷一，頁337。

動者也，性也。和者，心之所以爲用，感而遂通者也，情也。〔註340〕
「心」有「寂」之未發狀態與「感」之已發狀態。「寂」爲心之體，即「性」；「感」
爲心之用，即「情」。當心之「寂」之狀態，乃心尚未面對外界事物，故「義」
未表現出來，故言「義之藏於無朕也」。當心面對外界事物而有所「感」之時，
「義」即當下表現出來，此時心中所存之理即可對應外物，作出恰當之表現，
此言「理之呈於各當也」。高攀龍言「心爲在物之理，故萬象森羅，心皆與物爲
體；心爲處物之義，故一靈變化，心皆與物爲用，體用一源，不可得而二也。」
其意乃爲當心之「寂」時，心與物皆是「天理」萬象森羅「客體」之狀態；當
心之「感」時，心變成一主動表現之主體，其與物相感，即表現出心生生變化
之作用，所以心對外物之反應是「體用一源，不可得而二也」。

高攀龍又言「物顯乎心，心妙乎物，妙物之心，無物於心，而後能物物。」
物之存在是透過心之「感」而被凸顯，由物之「顯」可知「心妙乎物」。而心
如何「妙乎物」？因爲達到「無物於心」之境地，此即靈妙之心，其乃活活
潑潑不被某一物理所限制，因心中存有萬理，故心可以靈動地隨物應對，而
無有窮盡之時。又因爲「無物於心」，所以不被任何一物所羈絆。因此心面對
任何外物，皆可以做出最恰當表現，故言心「能物物」，此即言心面對各物皆
可依各物之理來應對，而無有私心，故可達廓然大公之境。如高攀龍所云：

理者，矩也；從心所欲不逾矩，方是躬行，方是踐形。〔註341〕
因此高攀龍言「故君子不從心以爲理，但循物而爲義。不從心而爲理，公也；
循物爲義者，順也。故曰：廓然大公，物來順應。」其以爲君子不以己之主
觀心來應對外物，而是「物來順應」之「循物爲義」，所以「不從心而爲理」，
故稱作「公」，此「公」之意即「廓然大公」。而「循物爲義者」，則稱作「順」，
「順」即「物來順應」之意。

高攀龍言「聖人之喜怒，在物不在己。八元當舉，當舉之理在八元當舉
而舉之，義也。四凶當罪，當罪之理在四凶當罪而罪之，義也。」聖人之喜
怒並非由己之主觀義發出，而是由外物之物則來決定，因爲外物各具「仁義
禮智」之天理之「物則」，外物自有「當喜則喜」、「當怒則怒」之理，即「八

〔註340〕高攀龍：〈未發說〉，《高子遺書・經解類》，（台北，臺灣商務印書館文淵閣四
　　　　庫全書，民國 72 年），卷三，頁 364。
〔註341〕高攀龍：〈答區羅陽太常〉，《高子遺書・書》，（台北，臺灣商務印書館文淵閣
　　　　四庫全書，民國 72 年），卷八上，頁 500。

元當舉，當舉之理在八元當舉而舉之，義也。四凶當罪，當罪之理在四凶當罪而罪之，義也。」所以聖人面對外物之時即依此理，由心順此理來表現「喜」與「怒」，所以此乃「因物付物」之意。由此可知「心」為「昭昭靈靈者」，其可面對外物之變化多端，皆可做出最合宜之「義」之道德判斷，亦因「心為在物之理」，所以心之理與「物則」同，因此不必求於心外之物，若有求於外物之心，即無「矩」之心，亦即無「理」之心。若以此無「理」之心來「應天下之物」，乃為「師心自用」，故與「聖賢」是天地懸隔。

五、生民不可須臾離

> 往時見明道云：吾學雖有受，然天理二字卻是自家體貼出來，不曉作何語？今乃見此理充周於吾前，活活潑潑地，真不可須臾離也，妙在反躬而已矣。〔註342〕

高攀龍認為「天理」乃「充周吾前」「活活潑潑地」、「不可須臾離」。「天理是充周吾前」為比較特殊之說法，此句代表意為「天理」需由形氣之身展現。高攀龍不談在形上之天道，喜由形氣層面談「天理」，將整個天道主體都放在形氣中來談。因為「天理」乃天之所命於人與物，但物只是一客體，並不會主動表現天理本性，而吾身形氣之人因為有由太虛元氣凝結而來生生之易之作用為人之「心」，所以可以在行、住、坐、臥中具體實踐天理，因此「天理」即「吾身」之表現。高攀龍認為天理即「充周吾前」，如其所云：

> 而周、程、張、朱五夫子，出而後知六經者天理二字而已，天理者，天然自有之理，天得之為天，地得之為地，人得之為人，無所增於聖，無所減於凡，無所生於古，無所降於今者也。〔註343〕

高攀龍言「天理者，天然自有之理，天得之為天，地得之為地，人得之為人」，因為萬物皆具此「天然自有之理」，故「充周吾前」之萬物皆「天理」之意。其又言「無所增於聖，無所減於凡」此即言天理乃形氣中任一人與物皆本具者，並非「聖」才完全具足，「凡」是有所缺漏，此乃就「天理」具普遍性言之。高攀龍言「無所生於古，無所降於今者也。」「天理」從古至今無所不在，

〔註342〕高攀龍：〈與李見羅先生〉，《高子遺書‧書》，（台北，臺灣商務印書館文淵閣四庫全書，民國72年），卷八上，頁465。

〔註343〕高攀龍：〈程朱闕里志序〉，《高子遺書‧序》，（台北，臺灣商務印書館文淵閣四庫全書，民國72年），卷九上，頁543。

此指「天理」之無限性。因此吾人所生存之形氣世界中，天理則「充周吾前」。而高攀龍又云「天理是活活潑潑地」。因高攀龍云：

> 理者，天理也。理非良知而何。〔註344〕

「理非良知而何」高攀龍其意即為「天理」乃「良知」，而「良知」則為「心」。高攀龍前有云：「至虛至靈在人即為心。」〔註345〕又云：「彼徒知昭昭靈靈者為心。」〔註346〕所以「天理」即「良知」，此乃「心」所以「至虛至靈」、「昭昭靈靈」之因。故高攀龍言「天理是活活潑潑」。高攀龍又言「天理是不可須臾離」。因為前有言「天理」為「有條有理」是人之「性」，如高攀龍又云：

> 性者何，天理也。天理者，天然自有之理，非人所為。如五德、五常之類，生民欲須臾離之不可得。〔註347〕

因為「天理」即「性」。朱子云：

> 命猶令也，性即理也。天以陰陽五行，化生萬物；氣以形成，而理亦賦焉，猶命，令也。於是人物之生，因各得其所賦之理，以為健順五常之德，所謂性也。〔註348〕

> 道者，日用事物當行之理，皆性之德而具於心，無物不有，無時不然，所以不可須臾離也。〔註349〕

若就吾身而言，由「道在氣中」與「理在氣中」之觀點來看，則知人之「性」與人形氣之「身」本為一體，非有二者，故高攀龍言「天理不可須臾離」。而高攀龍總結語出「天理」即「妙在反躬而已矣」。此話即點出高攀龍著重「天理即吾身」之意。因此人只要一反躬自省，即能體會天理之妙，因為「天理」本在吾身之中，所以人一反躬即知「此理充周於吾前，活活潑潑地，真不可須臾離也」。高攀龍又云：

> 學者於理、氣、心、性，一一要分別剖的明白，延平先生默坐澄心，

〔註344〕高攀龍：《高子遺書・箚記》，（台北，臺灣商務印書館文淵閣四庫全書，民國72年），卷二，頁345。

〔註345〕高攀龍：〈牛山之木章〉，《高子遺書・講義》，（台北，臺灣商務印書館文淵閣四庫全書，民國72年），卷四，頁405。

〔註346〕高攀龍：〈理義說〉，《高子遺書・經解類》，（台北，臺灣商務印書館文淵閣四庫全書，民國72年），卷三，頁366。

〔註347〕高攀龍：〈氣心性說〉，《高子遺書・經解類》，（台北，臺灣商務印書館文淵閣四庫全書，民國72年），卷三，頁356。

〔註348〕朱熹：《四書集注・中庸》，（台北，世界書局，民國86年3月），頁25。

〔註349〕朱熹：《四書集注・中庸》，（台北，世界書局，民國86年3月），頁26。

便明心、氣。體認天理，便明理、性。〔註350〕

「學者於理、氣、心、性，一一要分別剖的明白」此意即言人應將「理、氣、心、性」之間的關係剖析明白。而「默坐澄心，便明心、氣」乃因爲前有言「氣靜」爲「靜如是動不如是者」，但透過「默坐澄心」之修養工夫，即可明心、氣。所以此段話乃在於強調心雖「氣之精靈」，〔註351〕但若「未明心、氣」則只是「氣靜」之狀態。因爲透過「默坐澄心」之修養工夫，即可以達到「理靜」之「動如是靜亦如是」之狀態，亦即明白「心」爲氣之「至虛至靈」在人之身者。所以「心」指人身，而「氣」是無所不在之氣。而前有言高攀龍「太虛元氣」中「有條有理」，就人而言，即人之性；就天而言，稱作天理。因此高攀龍言「體認天理，便明理、性。」當吾人明白「天理」爲何？即知在天者爲「天理」，在人者爲「性」。所以「默坐澄心」即「體認天理」，而「澄心」所明之「心、氣」，即無所不在的「形氣」。而「體認天理」所明之「理、性」，皆指無所不在形氣之「理」。而「默坐澄心」所明氣之「心」與「體認天理」所明之「性」，則是就吾人形氣之身而言。就高攀龍此段話所言之重點，其一，氣、理具普遍性，且理與氣是對於「天」而言。其二，心與性就人身而言。高攀龍又云：

數即氣也，氣即理也，理即心也。〔註352〕

「數」是指象數。「象數」是「氣」之種種變化，「象數」即指萬種形氣之意。而「理」爲氣中之理，所以「氣即理也」。楊愼亦云：

理者太虛之實義，數者太虛之定分。未形之初，因理而有數，因數而有象；即形之後，因象以推數，因數而知之理。今不可論理而遺數。〔註353〕

楊愼亦認同「氣即理」，因其言具體形氣之「象數」中即具「太虛」之理。高攀龍前有言「理即良知」，所以「理即心」。因此高攀龍把數、氣、理又圓融地合一，歸結在形氣吾身之中談論之。故高攀龍又云：

〔註350〕高攀龍：《高子遺書・會語》，（台北，臺灣商務印書館文淵閣四庫全書，民國72年），卷五，頁414。

〔註351〕高攀龍：〈雖存乎仁者節己未〉，《高子遺書・講義》，（台北，臺灣商務印書館文淵閣四庫全書，民國72年），卷四，頁405。

〔註352〕高攀龍：〈重刻感應篇序〉，《高子遺書・序》，（台北，臺灣商務印書館文淵閣四庫全書，民國72年），卷九上，頁561。

〔註353〕楊愼：〈魏鶴山語〉，《升庵全集》，（台北，臺灣商務印書館，民國57年），卷四六，頁486。

> 大學之旨只是教人格物、致知，格來格去，知得世間總無身外之理，
> 總無修外之功；正其本，萬事之理更不向外著，一念如此，自然純
> 乎天理，而無一毫人欲之私，豈不是止至善也。〔註354〕

因爲前有言：「天下無性外之物，無心外之理，猶之器受日光，在彼、在此，
日則一也。不能析之爲二，豈待合之，而始一也。陽明亦曰：理無內外，性
無內外，故學無內外。」〔註355〕故其云「知得世間總無身外之理，總無修外
之功」。而由高攀龍言「正其本，萬事之理更不向外著，一念如此，自然純乎
天理，而無一毫人欲之私，豈不是止至善也。」可知高攀龍言「正本」之法
非向外求，因爲吾輩之心中本具有良知之「天理」。高攀龍云：

> 聖學所以與佛學異者，只一性字；性者，理也；理者，矩也；從心
> 所欲不逾矩，方是躬行，方是踐形。〔註356〕

高攀龍認爲「性」即「理」，而「理」即「心所欲不逾矩」之「矩」，「矩」即
心之應對處物之準則。儒學與佛學之差異在於儒學重視「從心所欲不逾矩，
方是躬行，方是踐形。」高攀龍云：

> 龜山曰：天理即所謂命，知命只事事循天理而已。言命者，爲此語
> 最盡。〔註357〕

高攀龍藉龜山之言表示「性」與「天理」是由天所「命」，須在吾人形氣之身
「躬行」與「踐形」之「事事循天理」中展現。亦即爲前所言「天理」之「至
善」要「不可須臾離」於形氣吾身之中，並由吾人形氣之身「活活潑潑」表
現爲「充周吾前」之具體道德言行。如高攀龍引用薛文清之言云：

> 嘗曰：聖賢千言萬語，皆說人身心上事，誠能因其言，反求之身心，
> 擺脫私累，則身心皆天理矣。〔註358〕

因爲「知得世間總無身外之理，總無修外之功」，即心中之「性」即「天理」。

〔註354〕高攀龍：〈與涇陽論知本〉，《高子遺書・書》，（台北，臺灣商務印書館文淵閣
　　　　四庫全書，民國 72 年），卷八上，頁 471。

〔註355〕高攀龍：〈陽明說辨三〉，《高子遺書・經解類》，（台北，臺灣商務印書館文淵
　　　　閣四庫全書，民國 72 年），卷三，頁 374。

〔註356〕高攀龍：〈答區羅陽太常〉，《高子遺書・書》，（台北，臺灣商務印書館文淵閣
　　　　四庫全書，民國 72 年），卷八上，頁 500。

〔註357〕高攀龍：《高子遺書・語》，（台北，臺灣商務印書館文淵閣四庫全書，民國
　　　　72 年），卷一，頁 337。

〔註358〕高攀龍：〈薛文清公傳〉，《高子遺書・碑》，（台北，臺灣商務印書館文淵閣四
　　　　庫全書，民國 72 年），卷一〇，頁 601。

因此高攀龍認爲「反求之身心」，則可達到「身心皆天理」。其言「身」所指爲形氣；「心」則爲知覺作用之表現。所謂「身心皆天理」其意爲人生命本質之狀態即「天理」之展現，再透過人形氣之身和人心之知覺作用來「躬行」與「踐形」，即可使人之行爲表現皆合於「天理」。因此高攀龍認爲此時一反躬即知「天理」本在吾身，而吾身無一刻不在「踐形」，身、心無一刻不是「天理」之氣化流行。此即符合其前所言「此理充周於吾前，活活潑潑地，眞不可須臾離也，妙在反躬而已矣。」

六、遊魂不滅忠義不滅

> 有友曰：「羅整菴先生言：理氣最分明。云：氣聚有聚之理，氣散有散之理，氣散氣聚而理在其中。」先生曰：如此說也好。若以本原論之，理無聚散，氣亦無聚散。如人身爲一物，物便有壞，只有在萬殊上論，本上如何有聚散。氣與理只有形上形下之分，更無聚散可言。〔註359〕

高攀龍言「羅整菴先生言：理氣最分明。云：氣聚有聚之理，氣散有散之理，氣散氣聚而理在其中。」高攀龍藉此段話來說明己之論點，由此可知，高攀龍認爲「理氣最分明」，而且「氣聚有聚之理，氣散有散之理」。陳來先生云：

> 羅欽順指出，理做爲氣之理，做爲氣運行的規律和內在法則，並不像朱熹所說的是依附於氣而行也的另一實體，理與氣並不是「二物」，理只是氣的運行變化的規律。他提出「僕從來認理氣爲一物」，即是說理氣不是兩個實體，實體只是氣，理只是這一實體自身的規定、這一實體固有的屬性與條理。理與氣不是二元的對待。〔註360〕

由此可知羅整庵所謂「理氣最分明」並非朱子所謂「理氣二元」之「不離不雜」，而是「理在氣中」之意。因此高攀龍言「氣散氣聚而理在其中」故其贊同羅整庵之「理氣最分明」之論點。但高攀龍云：「理之與氣二之固不是，便認氣爲理又不可。」〔註361〕「理」與「氣」爲一體非二物，但「理」又不能

〔註359〕高攀龍：《高子遺書·會語》，（台北臺灣商務印書館文淵閣四庫全書，民國72年），卷五，頁417。

〔註360〕陳來：《宋明理學》，（台北，洪葉文化事業有限公司，民國83年9月），頁282。

〔註361〕高攀龍：〈荅涇陽論生之謂性〉，《高子遺書·書》，（台北，臺灣商務印書館文淵閣四庫全書，民國72年），卷八上，頁470。

等同於「氣」。陳來先生又云：

> 理不能離氣，氣是宇宙的唯一實體，理是氣所固有的秩序、規律、條理。「載」表明理不能獨立存在的實體，理以爲受載的實體，理本身只是「虛而無著」的，既無形體跡象，又無動靜運行，這樣的理是不可能產生氣的。理不能懸空獨立存在，理必須以氣爲本，氣則自然具有條理、元氣中有元理，不能說元氣之上、之先還有虛無而象的理。如果以爲理在氣先，那就與老莊沒有區別了。〔註362〕

因此「氣」是萬物本原，宇宙創生之實體；「理」是氣之條理，而且「理在氣中」，此爲高攀龍言「理氣最分明」之因。其又言「氣聚有聚之理，氣散有散之理，氣散氣聚而理在其中」此即在說明氣聚有其氣聚之因，即所謂「氣聚之理」；氣散有其氣散之因，即所謂「氣散之理」，但是不論是氣之聚或是氣之散，「理」都在氣之中，未曾獨立於氣之外。所以高攀龍藉由此段話來肯定「理在氣中」之重要觀念，高攀龍再順此觀念解釋「理」、「氣」間之關係。

高攀龍云「若以本原論之，理無聚散，氣亦無聚散。」由其所言「以本原論之」可知高攀龍是先就形上「太虛元氣」本體層面來論「理」、「氣」之間的關係。在形上本體層面而言，「氣」與「理」兩者都是無形無狀，且具無限性，所以不能討論其聚散與否；再者，因爲「理在氣中」，所以「理」、「氣」之間其關係是緊密結合，故「理」、「氣」之間因無縫隙，故亦無聚散可言。故就本原形上層面論之，即是「理在氣中」，故「氣」是指「太虛元氣」，「理」則爲「太虛元氣」中之理。

而高攀龍又說「如人身爲一物，物便有壞，只有在萬殊上論，本上如何有聚散。」所以高攀龍再就現實層面萬殊之形氣，來論探討「理」、「氣」之間之關係。如朱子云：

> 人之所以生，理與氣合而已。天理固浩浩不窮，然非是氣，則雖有是理而無所湊泊。故必二氣交感，凝結生聚，然後是理有所附著。凡人之能言語動作，思慮營爲，皆氣也，而理存焉。故發而爲孝弟忠信仁義禮知，皆理也。〔註363〕

〔註362〕陳來：《宋明理學》，（台北，洪葉文化事業有限公司，民國 83 年 9 月），頁 282。

〔註363〕朱熹著，黎靖德編：〈性理一〉，《朱子語類》，（台北，文津出版社，民國 75 年 12 月），卷四，頁 65。

由朱子之言可知人之生即是由陰陽二氣交感而生，而陰陽二氣之「理」即命於人身爲其形氣之「性」，故其言人之生由「理」、「氣」之合。人因有此「天理」之「性」，故可表現爲種種道德行爲。誠如高攀龍所云：「眞元之氣生生不息。」〔註364〕「眞元之氣」即「太虛元氣」，因爲「太虛元氣」中有易之生生作用，所以「太虛元氣」會不斷地化生萬物，因此高攀龍言「眞元之氣生生不息」，意思如同前就本原論之，「太虛元氣」是具有無限性，所以生生不息，無所謂聚與散之問題。呂坤云：

> 形者，氣之彙囊也；氣者，形之線索也。無形，則氣無所憑藉以生；無氣，則形無所鼓舞以爲生。形須臾不可無氣，氣無形則萬古依然在宇宙間也。〔註365〕

呂坤認爲「太虛元氣」是「萬古」存在於宇宙之間，因此無滅息之日，但形氣不可須臾無「氣」，若即無「氣」即死亡消散。如高攀龍又云：「鼻息呼吸乃闔闢之機也，非眞元之氣。」〔註366〕「鼻息呼吸」是指形氣之生生表現，但「鼻息呼吸」是形下層面有限之形氣，並非生生不息之「眞元之氣」，所以「人」非長生者，因此會隨「鼻息呼吸」之形氣世界會有聚有散而有生、死，因此形氣是有死亡之時。如高攀龍云：

> 其說太極而以死生之說終何耶。死生之說在終始之故矣。若何原，若何反耶。爲之研味者，累月一夕夢有儒衣冠者，以爲元公也。前而叩焉公曰：夫一動一靜者，天地之生、死也；一死一生者，群生之動、靜也。此所謂易也。〔註367〕

高攀龍言「其說太極而以死生之說終何耶。死生之說在終始之故矣。」由此可知高攀龍認爲「太極」與「易」的「原始、反終」即是所謂「死生之說」。而「死生之說」何謂也？「夫一動一靜者，天地之生、死也；一死一生者，群生之動、靜也。此所謂易也。」高攀龍認爲「死生之說」即「太極」之「一動一靜」，而「一動一靜」即是指易之天地生化之萬物之「生」與「死」。此

〔註364〕高攀龍：《高子遺書‧會語》，（台北，臺灣商務印書館文淵閣四庫全書，民國72年），卷五，頁417。

〔註365〕呂坤：〈天地〉，《呻吟語》，（台北，志一出版社，民國83年7月），卷四，頁189。

〔註366〕高攀龍：《高子遺書‧會語》，（台北，臺灣商務印書館文淵閣四庫全書，民國72年），卷五，頁417。

〔註367〕高攀龍：〈夕可說〉，《高子遺書‧經解類》，（台北，臺灣商務印書館文淵閣四庫全書，民國72年），卷三，頁371。

即高攀龍所謂「一死一生者，群生之動、靜也。」由易所創之形氣世界之群生萬物，會有生死之動靜的變化。因此高攀龍言「如人身爲一物，物便有壞，只有在萬殊上論。」若就形氣世界萬殊之物而言，具主體義之形氣仍有「物便有壞」之時，故其意爲形氣之物仍然會死亡。韓邦奇云：

> 形聚爲物，形潰反原，此意張子屢發之曰潰，曰聚，指氣之附形者言。〔註368〕

而高攀龍又言「氣與理只有形上形下之分，更無聚散可言。」「氣與理只有形上形下之分」高攀龍說出此話意義較爲特殊，就字面之文意，高攀龍意指「理」是形上，「氣」是形下。這種說法會使吾輩誤認爲高攀龍與朱子「理氣不離不雜」之意義相同。若深究之，則可知其實高攀龍此處所謂形上形下二分，是因其所言之「氣」是「形氣」；而所論之「理」是「太虛元氣」中之理。因此「氣」和「理」即有形上、形下之分。因爲「理」即「太虛元氣」中之理，而「氣」即「太虛元氣」所凝結而成，會有生死變化之「形氣」，所以兩者之分別在於「若以本原論之，理無聚散，氣亦無聚散」。

形上之「理」與「氣」皆無聚散之問題，而「如人身爲一物，物便有壞」之形氣會死亡，即有聚散變化之問題，若合此二者言之是「理」與「氣」「更無聚散可言」。由「理」與「氣」之「更無聚散可言」，則高攀龍仍是再一次肯定「理在氣中」之意。因就本原論，形上層面之「理」與「氣」，因爲「太虛元氣」爲「眞元之氣」，會生生不息，所以沒有聚散之生死問題，而且因爲「理在氣中」所以「太虛元氣」與「太虛元氣」之「理」亦無聚散之問題，即「理在氣在，氣在理在」。吾輩再就萬殊上論，具主體義之形氣仍「有壞」之時，故會有死亡之日，亦因爲形氣之物會死亡，所以吾人須關心與正視死亡時「理」與「氣」關係之間，到底何去何從之？若就「萬殊上論」形氣會消散而死亡，因「形氣之理」乃「理在氣中」，看似會隨形氣死亡而消散亡佚。但若就其所言「氣與理只有形上形下之分，更無聚散可言。」可知「理」只有形上、下之分別而無聚散之問題。所以高攀龍之理氣關係爲「氣亡理不亡」。羅整菴有云：

> 所疑「理散果何之？」似看鄙意未盡。《記》中但云：「氣之聚便是聚之理，氣之散便是散之理。惟其有聚有散，是乃所謂理也。」並無「理

〔註368〕韓邦奇：《性理三解》，（明正嘉間原刊本，台北，國家圖書館善本書室），頁54。

散」之言。此處只爭毫釐，便成二義，全要體認精密也。〔註369〕
羅整菴認爲「氣之聚便是聚之理，氣之散便是散之理。惟其有聚有散，是乃
所謂理也。」此即是高攀龍所謂「如人身爲一物，物便有壞，只有在萬殊上
論」之意思。羅整庵認爲形氣世界中形氣萬物有生有死，所以氣有聚有散。
但是羅整菴明白指出「並無『理散』之言」，此即高攀龍所謂「氣與理只有形
上形下之分，更無聚散可言。」因爲就羅整菴認爲氣會有聚有散，理才會有
聚有散，這都是只形下形氣世界之形氣之氣與形氣之理，所以形氣世界會「氣
亡理亡」。但羅整菴如何可言「並無『理散』之言」呢？其一，就形上本原論
之，形上「太虛元氣」之理是無形無狀卻具有永恆普遍性，所以「並無『理
散』之言」。其二，就形下形氣世界之萬物而言，雖有死亡之時，即有「物亡
理亡」之「理散」狀況，但因「太虛元氣」還是生生不斷地化育道德萬物，
故就整體之理而言，「理」一直聚於某物之中，雖然某死亡之物其個體之理會
隨形氣之死而散，但下一物之理卻早已生出，此即無所謂「氣之理」有「理
散」之時。高攀龍不言形下形氣之「氣亡理亡」，而直言整個形氣世界，由個
體之理所組成之具體無限之理是「無聚散」，就如同形上之理乃永恆無限一
般，所以高攀龍說「氣與理只有形上形下之分，更無聚散可言。」高攀龍只
明說出形氣會有聚散，不言形氣死亡，理也會散佚之狀況，此乃高攀龍不同
於羅整庵之處。而朱子亦有云「理無聚散」，其云：

> 性者，理而已，不可以聚散言。其聚而生，散而死者，氣而已。所
> 謂精神魂魄，有知有覺者，皆氣所爲，故聚則有，散則無。若理，
> 則初不爲聚散而有無。〔註370〕

朱子言「理無聚散」，乃因朱子是以「性即理」角度出發，因爲「理」是形上，
故可以超越形下之聚散。但高攀龍卻是「以氣爲本」，因「太虛元氣」會生生
不息，故「氣之理」不曾亡滅。所以高攀龍云：

> 伊川先生說：遊魂爲變。曰：既是變，則存者亡，堅者腐，更無物
> 也。此殆不然，只說得形質耳。遊魂如何滅得，但其變化不可測識
> 也。聖人即天地也，不可存亡言。自古忠義士何曾亡滅。避佛氏之

〔註369〕羅欽順：〈答林正郎貞孚〉，《困知記·附錄》，（明嘉靖十六年吳郡陸粲刊本，
　　　　台北，國家圖書館善本書室），頁43下。

〔註370〕朱熹著，黎靖德編：〈周子之書·太極圖〉，《朱子語類》，（台北，文津出版社，
　　　　民國75年12月），卷九十四，頁2374。

　　說而謂賢愚善惡同歸於盡，非所以教也。況幽明之事昭昭於耳目者，

　　終不可掩乎。張子曰：大易不言有，無言有，無諸字之陋也。〔註371〕

高攀龍「氣亡理不亡」之特殊觀念，由「遊魂如何滅得」此句話可知，高攀龍並不贊成伊川先生所「遊魂爲變」之觀念，而是主張「氣亡理不亡」。因爲「遊魂爲變」之「變」即言「遊魂」乃「存者亡，堅者腐，更無物也」。何謂「遊魂爲變」？《周易本義·繫辭上傳》云：

　　《易》與天地準，故能彌綸天地之道。仰以觀於天文，俯以察於地

　　理，是故知幽明之故。原始反終，故知死生之說。精氣爲物，遊魂

　　爲變，是故知鬼神之情狀。與天地相似，故不違；知周乎萬物，而

　　道濟天下，故不過；旁行而不流，樂天知命故不憂；安土敦乎仁，

　　故能愛。範圍天地之化而不過，曲成萬物而不遺，通乎晝夜之道而

　　知，故神無方而易無體。〔註372〕

由「原始反終，故知死生之說。精氣爲物，遊魂爲變，是故知鬼神之情狀。」「精氣爲物，遊魂爲變」與「死生之說」有關。而由「精氣爲物，遊魂爲變，是故知鬼神之情狀」可以知道「遊魂爲變」即是指「鬼神」。如朱子云：

　　在人則精是魄，魄者鬼之盛也。氣是魄，魂者神之盛也。精氣聚而

　　爲物，何物而無鬼神。遊魂爲變，魂遊則魄之降可知。〔註373〕

而高攀龍視「鬼神」爲何物？高攀龍云：

　　其爲物不貳，只是一箇道理。惟其一所以生物不測，爲不測故神，

　　所謂易也。……中庸又說一箇鬼神，以形容斯理之妙。〔註374〕

「鬼神」爲「其爲物不貳，只是一箇道理」，此即前所言「理」是「生生之理」。

孫應鰲云：

　　精氣爲物，遊魂爲變，是故知鬼神之情狀，見聖人觀天地陰陽聚散

　　之理，而得鬼神造化之功。〔註375〕

〔註371〕高攀龍：《高子遺書·語》，（台北，臺灣商務印書館文淵閣四庫全書，民國
　　　　72年），卷一，頁341。

〔註372〕朱熹：《周易本義·繫辭上傳》，（台北，大安出版社，民國88年7月），卷三，
　　　　頁233。

〔註373〕朱熹著，黎靖德編：〈鬼神〉，《朱子語類》，（台北，文津出版社，民國75年
　　　　12月），卷三，頁34。

〔註374〕高攀龍：《高子遺書·會語》，（台北，臺灣商務印書館文淵閣四庫全書，民國
　　　　72年），卷五，頁416。

〔註375〕孫應鰲：《淮海易談》，《陽明學研究叢書·孫應鰲文集》，（貴州，教育出版社，

孫應鰲以爲可由「精氣爲物，遊魂爲變」知道「天地陰陽聚散之理」此乃「鬼神」生物不測造化之功。故高攀龍言「惟其一所以生物不測，爲不測故神，所謂易也。……中庸又說一箇鬼神，以形容斯理之妙。」知高攀龍認爲「理」是「生生理」的「生生」即是「易」之生物不測之「神」，亦即是《中庸》所謂「鬼神」。高攀龍認爲「鬼神」之生物不測可以用來「形容斯理之妙」，因爲「生物不測」所以可以稱之爲「妙」。所以「鬼神」即是指「生生之理」生物不測之妙。高攀龍云：

> 人之靈即天地之靈，原是一箇，卻是箇活鬼神。〔註376〕

「人之靈即天地之靈，原是一箇，卻是箇活鬼神。」由此可知「人之靈」即「天地之靈」，本無分別，皆是一個「活鬼神」。而高攀龍以「活鬼神」來作說明，即相對一般人所謂人死後所言「鬼神」而論。因爲高攀龍有言：「氣之精靈爲心，心之充塞爲氣，非有二也。」〔註377〕高攀龍又說「易即人心。」〔註378〕所以「靈」是就指易之生生作用而言。如朱子云：

> 鬼神只是氣，屈伸往來者，氣也。天地間無非氣。人之氣與天地之
> 氣常相接，無間斷，人自不見。人心才動，必達於氣，便與這屈伸
> 往來者相感通。〔註379〕

高攀龍認爲「人之靈」即人之心具生生作用。由上可知「天地之活鬼神」與「人之活鬼神」本是一，所以「天地之心」與「人之心」本是一。而高攀龍有言「天地之心」爲「太虛元氣」中「易」之生生作用，在「太虛元氣」凝成形氣時，「天地之心」亦轉化凝結爲內在於形氣之身之「心」，如同朱子所言「人之氣與天地之氣常相接」而可以與「屈伸往來者相感通」。所以才有「天地之靈」與「人之靈」名稱之不同，但其內在之本質卻是可以相同，所以可言二者是一。

由上可知「鬼神」即指人「心」之生生作用。而前有言「性者何，天理也」

1990 年），頁 122。

〔註376〕高攀龍：《高子遺書‧會語》，（台北，臺灣商務印書館文淵閣四庫全書，民國72 年），卷五，頁 416。

〔註377〕高攀龍：〈雖存乎仁者節〉，《高子遺書‧講義》，（台北，臺灣商務印書館文淵閣四庫全書，民國72 年），卷四，頁 405。

〔註378〕高攀龍：《高子遺書‧會語》，（台北，臺灣商務印書館文淵閣四庫全書，民國72 年），卷五，頁 417。

〔註379〕朱熹著，黎靖德編：〈鬼神〉，《朱子語類》，（台北，文津出版社，民國 75 年12 月），卷三，頁 35。

〔註380〕且「心之理便是性」〔註381〕而性之內涵爲「仁、義、禮、智」。因爲人爲有生死動靜之「形氣」，所以會面對形氣消散而死生之問題，生生之形軀若死亡，「生理」之「性」會隨之消亡嗎？高攀龍卻言「自古忠義士何曾亡滅。」。因此高攀龍乃就整個形氣世界而言，若由此言則爲「氣亡理不亡」，因爲此「理」是就形上無聚散之觀念延伸說明，整個形氣世界之「理」就如同形上「太虛元氣」之「天理」一樣是無限，因爲雖然形氣個體會死亡，但是「太虛元氣」會不斷地創生具道德主體義之形氣。故高攀龍可言忠義之士之形軀已死，但其「性」之「理」的「仁、義、禮、智」之道德內涵與道德精神不曾亡滅，此即本體論之「氣亡理不亡」在現實修養上之表現。呂坤亦云：

> 氣用形，形盡而氣不盡；火用薪，薪盡而火不盡；故天地惟無能用有。〔註382〕

高攀龍所言「忠義之士」乃言現實形氣層面之行道德忠義之士的形氣之人。而高攀龍引用張載之言「大易不言有，無言有，無諸字之陋也。」用「易」之生生是超越在有無之上，來說明「忠義之士」性中之理之「仁、義、禮、智」之道德意識不曾亡滅。因談「有」、「無」即是言形下有限層面，所以高攀龍言「理」與「易」之生生一樣是超越在「有」、「無」之上。高攀龍以「易之生生」來說明「氣亡理不亡」。王廷相亦云：

> 氣至而滋息，伸乎合一之妙也；氣返而游散，歸乎太虛之體也。是故有聚散，無滅息。雨水之始，氣化也；得火之炎，復蒸爲氣。草木之生，氣結也；得火之灼，復化而爲煙。以形觀之，若有有無之分矣，而氣之出入於太虛者，初未嘗滅也。……此氣機開闔、有無、生死之說也，三才之實化極矣。〔註383〕

由王廷相之論點可知氣是「有聚散，無滅息」，所以太虛之「易」會一直生生「忠義之士」，「忠義之士」中則有「忠義之士」之理，所以高攀龍以「易」是生生不息來說明某個時空中之忠義之士其形軀雖然會死亡，故氣會消散，

〔註380〕高攀龍：〈氣心性說〉，《高子遺書‧經解類》，（台北，臺灣商務印書館文淵閣四庫全書，民國72年），卷三，頁365。

〔註381〕高攀龍：〈苔錢啓新一〉，《高子遺書‧書》，（台北，臺灣商務印書館文淵閣四庫全書，民國72年），卷八上，頁480。

〔註382〕呂坤：〈談道〉，《呻吟語》，（台北，志一出版社，民國83年7月），卷一，頁65。

〔註383〕王廷相：〈道體〉，《王廷相集‧慎言》，（北京，中華書局，1989年9月），卷一，頁753。

但是因為「易」之生生不斷在創造「忠義之士」，所以一個「忠義之士」之死亡，其個人之忠義之理雖散，但是就整個形氣世界而言，「忠義之士」性中「仁、義、禮、智」之「理」並未曾滅亡與消失。因為生生不息之「易」所創之「忠義之士」，會一直不斷地藉由心之靈表現其性中之「仁、義、禮、智」成為忠義之行為。如高攀龍所云：

> 吾特明感應者，皆鬼神所為，鬼神者，皆人心所為，天地之道，為物不二者也。〔註384〕

人心之表現「性」中「仁、義、禮、智」之「理」的精神，就如同天地之「易」生生之道是「為物不二者」，即「易」生生之道專心致力於生生地表現，且永不停止。當「易」生生不斷在創造「忠義之士」，而「忠義之士」也一直不斷地藉由其心之靈，表現其「性」中之「仁、義、禮、智」成為忠義道德行為。所以「忠義之士」其「性」中「仁、義、禮、智」之「理」並未曾滅亡與消失時，即所謂「聖人即天地也，不可存亡言」。此如同高攀龍所云：

> 人亦死在天中，蓋自家生氣皆得天著，至於養成浩然，死亦生矣。
> 〔註385〕

人之自家生氣皆得天著，人之性理亦由「太虛元氣」之生生之理而來，人之死亡亦回歸於天。如韓邦奇云：

> 吾生，本氣之聚，氣散而歸之太極。反吾之故，物也。何曾亡乎？
> 〔註386〕

> 夫造化，氣聚於形而生，氣離於形則復歸於造化。〔註387〕

高攀龍言「養成浩然」即是「忠義之士」藉由心之靈之生生作用，表現其「性」中「仁、義、禮、智」之「理」成為具體忠義之道德行為，所以高攀龍雖言「理在氣中」，但是其認為形氣之身滅亡，形氣之理中至善「仁、義、禮、智」之理卻因為不斷有「忠義之士」表現出忠義行為，而使「忠義之理」不曾滅亡。如薛瑄云：

〔註384〕高攀龍：〈重刻感應篇序〉，《高子遺書・序》，（台北，臺灣商務印書館文淵閣四庫全書，民國72年），卷九上，頁561。

〔註385〕高攀龍：《高子遺書・會語》，（台北，臺灣商務印書館文淵閣四庫全書，民國72年），卷五，頁416。

〔註386〕韓邦奇：《性理三解》，（明正嘉間原刊本，台北，國家圖書館善本書室），頁5。

〔註387〕韓邦奇：《性理三解》，（明正嘉間原刊本，台北，國家圖書館善本書室），頁52。

> 理如日光，氣如飛鳥。理成氣機而動，如日光載鳥背而飛。鳥飛而
> 日光雖不離其背，實未嘗與之俱往，而有間斷之處，亦猶氣動而理
> 雖未嘗與之暫離，實未嘗與之俱盡，而有減息之時。「氣有聚散，理
> 無聚散」，於此可見。〔註388〕

而高攀龍藉由「眞元之氣」會生生不息，不斷創造「性」中具有與「太虛元
氣」至善之理內涵相同之「忠義之士」來，所以形氣世界中「理」之存在狀
況，不會因爲形氣之消散，而有所滅亡或減少，因此高攀龍說「死亦生矣」。
近代學者鍾彩鈞先生云：

> 氣的每一個活動，不管聚或散，都有法則、規律、秩序，便是理，
> 理作爲法則、規律、秩序，本身是不動的，不變的，不可以說有聚
> 散，這些理合起來便是整體的理。〔註389〕

藉由鍾彩鈞先生此段話，可作爲高攀龍所言「氣與理只有形上形下之分，更
無聚散可言。」與「聖人即天地也，不可存亡言。自古忠義士何曾亡滅。」
最佳說明。

〔註388〕薛瑄：《薛瑄全集・讀書錄》，（山西，人民出版社，1990年8月），卷五，頁
　　　　1145。

〔註389〕鍾彩鈞：〈羅整菴的理氣論〉，（台北，《中國文哲研究所集刊》，民國84年3
　　　　月），第六期，頁207。

第四章　浩然之氣即性

第一節　湛然太虛即天

一、在天爲氣

　　　　靜中觀喜怒哀樂未發時，湛然太虛，此即天也。心、性、天總是一
　　　　箇，故孟子曰：盡其心者，知其性也；知其性，則知天。〔註1〕
高攀龍明說出「天」即是「湛然太虛」。高攀龍又言「心、性、天總是一箇」。
何以心、性、天是一？高攀龍云：

　　　　天地間渾然一氣而已，張子所謂虛空即氣是也。此是至虛至靈有條有
　　　　理的，以其至虛至靈在人即爲心，以其有條有理在人即爲性。〔註2〕
前面高攀龍明說出「天」即是「湛然太虛」。此又言「天地間渾然一氣而已，
張子所謂虛空即氣是也。」所以「天」即是張載所謂「太虛」。如張載云：「由
太虛有天之名。」〔註3〕如王廷相云：

　　　　天者，太虛氣化之先物也，地不得而並焉。天體成，則氣化屬之天
　　　　矣；譬人化生之後，形自相禪也。是故太虛眞陽之氣感於太虛眞陰

―――――――――――――――――――――――

〔註1〕　高攀龍：〈示學者〉，《高子遺書・經解類》，（台北，臺灣商務印書館文淵閣四
　　　　庫全書，民國72年），卷三，頁356。
〔註2〕　高攀龍：〈牛山之木章〉，《高子遺書・講義》，（台北，臺灣商務印書館文淵閣
　　　　四庫全書，民國72年），卷四，頁405。
〔註3〕　張載：〈太和篇第一〉，《張載集・正蒙》，（台北，漢京文化事業有限公司，民
　　　　國72年9月），頁9。

之氣，一化而爲日星雷電，一化而爲月雲雨露，則水火之種具矣。
有水火，則蒸結而土生焉。日涵之成鹺，煉水之成膏，可類測矣。
土則地之道也，故地可以配天，不得以對天，謂天之生之也。有土，
則物之生益眾，而地之化益大。金木者，水火土之所出，化之最末
者也。〔註4〕

高攀龍又言「此是至虛至靈有條有理的，以其至虛至靈在人即爲心，以其有
條有理在人即爲性。」因爲「太虛元氣」之「有條有理」在人爲「性」，「太
虛元氣」之「至虛至靈」在人爲「心」，所以「心、性、天總是一箇」。吳廷
翰云：

> 虛實也，聚散也，皆氣也。其曰天，曰道，曰性，曰心皆此一物，
> 隨處異名，不容分別。〔註5〕

心、性、天皆爲「氣」，故可以爲一。高攀龍云：

> 人之所以爲人者，性而已矣。性之所以爲性者，天而已矣。人在天中
> 爲至虛，天在人身爲至靈，虛靈者，於人無朕於天無際，性之所以妙
> 於天人之間而爲心，呈天之體，顯天之用，而非徒以芬然。〔註6〕

高攀龍認爲「人之所以爲人者，性而已矣。性之所以爲性者，天而已矣。」
所以「性」是人之所以爲人之道德主體，而「天」又是人之所以爲人之性之
道德主體。由此可知人、性、天三者是一。高攀龍又云「人在天中爲至虛，
天在人身爲至靈」。爲何言「人在天中爲至虛」？高攀龍云：

> 靜坐只以見性爲主，人性萬物皆備，原不落空，人性本無一物，不
> 容執著，性即天也。〔註7〕

因爲前有言「太虛元氣」中有條有理者，即是氣中之「理」，因爲此「太虛元
氣」之「氣之條理」是萬物之理皆在其中。而「太虛元氣」中有條有理者在
人爲「性」，所以「人性萬物皆備，原不落空」亦即是「至虛」之義。何謂「天
在人身爲至靈」？高攀龍有云：

〔註4〕 王廷相：〈道體〉，《王廷相集·慎言》，（北京，中華書局，1989年9月），卷
一，頁752。

〔註5〕 吳廷翰：《吳廷翰集·吉齋漫錄》，（北京，中華書局，1982年2月），卷上，
頁19。

〔註6〕 高攀龍：〈就正錄自序〉，《高子遺書·序》，（台北，臺灣商務印書館文淵閣四
庫全書，民國72年），卷九上，頁541。

〔註7〕 高攀龍：〈荅呂劍潭大行〉，《高子遺書·書》，（台北，臺灣商務印書館文淵閣
四庫全書，民國72年），卷八上，頁498。

> 天地間充塞無間者，惟氣而已，在天則爲氣，在人則爲心。氣之精
> 靈爲心，心之充塞爲氣，非有二也。〔註8〕

高攀龍意爲天地之間所充塞者只是「氣」而已，對天而言，則稱作「氣」；對
人而言，則稱作「心」。「氣之精靈爲心，心之充塞爲氣，非有二也。」高攀
龍指出「太虛元氣」，最精靈之作用，在人身上則爲人之心，所以人之心是由
「太虛之氣」而來。因爲高攀龍言「天地間充塞無間者，惟氣而已」，所以「天」
是「氣」所組成，「人」也是「氣」所組成，而「氣」在天稱作「氣」，「氣」
在「人」稱作「心」，因此「天」與「心」因爲皆爲「氣」所以「非有二」也。
因爲天在人身之「心」是「氣之靈」，所以「天在人身爲至靈」。高攀龍又言
「虛靈者，於人無朕於天無際，性之所以妙於天人之間而爲心，呈天之體，
顯天之用，而非徒以楚然。」「朕」即是指徵兆。「無朕」是言沒有徵兆，故
爲「虛」。「無際」是指「靈」，「靈」即生物不測之意。其分而言之，「太虛元
氣」之虛靈於人無朕，虛靈於天無際，此乃因爲「太虛元氣」透過「易」生
生作用之陰陽二氣相摩相盪，可以凝結爲具體形氣之人。如呂坤云：

> 天地萬物只是一氣聚散，更無別箇。形者，氣所賦以爲凝結；氣者，
> 形所托以爲運動。無氣則形不存，無形則氣不在。〔註9〕

> 氣者，形之精華；形者，氣之渣滓。故形中有氣，無氣則形不生；
> 氣中無形，有形則氣不載。故有無形之氣，無無氣之形。〔註10〕

而「太虛元氣」因爲是無形之氣，故可藉由生生運動之凝結過程而能創生具
體有形之形氣萬物，當「太虛元氣」凝結而爲人時，其亦將其「虛」與「靈」
之「精華」渾合言之，而爲人之心、性，此「虛靈」而無朕無際。而此「虛
靈」以「氣」爲本質，故能妙於無形「太虛元氣」之天與形氣之人間。而前
有言「性是妙合在天人之間」，性能妙合天人之間者因有「氣之精靈」之「心」。
如高攀龍有云：

> 天地之先，惟斯一氣，萬有大生，人爲至貴，人生於寅，是謂厥初有
> 如嬰兒至靜而虛，其心之靈，以氣之直上際下，蟠與天無極。〔註11〕

〔註8〕 高攀龍：〈雖存乎仁者節〉，《高子遺書・講義》，（台北，臺灣商務印書館文淵
　　　閣四庫全書，民國72年），卷四，頁405。
〔註9〕 呂坤：〈天地〉，《呻吟語》，（台北，志一出版社，民國83年7月），卷四，頁192。
〔註10〕 呂坤：〈天地〉，《呻吟語》，（台北，志一出版社，民國83年7月），卷四，頁192。
〔註11〕 高攀龍：〈寅直說〉，《高子遺書・經解類》，（台北，臺灣商務印書館文淵閣四
　　　庫全書，民國72年），卷三，頁367。

因爲「心」是氣之靈，所以「心」之靈可以以氣之直上際下，蟠與天無極，故可以妙合天人之間。而心又如何「呈天之體，顯天之用，而非徒以梦然」？高攀龍云：「天即心也，當其感皆天之用也；當其寂即天之體也，必體立用行，故於靜時默識其體，觀未發氣象，即默識其體也。」〔註12〕因爲「天」即「心」，而高攀龍又言：「心體便是易。」〔註13〕如《易‧繫辭上傳》云：

> 《易》，無思也，無爲也，寂然不動，感而遂通天下之故。〔註14〕

所以高攀龍又言：「人心有寂有感，不可偏以已發爲心。中者，心之所以爲體，寂然不動者也，性也。和者，心之所以爲用，感而遂通者也，情也。」〔註15〕因此「心」可「呈天之體」。而心之「呈天之體」之意乃是「當其寂即天之體也」，而此亦即「中者，心之所以爲體，寂然不動者也，性也。」，因此高攀龍又言「靜時默識其體，觀未發氣象，即默識其體也。」心之「顯天之用」之意乃是指「當其感皆天之用也」，而此亦即「和者，心之所以爲用，感而遂通者也，情也。」高攀龍云：

> 維天之命於穆不已，可以爲無乎？上天之載無聲無臭，可以爲有乎？
>
> 〔註16〕

高攀龍言「天即心」，而「心體即易」所以高攀龍認爲「天」是「維天之命於穆不已，可以爲無乎？上天之載無聲無臭，可以爲有乎？」由此可知「天」是不能用言語形容超越具體形氣有、無之上，所以爲「非有非無」超越形下有無世界之形上本體。而何謂「維天之命於穆不已，可以爲無乎？」高攀龍認爲「天命」爲：「朱子傳註六經，折衷群言是天生斯人，以爲萬世即天之生。聖賢可以知天命矣。」〔註17〕高攀龍言「天命」之即「天生斯人，以爲萬世即天之生」之意。由此可知「天」是生生創生之主體，故可造出萬世萬代。楊慎云：

〔註12〕高攀龍：〈荅呂劍潭大行〉，《高子遺書‧書》，（台北，臺灣商務印書館文淵閣四庫全書，民國72年），卷八上，頁498。

〔註13〕高攀龍：《高子遺書‧會語》，（台北，臺灣商務印書館文淵閣四庫全書，民國72年），卷五，頁417。

〔註14〕朱熹：《周易本義‧乾第一》，（台北，大安出版社，民國88年7月），卷一，頁31。

〔註15〕高攀龍：〈未發說〉，《高子遺書‧經解類》，（台北，臺灣商務印書館文淵閣四庫全書，民國72年），卷三，頁364。

〔註16〕高攀龍：〈荅呂劍潭大行〉，《高子遺書‧書》，（台北，臺灣商務印書館文淵閣四庫全書，民國72年），卷八上，頁498。

〔註17〕高攀龍：《高子遺書‧語》，（台北，臺灣商務印書館文淵閣四庫全書，民國72年），卷二，頁344。

> 命也者，動而有生有成焉；性也者，靜而無染無著焉。〔註18〕

楊愼認爲「命」即是動而有生有成之生生不斷創生萬物，並將道德內涵轉化爲「人」無染無著道德本質之「性」。「天」如何創生萬物？高攀龍云：

> 曰自感自應所以爲天也，所以爲其物不貳也。〔註19〕

「天」因爲「自感自應」，所以可以「爲其物不貳」地生生萬物。而何謂「感應」？高攀龍有云：

> 天地間感應二者如環，無端生人物之萬殊，感應所以爲鬼神，非有
> 鬼神以司感應也……吾特明感應者，皆鬼神所爲，鬼神者，皆人心
> 所爲，天地之道，爲物不二者也。〔註20〕

由此可知「天」之感應作用，即是「無端生人物之萬殊」之「鬼神」。由此可知「天」即「易」生生萬物之主體。因爲高攀龍前有言「天地間充塞無間者，惟氣而已，在天則爲氣，在人則爲心。」所以「天」生物不測之「鬼神」，即是能妙乎天人之間的「心」。而高攀龍又云：

> 其爲物不貳，只是一箇道理。惟其一所以生物不測，爲不測故神，
> 所謂易也。〔註21〕

因此「鬼神」亦即是是「易」其「生物不測」之「神」。高攀龍云：

> 何以謂心本仁？仁者，生生之謂，天只是一箇生，故仁即天也，天
> 在人身爲心，故本心爲仁，其不仁者，心蔽於私，非其本然。〔註22〕

前有言「天」即是「易」之生生，所以高攀龍言「天只是一箇生」。高攀龍又言「天在人身爲心」，而且高攀龍認爲人之「心」即生生之「仁」，故人之「心」有「天」之「易」之生生作用，而易之「生物不測」即稱作「神」。高攀龍又云：

> 人之靈即天地之靈，原是一箇，卻是箇活鬼神。倏然言、倏然默、

〔註18〕 楊愼：〈璅語〉，《升庵全集》，（台北，臺灣商務印書館，民國 57 年），卷六五，頁 830。

〔註19〕 高攀龍：〈知天說〉，《高子遺書‧經解類》，（台北，臺灣商務印書館文淵閣四庫全書，民國 72 年），卷三，頁 362。

〔註20〕 高攀龍：〈重刻感應篇序〉，《高子遺書‧序》，（台北，臺灣商務印書館文淵閣四庫全書，民國 72 年），卷九上，頁 561。

〔註21〕 高攀龍：《高子遺書‧會語》，（台北，臺灣商務印書館文淵閣四庫全書，民國 72 年），卷五，頁 416。

〔註22〕 高攀龍：《高子遺書‧語》，（台北，臺灣商務印書館文淵閣四庫全書，民國 72 年），卷一，頁 336。

俟然喜、俟然怒，莫之爲而爲，非鬼神而何。〔註23〕

高攀龍言「人之靈即天地之靈，原是一箇，卻是箇活鬼神。」所以由此可知，人之「心」具生生作用之「鬼神」，即天之易生生之「神」。因此由「天地間感應二者如環」，所以高攀龍言「天地之道，爲物不二者也」，故「天」即是「易」，皆是「爲其物不貳」。如孫應鰲云：

天地之道，感應而已，天地感而萬物化生，以天地萬物之氣同也。〔註24〕

而何謂「上天之載無聲無臭，可以爲有乎？」高攀龍引程明道之言，其曰：「明道先生曰：上天之載無聲無臭，其體則謂之易，一語便可見易。」〔註25〕因此「上天之載無聲無臭」所言者亦是對於「易」之生生作用而言，故高攀龍又引張載之言，來說明何謂「非有非無」之形上本體？高攀龍云：

張子曰：大易不言有，無言有，無諸子之陋。故曰：大哉易也，斯其至矣。〔註26〕

「非有非無」之意爲「易」生生不已，是超越形下有無世界之形上本體。而高攀龍云：「天地之先，惟斯一氣，萬有大生。」〔註27〕由此可知超越形下有無世界之形上本體，其所指乃是「太虛元氣」，因此「易」即「太虛元氣」之生生作用。前有言「天」即是「太虛元氣」，所以「易」也是天之生生作用，故高攀龍言「天」是「維天之命於穆不已，可以爲無乎？上天之載無聲無臭，可以爲有乎？」

二、六合內外皆天

（一）六合內外皆天

要知天地間一太和之氣而已，易曰：天地氤氳，此所謂太和也。

〔註23〕高攀龍：《高子遺書·會語》，（台北，臺灣商務印書館文淵閣四庫全書，民國72年），卷五，頁416。

〔註24〕孫應鰲：《淮海易談》，《陽明學研究叢書·孫應鰲文集》，（貴州，教育出版社，1990年），頁66。

〔註25〕高攀龍：《高子遺書·語》，（台北，臺灣商務印書館文淵閣四庫全書，民國72年），卷一，頁341。

〔註26〕高攀龍：〈氣心性說〉，《高子遺書·經解類》，（台北，臺灣商務印書館文淵閣四庫全書，民國72年），卷三，頁365。

〔註27〕高攀龍：〈寅直說〉，《高子遺書·經解類》，（台北，臺灣商務印書館文淵閣四庫全書，民國72年），卷三，頁367。

〔註28〕

高攀龍前言「天」即「易」，而此言「易」即「太和之氣」，因此「天」即「太和之氣」，而「太和之氣」表示「太虛元氣」已經凝成天地間形氣總和之狀態。如王船山云：

> 人物同受太和之氣以生，本一也。〔註29〕

> 氣者天，氣稟者天。〔註30〕

王船山以為人、物皆由「太和之氣」以生，而「太和之氣」即「天」。如高攀龍云：

> 今人所謂天，以為蒼蒼在上者云爾。不知九天而上，九地而下，自吾之皮毛骨髓，以及六合內外皆天也。〔註31〕

高攀龍認為九天而上、九地而下、吾人之皮毛骨髓和六合內外皆「天」，所以「天」代表此形氣世界之總括。高攀龍云：

> 翁曰：公近釋正蒙，且論太和何如？曰：張子謂虛空即氣，故指氣以見虛，猶易指陰陽以謂道也。〔註32〕

高攀龍進一步解釋何謂「太和」？高攀龍藉用張載所言之「虛空即氣」，說明「虛空」即是實有之「氣」，進而說明「太虛」之意。無形而具體之「太和」則是「易指陰陽以謂道」。因為「太和之氣」其生生作用之「易」是「非有非無」，如同張載「太虛」，所以「易」之生道雖是無形無狀，但易之生物之過程卻可以藉由「陰」、「陽」二氣氤氳相盪化生出有形之形氣狀態，則可以讓人明白何謂易之「道」。高攀龍云：

> 道有體用焉。其用可見，其體難明。其體可明，其用難盡。故君子致知力行，必交勉也。〔註33〕

〔註28〕 高攀龍：〈子貢問師與商也孰賢章〉，《高子遺書・講義》，（台北，臺灣商務印書館文淵閣四庫全書，民國72年），卷四，頁392。

〔註29〕 王船山：〈作者篇〉，《船山全書・張子正蒙注》，（長沙，嶽麓書社，1988年至1996年），第十二冊，卷五，頁221。

〔註30〕 王船山：〈太甲二〉，《船山全書・尚書引義》，（長沙，嶽麓書社，1988年至1996年），第二冊，卷三，頁299。

〔註31〕 高攀龍：〈知天說〉，《高子遺書・經解類》，（台北，臺灣商務印書館文淵閣四庫全書，民國72年），卷三，頁362。

〔註32〕 高攀龍：〈與管東溟虞山精舍問答〉，《高子遺書・經解類》，（台北，臺灣商務印書館文淵閣四庫全書，民國72年），卷三，頁376。

〔註33〕 高攀龍：《高子遺書・語》，（台北，臺灣商務印書館文淵閣四庫全書，民國72

如高攀龍所云：「道者，無聲無臭。體道者，言、行而已。」〔註34〕高攀龍認
爲人無法直接掌握「無聲無臭」之「道」體，但是人可以透過自己言行舉止
感受到具體可見道之用，即所謂「君子致知力行，必交勉也」。高攀龍有云：

> 聖人言道，未嘗諱言無也。曰：上天之載，無聲無臭。夫無聲無臭
> 者，不可言，言人倫庶物而已。聖人曰：即此是道，更別無道也夫。

〔註35〕

高攀龍說明「道」未嘗諱言無，因爲「上天之載，無聲無臭」指「易」之生
生，而「易」之生生是「無聲無臭」，所以是不可言也，此意即無法用言語掌
握或明說，因此人們並不清楚何謂「易」之生生。高攀龍用形氣世界具體「人
倫庶物」來說明「道」，因爲具體「人倫庶物」皆爲陰、陽二氣所組成，亦即
高攀龍所言「猶易指陰陽以謂道也」之意。如吳廷翰云：

> 何謂道？「一陰一陽之謂道」。何謂氣？一陰一陽之謂氣。然則陰陽
> 何物也？曰氣。然則何以謂道？曰：氣即道，道即氣。⋯⋯及其分
> 也，輕清者敷施而發散，重濁者翕聚而凝結，故謂之陰陽。陰陽既
> 分，兩儀、四象、五行、四時、萬化、萬事皆由此出，故謂之道。⋯⋯
> 陰陽者，以此氣之有動靜而言也。道者，以此氣之爲天地人物所由
> 以出而言也，非有二也。〔註36〕

因此高攀龍認爲人可以體會具體之「人倫庶物」才是所謂眞正之「道」。王艮
云：

> 聖人之道，無異於百姓日用，凡有異者，皆異端。〔註37〕

王艮認爲「道」即是「百姓日用」，因而除此具體「百姓日用」之「人倫庶物」
之道外，別無他道。羅近溪亦云：

> 道以爲道，不從天降，不從地出，切近易見，則赤子下胎之處，啞
> 啼一聲是也。聽著此一聲，何等迫切，想著此一聲啞啼，多少意味

年），卷一，頁337。
〔註34〕高攀龍：《高子遺書‧語》，（台北，臺灣商務印書館文淵閣四庫全書，民國72
　　　　年），卷二，頁345。
〔註35〕高攀龍：〈許敬菴先生語要序〉，《高子遺書‧序》，（台北，臺灣商務印書館文
　　　　淵閣四庫全書，民國72年），卷九上，頁546。
〔註36〕吳廷翰：《吳廷翰集‧吉齋漫錄》，（北京，中華書局，1982年2月），卷上，
　　　　頁5。
〔註37〕王艮：〈語錄上〉，《王心齋全集》，（日本嘉永元年刊本，台北，廣文書局，民
　　　　國76年3月），卷二，頁15。

其實性理自具。〔註38〕

羅近溪體認道不在玄遠，「道」是切近易見。所以高攀龍云：

> 聖人之象，乾而言元亨也，繼之曰：大明終始，六位時成，時乘六
> 龍以天。明言天道矣。言利貞也，終之曰：首出庶物，萬國咸寧。
> 明言人道矣。……聖人自釋之矣。曰：乾元，始而亨者也；利貞者，
> 性情也。乾始能以美利利天下，不言所利大矣哉。此申言元亨利貞
> 也。……統之曰：大哉乾乎。皆乾道也。其以人道爲乾道也。明甚
> 則其以乾道爲人道也。明甚所以交錯其文者。蓋四德有終始之義，
> 故六爻有時成之位，非御天者之雲雨，則元亨不能成利貞之功，而
> 萬國不寧，皆乾道也，皆人道也。聖人正恐人二之也。〔註39〕

高攀龍認爲「別而言之」「道」分「天道」與「人道」。何謂「天道」？「天
道」是「大明終始，六位時成，時乘六龍以御天。」因此高攀龍釋之爲：「萬
物資始，元也；品物流行，亨也；各正性命，利也；保和太和，貞也，此乾
道之大明終始也。有四德之終始，故有六位之時成；有六龍之時乘，故有四
德之終始。」〔註40〕高攀龍之意乃言「乾道」之生生即「天道」。如羅近溪云：

> 大明乎乾之始，而全經之始，無弗明矣；大明乎乾之終，而全經之
> 終，無弗明矣。蓋陰陽之內外遠近，大小高下不過六位時成，而天
> 之體盡之矣，陰陽消長進退，順逆吉凶不過六虛周遊，而乾之健盡
> 之矣。〔註41〕

羅近溪認爲「乾道」即「大明終始」。而高攀龍所認爲之「大明終始」即是「元、
亨、利、貞」此四德之終始而循環不已。因爲《易‧繫辭下傳》：「天地之大
德曰生。」〔註42〕所以「元、亨、利、貞」代表「四德之終始」。而「四德之
終始」代表「天道」生化萬物之過程。而由「四德之終始」生生化育萬物之

〔註38〕 羅近溪：《旴江羅近溪先生全集》，(明萬曆十四年戊午劉一焜浙江刊本，台北，
國家圖書館善本書室)，卷三，頁36。

〔註39〕 高攀龍：〈乾象說〉，《高子遺書‧經解類》，(台北，臺灣商務印書館文淵閣四
庫全書，民國72年)，卷三，頁369。

〔註40〕 高攀龍：〈乾象說〉，《高子遺書‧經解類》，(台北，臺灣商務印書館文淵閣四
庫全書，民國72年)，卷三，頁396。

〔註41〕 羅近溪：《旴江羅近溪先生全集》，(明萬曆十四年戊午劉一焜浙江刊本，台北，
國家圖書館善本書室)，卷四，頁12。

〔註42〕 朱熹：《周易本義‧繫辭下傳》，(台北，大安出版社，民國88年7月)，卷三，
頁252。

次序後，才有「六位之時成」、「六龍之時乘」。因為「龍」代表陽爻，如《易‧乾‧初九》之注釋中：「龍，陽物也。」〔註43〕所以六龍代表「乾」卦。因《易‧象傳》中有云：

> 大哉乾元，萬物資始，乃統天。雲行雨施，品物流行，六位時成，時乘六龍以御天。〔註44〕

「乾」是「萬物資始」所以統括稱之為「天」。而「六位之時成」、「六龍之時乘」之「時」字之意，如高攀龍有云：「終日乾乾與時偕行，只一時字，便見繼之者善。」〔註45〕「時」之意思即是有六位與六龍之「乾」卦是無時不生。所以高攀龍說「時乘六龍以御天」其意思是隨時可以憑藉六龍之「乾」的變化來駕馭天的變化。因為「天」的變化是生生萬物，「乾」的六龍變化卻是天生生變化之始，所以「乾」之六龍可以「御天」。由此可知乾道即天道。

何謂「人道」？「人道」即是「言利貞也，終之曰：首出庶物，萬國咸寧。明言人道矣。」而高攀龍釋之為「乾元統天而首出庶物，六龍御天而萬國咸寧矣。」〔註46〕因為《易‧象傳》中有云：

> 乾道變化，各正性命。保和太和，乃利貞。首出庶物，萬國咸寧。
>
> 〔註47〕

「乾道變化」指乾道之生生萬物。「各正性命」即「利」也，因為「利」表示天所創造之人已經賦予其天命之性，表示創造完成。「保和太和」即「貞」也，因為所化生之人除了有「天命之性」外，在現實形氣世界，更應該保持此易之生生「太和」之狀態。所以由「利」與「貞」才可以開始言「人道」。因為有「利」與「貞」才將「乾道」所生生之萬物保持在合於天道生生之大德下，不會有所偏離正道地生生活動下去，使形氣世界可以達到「萬國咸寧」之境界，這才是「人道」之極。所以高攀龍言「聖人自釋之矣。曰：乾元，始而

〔註43〕朱熹：《周易本義‧乾上經》，（台北，大安出版社，民國88年7月），卷一，頁28。

〔註44〕朱熹：《周易本義‧乾上經》，（台北，大安出版社，民國88年7月），卷一，頁30。

〔註45〕高攀龍：《高子遺書‧語》，（台北，臺灣商務印書館文淵閣四庫全書，民國72年），卷一，頁340。

〔註46〕高攀龍：〈乾象釋〉，《高子遺書‧經解類》，（台北，臺灣商務印書館文淵閣四庫全書，民國72年），卷三，頁370。

〔註47〕朱熹：《周易本義‧乾上經》，（台北，大安出版社，民國88年7月），卷一，頁30。

亨者也；利貞者，性情也。乾始能以美利利天下，不言所利大矣哉。此申言元亨利貞也。」「乾元」乃開始創造，進而達到「亨」之順利創造之境。「利貞」則是由乾道之生生創造萬物，並給予各物一「天命之性」，各物再憑此「天命之性」表現成合理之「情」的具體行爲，故「乾始能以美利利天下，不言所利大矣哉。」

　　高攀龍「渾而言之」認爲「天道」與「人道」其實是一。因爲高攀龍認爲「蓋四德有終始之義，故六爻有時成之位，非御天者之雲雨，則元亨不能成利貞之功，而萬國不寧，皆乾道也，皆人道也。聖人正恐人二之也。」天道故然有生生之大德，但是天只是不斷地生出本性合乎道德之事物，但是現實形氣世界之表現，則須靠「人道」來維持「萬國咸寧」之道德境界。而「天道」是超越有無之上、無聲無臭者，但「人道」卻是人可以掌握表現。因此高攀龍強調「人道」，因爲「人道」之「萬國咸寧」與「人倫庶物」因爲對人而言才是眞正表現出易之生生之「道」。而此「人道」之極之「萬國咸寧」境界，亦可以稱爲「天道」。高攀龍進一步說明「天道」與「人道」如何是一？

（二）天與吾一呼吸

　　　　吾作譜而滋懼也，夫譜以譜其可知者已爾，由可知者推而上之何如也，祖也；由不可知之祖推而上之何如也，天也。然則吾之一呼吸而在，吾之親在也；吾之親一呼吸而在，吾之祖在也；吾祖之一呼吸而在，不可知之祖在也；不可知之祖一呼吸而在，天地始交之呼吸在也，嗚呼嚴哉。吾之身即親也，即祖也，即天也。……嗚呼嚴哉。夫天與吾一呼吸也，其感、其應一呼吸也。〔註48〕

高攀龍言「由可知者推而上之何如也，祖也；由不可知之祖推而上之何如也，天也。」如吳廷翰云：

　　　　天地之初，一氣而已矣，非有所謂道者別爲一物，以並出乎其間也。氣之渾淪，爲天地萬物之祖，至尊而無上，至極而無以加，則謂之太極。及其分也，輕清者敷施而發散，重濁者翕聚而凝結，故謂之陰陽。陰陽既分，兩儀、四象、五行、四時、萬化、萬事皆由此出，故謂之道。〔註49〕

〔註48〕高攀龍：〈家譜・譜序〉，《高子遺書・碑》，（台北，臺灣商務印書館文淵閣四庫全書，民國72年），卷十，頁635。

〔註49〕吳廷翰：《吳廷翰集・吉齋漫錄》，（北京，中華書局，1982年2月），卷上，頁5。

吳廷翰言天地萬物之祖即「氣之渾淪」。而高攀龍藉由說明祖先之由來，告知
吾輩人之所生乃由天也。如王廷相亦云：

> 道體不可言無，生有有無。天地未判，元氣混涵，清虛無間，造化
> 之元機也。〔註50〕

故高攀龍云：「人之受氣於天，猶子之受產於父。」〔註51〕高攀龍以為人之形體
由父而來，就如同天地之初人即受天之氣而生。而「天」即「湛然太虛」。因此
高攀龍之意即「太虛之氣」凝聚成有形之氣之人身。而前高攀龍有言「天是自
感自應」，而此處又說明「夫天與吾一呼吸也，其感、其應一呼吸也。」。因為
人由「天」所生，所以人亦是「自感自應」者。再者，人由「呼吸」表現出「自
感自應」之生生作用。因此「呼吸」是人生生不息地表現。如高攀龍云：

> 地間感應二者如環，無端生人物之萬殊，感應所以為鬼神，非有鬼
> 神以司感應也，凡世人所受一飲一喙，莫不前定，皆應也，命之不
> 可易者也；凡世人所做一善一惡，各以類分，皆感也，命之自我造
> 者也。惟即感為應，故人即為天，不然是有天命無人事。……人之
> 所以為天，而命之肓由人造也。〔註52〕

天地之感應在創生生萬物，而人之感應主在「造命」，當人「即感為應」之造
命時，「人即為天」。而何謂「造命」？高攀龍云：

> 天地間感應二者，循環無端，所云：定數莫逃者，皆應也。君子盡
> 道其間者，皆感也。「應」是受命之事；「感」是造命之事。聖人祈
> 天永命，皆造命也。我由命造，命由我造，但知委順，而不知盡道，
> 非知命者。〔註53〕

「造命」即是「盡道」。孫應鰲云：

> 盡道而死者，正命也。伯牛有疾，夫子嘆曰：「命」也！夫伯牛可謂
> 盡其道而死矣。命在于天，道繫乎己，君子惟盡其在己者，不責其
> 在天者。〔註54〕

〔註50〕王廷相：《王廷相集》，（北京，中華書局，1989年9月），卷一，頁751。
〔註51〕高攀龍：〈書唯安先生誌銘後〉，《高子遺書·題跋雜書類》，（台北，臺灣商務
　　　　印書館文淵閣四庫全書，民國72年），卷十二，頁712。
〔註52〕高攀龍：〈重刻感應篇序〉，《高子遺書·序》，（台北，臺灣商務印書館文淵閣
　　　　四庫全書，民國72年），卷九上，頁561。
〔註53〕高攀龍：《高子遺書·語》，（台北，臺灣商務印書館文淵閣四庫全書，民國72
　　　　年），卷一，頁341。
〔註54〕孫應鰲：《四書近語》，《陽明學研究叢書·孫應鰲文集》，（貴州，教育出版社，

孫應鰲以爲「造命」乃君子「盡其在己者」之「盡道」。而不責其在天之「命」，此即眞「知命」。「道」本指天生生之「易」陰陽相生之過程，而「道」亦指人實踐道德之過程。高攀龍有云：

> 天人原是一箇，人所爲處即天。譬之命該做官者，必須讀書、做文字。讀書、做文是人，然肯讀書、做文又是天。彥文曰：命之所有，先天也；人之肯爲，後天也，無先天不起後天，無後天不成先天。
> 先生曰：然。〔註55〕

因前有言「應」是受命之事，所以「先天」者即「命」也。何謂「命」？高攀龍云：「天在眼前，人起不知，只爲了說天命，不知如何爲命連天也。不知了天只是天，一落人身故喚做命，命字即天也。」〔註56〕高攀龍又云：「人之所以爲性，天之所以爲命也。」〔註57〕所以人之「性」即天之「命」，此亦爲「應」之意。彥文云：「人之肯爲，後天也，無先天不起後天，無後天不成先天。」「後天」即所謂「造命」，亦即是「盡道」之意。如呂坤云：

> 有在天之天，有在人之天。有在天之先天，太極是已；有在天之後天，陰陽五行是已。有在人之先天，元氣、元理是已；有在人之後天，血氣、心知是已。〔註58〕

呂坤所言「在天之先天」即是元氣、太極之本體；「在人之先天」是元氣具體在人之呈現；「在天之後天」是無形但卻已經開始具體氣化流行之陰陽五行；「在人之後天」則是指在形氣之人上，血氣心知會表現種種不同行爲和知覺之狀態。可知「先天之天」是太極，而「先天之人」言人身上具有太極，即是元氣、元理。在人則是指人之先天本質之元氣，而人之後天是具體血氣心知之道德表現。

故高攀龍言「無先天不起後天，無後天不成先天。」因爲高攀龍言：「道者率性之謂，天下豈有須臾離性之人，百姓特日用而不知耳。」〔註59〕所以

　　1990 年），頁 213。

〔註55〕高攀龍：《高子遺書・會語》，（台北，臺灣商務印書館文淵閣四庫全書，民國72 年），卷五，頁 417。

〔註56〕高攀龍：《高子遺書・會語》，（台北，臺灣商務印書館文淵閣四庫全書，民國72 年），卷五，頁 416。

〔註57〕高攀龍：《高子遺書・語》，（台北，臺灣商務印書館文淵閣四庫全書，民國72年），卷一，頁 337。

〔註58〕呂坤：〈天地〉，《呻吟語》，（台北，志一出版社，民國 83 年 7 月），卷四，頁 193。

〔註59〕高攀龍：《高子遺書・劄記》，（台北，臺灣商務印書館文淵閣四庫全書，民國

「道」是所謂的「率性」,而「性」是「先天」之「命」,因此「無先天不起後天」。何謂「無後天不成先天」?人有天所命之性,若不「盡道」其間,將此天命實踐為具體「日用常行」,則天命之性只是一道德內涵,與形氣世界無所交涉。高攀龍前所言:「感應者,皆鬼神所為,鬼神者,皆人心所為,天地之道,為物不二者也。」〔註60〕而高攀龍言:「天地大矣,惟人與之同者,其才同也。故曰:三才。才者何也?生也。生者何也?心也。故人之得其本心者,同於天地。」〔註61〕天地與人同於「生」,「生」即指人之本心具有生生作用。而前高攀龍有言「心」生生作用即「鬼神」,即易之生物不測之「神」。高攀龍云:

> 易言利用出入,民咸用之,謂之神。吾輩一語、一默、一作、一息
> 何等神妙。〔註62〕

高攀龍之言即是當人「呼吸」之時,所表現出「一語、一默、一作、一息」之具體言行,皆是由天之感應「易」之「神」而來,故吾人之「呼吸」時所表現「一語、一默、一作、一息」亦是神妙不可測。高攀龍引朱子之言云:「故朱子別之曰:此為天道之元、亨、利、貞,此為聖人之元、亨、利、貞,渾而言之。」〔註63〕因為「元、亨、利、貞」原指天之易之「神」生生萬物之過程,此即「天道」之「生」。如吳廷翰云:

> 天理,即天之道。天道,即元亨利貞,即陰陽。陰陽,即一氣。一
> 氣,即所謂「於穆不已」者。「於穆不已,天之所以為天也。」天之
> 所以為天者在此,非天理乎?〔註64〕

高攀龍認為聖人之心生生實踐道德之過程,亦由天之「元、亨、利、貞」而來,所以稱為「聖人之元、亨、利、貞」。因此「天道」之「元、亨、利、貞」

　　　72年),卷二,頁347。

〔註60〕高攀龍:〈重刻感應篇序〉,《高子遺書・序》,(台北,臺灣商務印書館文淵閣四庫全書,民國72年),卷九上,頁561。

〔註61〕高攀龍:〈汧陽縣三賢祠記〉,《高子遺書・碑》,(台北,臺灣商務印書館文淵閣四庫全書,民國72年),卷十,頁626。

〔註62〕高攀龍:《高子遺書・會語》,(台北,臺灣商務印書館文淵閣四庫全書,民國72年),卷五,頁416。

〔註63〕高攀龍:〈乾象說〉,《高子遺書・經解類》,(台北,臺灣商務印書館文淵閣四庫全書,民國72年),卷三,頁369。

〔註64〕吳廷翰:《吳廷翰集・吉齋漫錄》,(北京,中華書局,1982年2月),卷上,頁17。

即「人道」之聖人之「元、亨、利、貞」。高攀龍云：

> 大人與天地合德，日月合明，四時合序，鬼神合吉凶，人心止於至
> 善便是如此。易言天地即是言聖人，言聖人即是言人心。道無天、
> 人，凡、聖也。〔註65〕

高攀龍認爲「天道」之「元、亨、利、貞」即「人道」之聖人「元、亨、利、
貞」。此意義如同「易言天地即是言聖人」。呂坤云：

> 理道之天，先天也。惟一降衷，所秉繼善，所成是已。〔註66〕

呂坤以爲「先天」乃元氣之天其將道德之性命於人身，即「降衷」之事。而
人秉此「性」繼之不已地完成道德言行，此即所謂「繼善」。「繼善」之事即
是「人道」。高攀龍言「大人」即「聖人」，因「大人與天地合德，日月合明，
四時合序，鬼神合吉凶，人心止於至善便是如此。」此亦爲「言聖人即是言
人心」之意。因唯有「心」之生生動力才可以完成「繼善」之「人道」，達到
與天地合德之境。高攀龍認爲「天道」即「人道」，此意義即是「道無天、人，
凡、聖也」。故高攀龍云：

> 天何嘗離人，人何嘗離天。故曰：道也者，不可須臾離也，可離非
> 道也。人居天中，如魚居水中，魚無水不活，人無天不生。〔註67〕

三、仁即天

（一）仁即天

> 人有此身，即有此心，不知有其心，則不知有其身；人有此心，即
> 有此性，不知有其性，則不知有其心；人有此性，即有此覺，不知
> 有其覺，則不知有其性，覺斯敬矣，敬斯性矣。〔註68〕

高攀龍進一步說明「人道」與「天道」是一，乃因爲人有「天道」之生生而
來之「心」與「性」。高攀龍言「人有此身，即有此心，不知有其心，則不知

〔註65〕高攀龍：《高子遺書・語》，（台北，臺灣商務印書館文淵閣四庫全書，民國72
　　　　年），卷一，頁340。

〔註66〕呂坤：〈說天〉，《呂新吾全書・去僞齋文集》，（彙集明萬曆至清康熙刊本，台
　　　　北，國家圖書館善本書室），卷六，頁29。

〔註67〕高攀龍：《高子遺書・會語》，（台北，臺灣商務印書館文淵閣四庫全書，民國
　　　　72年），卷五，頁416。

〔註68〕高攀龍：〈書趙維玄扇〉，《高子遺書・題跋雜書類》，（台北，臺灣商務印書館
　　　　文淵閣四庫全書，民國72年），卷十二，頁719。

有其身;人有此心,即有此性,不知有其性,則不知有其心。」人得此身而生,有此身即有「心」,有此心即有「性」。此句話乃強調「人有心就會有性」。而且心和身關連在一起,心與性也是關連在一起。高攀龍認為有此生命之形氣身才有「心」,有「心」才有「性」,是順著由「心」說「性」。

高攀龍又言「人有此性,即有此覺,不知有其覺,則不知有其性,覺斯敬矣,敬斯性矣。」此段話又倒反回來言,乃由「性」說「心」。而由前面高攀龍言「人有此心,即有此性,不知有其性,則不知有其心。」在對比此處高攀龍所言人有此「性」才有「覺」,由此可知此「覺」即「心」。高攀龍有云:

> 隨念分別者,意也,靈覺則是心,傳所云:心不在焉,視不見,聽
> 不聞,是也。此與意識相似,而實不同。蓋心作主宰,意主分別也。
> 心,一也,黏於軀殼者為人心,即為識。發於義理者為道心,即為
> 覺,非果有兩心。然一轉則天地懸隔,謂之覺矣。〔註69〕

前高攀龍言「心」即人之靈之「鬼神」,即天之「易」之生生作用。高攀龍此處又明說「靈覺則是心」。高攀龍言「心,一也,黏於軀殼者為人心,即為識。」因其前有言「夫人之覺,不知其所由來,不知其所由來者,天也。」高攀龍認為天之易生生不測之「神」,則稱為「覺」,但在「太虛元氣」凝為形氣之人身時,此「覺」則「黏於軀殼者」即為「人心」,「人心」之生生作用則稱作「識」。高攀龍又言「發於義理者為道心,即為覺,非果有兩心。」若人心之「識」其生生作用表現義理內涵,則稱作「道心」,而此時人心之「識」與天道生生之「覺」又可以是一。高攀龍有云:

> 何以謂心本仁?仁者,生生之謂,天只是一箇生,故仁即天也,天
> 在人身為心,故本心為仁,其不仁者,心蔽於私,非其本然。〔註70〕

「心」本是生生之仁,即生生道德者。如羅近溪云:

> 夫仁,天地之生德也。天地之生德為大,天地之生也仁為大。是人
> 之有生於天地也,必合天地之生以為生,而其生乃仁也;亦必合天
> 地之仁以為仁,而其仁乃壽。〔註71〕

〔註69〕高攀龍:〈答念臺三〉,《高子遺書·書》,(台北,臺灣商務印書館文淵閣四庫全書,民國72年),卷八上,頁479。

〔註70〕高攀龍:《高子遺書·語》,(台北,臺灣商務印書館文淵閣四庫全書,民國72年),卷一,頁336。

〔註71〕羅近溪:《盱壇直詮》,(明萬曆三十七年己酉曹胤儒刊本,台北,廣文書局,民國66年),上卷,頁77。

羅近溪認爲由生生之易而得以見「天地之仁」。而人之有生於天地間，亦可合於天地之德之「仁」而無限生生，故其言「仁乃壽」，如同高攀龍認爲具有天之仁德之「忠義之士」不曾亡滅。高攀龍以爲人會因「蔽於私」而不依其本然之仁而行。故高攀龍又云：「若一日克己復禮，則軀殼之己與天地萬物爲一，豈有二耶。」〔註72〕經過「克己復禮」，達到「軀殼之己與天地萬物爲一」之「身」即「天」之狀態，即「心」爲「發於義理者」，又恢復心本仁之「道心」之狀態，即又稱之爲「覺」。何謂「敬斯性」？高攀龍云：

> 儒者說性，只在人物上，未有人物只說天，未有天地只說太極，其
> 實一也，知性則知天。人生而靜以上，未嘗不可說，用力敏疾則念
> 清；人生而靜以後，未嘗不可復，學問之道無他，復其性而已矣。
> 弟觀千古聖賢心法，只一敬字捷徑。〔註73〕

高攀龍認爲論及「性」，即是就形氣之人與物而言。因爲「未有人物只說天」、「未有天地只說太極」。故「太極」、「天」與人物之「性」其實是一，所以高攀龍言「知性則知天」。其前亦有言「覺」爲「乾道」亦爲「天道」。此處所言「人生而靜以後」則爲「人道」，而「人道」所重者在「復其性」，而「復其性」之「心法」即是「敬」。因爲「心」爲「覺」，而「心法」乃「敬」，所以高攀龍又言「覺斯敬矣」。高攀龍云：

> 覺者，乾道；敬者，坤道，何以言之？夫人知覺，不知其所由來，
> 不知其所由來者，天也。所以覺者，由不敬也，由不敬而覺，覺斯
> 敬矣。覺者，敬也；敬者，身也。今人四體不端，見君子而後肅然
> 端焉。所以不安者，非由見君子而然，其性然也。見君子而性斯顯
> 耳，故心覺而身敬者。坤承乾也，乾坤合德，則形性渾融，久而熟，
> 凡而聖矣。〔註74〕

高攀龍以爲「覺」爲「乾道」，即前所言「人生而靜以上」之「天道」；「敬」是「坤道」，此即前所言「敬」乃「人生而靜以後」之「人道」，所以「坤道」即「人道」。而高攀龍認爲人心之「覺」由天而來，而爲何人心會表現出「覺」

〔註72〕高攀龍：〈荅念臺三〉，《高子遺書・書》，（台北，臺灣商務印書館文淵閣四庫
　　　　全書，民國72年），卷八上，頁479。

〔註73〕高攀龍：〈荅念臺三〉，《高子遺書・書》，（台北，臺灣商務印書館文淵閣四庫
　　　　全書，民國72年），卷八上，頁479。

〔註74〕高攀龍：〈荅念臺三〉，《高子遺書・書》，（台北，臺灣商務印書館文淵閣四庫
　　　　全書，民國72年），卷八上，頁479。

之作用？因其乃爲「不敬」而來，由「不敬」反覺而「敬」，故知「覺」即「敬」。高攀龍又言「敬」所指爲人之「身」，而「不敬」言人身「四體不端」。人身「四體不端」故會「覺」而不安。而前有言「敬」即「性」，所以「覺」而不安之時，「性斯顯耳」。因此高攀龍言「故心覺而身敬者。坤承乾也，乾坤合德，則形性渾融，久而熟，凡而聖矣。」高攀龍云：

> 觀天地則知身心，天包地外，而天之氣透於地中，地在天中，而地之氣皆天之氣。心，天也。身，地也。天依地，地依天，天地自相依倚。心依身，身依心，身心自相依倚，剛柔相摩，如此纔著意便不是。〔註75〕

前高攀龍言「覺」即「心」，「敬」即「性」。而高攀龍又進一步說明「敬者，身也」，故「敬」又爲「身」。此段話高攀龍明白說出「觀天地則知身心」，因爲高攀龍言「地之氣皆天之氣」，所以人之身之「敬」與心之「覺」皆由天所生。而高攀龍前有言「覺者，乾道；敬者，坤道。」因此高攀龍曰「心，天也。身，地也。」所以高攀龍認爲「天依地，地依天，天地自相依倚。心依身，身依心，身心自相依倚，剛柔相摩，如此纔著意便不是。」如楊愼於〈宋儒論天〉中云：

> 邵堯天曰：天何所依？依乎地。地何所附，附乎天。天地何依附，曰自相依附。〔註76〕

由楊愼之言可知宋儒論天亦有云天地互相依附之言。而高攀龍藉由天地互相依倚，可知天道即人道，人道即天道。由此可知高攀龍「天」之特色在於與「人」不離，雖然「天」乃「超越有無之上」，亦「於穆不已」，但人之生命卻是短暫有限，所以高攀龍云：「人身內外皆天也，一呼一吸與天相灌輸，其死也特脫闔闢之樞紐而已，天未嘗動也。」〔註77〕高攀龍有言「人身內外皆天也，一呼一吸與天相灌輸」之意義即是「人身」之生命是由天之生生化育而來，所以人之一呼吸與天之呼吸是一貫，但是人會有死亡之時，天卻是未嘗動也。如呂坤云：

〔註75〕高攀龍：《高子遺書‧語》，（台北，臺灣商務印書館文淵閣四庫全書，民國72年），卷一，頁334。

〔註76〕楊愼：《升庵全集‧宋儒論天》，（台北，臺灣商務印書館，民國57年），卷七四，頁963。

〔註77〕高攀龍：《高子遺書‧語》，（台北，臺灣商務印書館文淵閣四庫全書，民國72年），卷一，頁336。

> 乾坤是毀的，故開闢後必有混沌，所以主宰乾坤是不毀的，故混沌
> 還成開闢。主宰者何？元氣是已。元氣亙萬億年終不磨滅，是形化、
> 氣化之祖也。〔註78〕

天地開闢以後會有毀滅，但毀滅必會還原到原來混沌的狀態，所以天地一直
在混沌又開闢，開闢又混沌的狀態之中，做毀與不毀的輪迴。此混沌、開闢
相互循環所造成毀與不毀不同狀態中，不毀者是永恒不變之主宰之「太虛元
氣」；而混沌開闢所造成會毀之者則是元氣所凝結成之形氣變化。因此形氣之
人會如乾坤之開闢與動靜有毀滅之時，而「天」之「太虛」則未嘗動也。如
何真正達到「人」即「天」與「人道」即「天道」之境界呢？

（二）在人之身認仁

> 各在當人之身認仁已，極親切而味未盡也。須知天地間這許多人，
> 總是一團生理，各之則不仁，一之則仁，故曰：仁者，人也。大著
> 眼看這人字，八荒只是一箇字，所以為仁，〔註79〕

高攀龍認為「須知天地間這許多人，總是一團生理」。因為高攀龍云：「性者，
生理也。」〔註80〕高攀龍又云：

> 性者何也？天之命也。在大化上說，謂之天；在人身上說，謂之性。
> 性即天也。若天命之者然，故曰天命。率此之謂道，修此之謂教。率
> 者，率循其自然天之道也；修者，求循其自然之人道也。然則道也者，
> 性而已矣，即人之性也，豈有須臾離人者哉。試看不睹不聞時何如？
> 耳目有時離形聲，人無時可離道，君子所以戒謹恐懼也。〔註81〕

由上可知，天只是一箇生，「大化」即就天之生生萬物而言。王船山云：
以化謂之天，以德謂之乾。乾以純健不息之德，御氣化而行乎四時百物，各
循其軌道，則雖變化，皆以乾道為大正，而品物之性命。各成其物則，不相
悖害，而強弱相保，求與相合，以協於太和。〔註82〕

〔註78〕呂坤：〈天地〉，《呻吟語》，（台北，志一出版社，民國83年7月），卷四，頁188。
〔註79〕高攀龍：〈仁者人也〉，《高子遺書・講義》，（台北，臺灣商務印書館文淵閣四
　　　　庫全書，民國72年），卷四，頁399。
〔註80〕高攀龍：〈三勿居說〉，《高子遺書・經解類》，（台北，臺灣商務印書館文淵閣
　　　　四庫全書，民國72年），卷三，頁370。
〔註81〕高攀龍：〈天命之謂性章〉，《高子遺書・講義》，（台北，臺灣商務印書館文淵
　　　　閣四庫全書，民國72年），卷四，頁398。
〔註82〕王船山：〈乾〉，《船山全書・周易內傳》，（長沙，嶽麓書社，1988年至1996

　　王船山亦言「化」為「天」，因「天」可以健順變化不已創生化萬物。萬物則稟此「天」之「乾」德，各成為其物則，並各循其軌，而不相悖害地強弱相保，以完成天所賦予之道德使命。高攀龍以為此天之「大化」在人身上，即天命之「性」，亦即「生理」。率此天命之性即是率自然之天道。而修者即是循自然之人道。而「道」即人之性，故無須與離人身。對個人而言，只要一息呼吸即無時無刻不合「道」。前高攀龍有云：

　　　　仁是生生之理，充塞天地人身，通體都是，何曾有去來，有內外；

　　　　自人生而靜以後，誘物為欲，遂認欲為心，迷不知反耳。〔註83〕

因此「仁」在個人身上而言，即人之生理的「性」，所以「仁者，人也」。羅近溪云：

　　　　此道生機在於吾身，原是至真無妄、至一無二。〔註84〕

羅近溪明白說出「道」之「生機」就在吾身，如同高攀龍認為「天」之「仁」之「生生之理」即在吾身。而高攀龍又言「仁是生生之理，充塞天地人身，通體都是，何曾有去來，有內外」。羅近溪又云：

　　　　道具吾心，而吾身實在道中，真機隨處洋溢。〔註85〕

羅近溪認為「道」在吾身，而吾身亦在天生生「易」之「道」所創生之形氣世界中。由此形氣世界之萬象森羅，可知「天道」之生生「真機」是隨處流行，而洋溢在吾身週遭。高攀龍續云：

　　　　不知天，真不可知人。只看這天還真有兩箇否。然則許多人的心有
　　　　兩箇否。將天字看人字，何等明白；將人字看仁字，何等明白。天
　　　　一也，無窮之天，即昭昭之天。然井中之觀，非井外之觀，學未豁
　　　　然者，即在當身體貼，猶屬昭昭之天。〔註86〕

高攀龍認為「天」乃「昭昭」之天，如何「昭昭」？即人應當身體貼，乃由人身去實踐，若人心可以「昭昭」實踐，則「天一也，無窮之天，即昭昭之

　　　　年），第一冊，卷一上，頁52～53。
〔註83〕高攀龍：〈仁遠乎哉章〉，《高子遺書‧講義》，（台北，臺灣商務印書館文淵閣
　　　　四庫全書，民國72年），卷四，頁388。
〔註84〕羅近溪：《盱江羅近溪先生全集》，（明萬曆十四年戊午劉一焜浙江刊本，台北，
　　　　國家圖書館善本書室），卷八，頁9。
〔註85〕羅近溪：《盱壇直詮》，（明萬曆三十七年己酉曹胤儒刊本，台北，廣文書局，
　　　　民國66年），下卷，頁19。
〔註86〕高攀龍：〈仁者人也〉，《高子遺書‧講義》，（台北，臺灣商務印書館文淵閣四
　　　　庫全書，民國72年），卷四，頁399。

天。」人如何可以實踐？因爲人有「心」此生生之作用。高攀龍云：

> 何以謂心本仁？仁者，生生之謂，天只是一箇生，故仁即天也，天
> 在人身爲心，故本心爲仁，其不仁者，心蔽於私，非其本然。〔註87〕

因爲天在人身者是人之心，天是生生之仁，心亦是生生之仁，所以人之心可以在一呼一吸中昭昭實踐其天命之性之「仁」德。而高攀龍認爲「謂各在當人之身者，猶未足盡仁。必大著眼，孔知天地間這許多人，總是一團天理方完得。」因爲高攀龍言「仁即天」，各人身上之仁雖由「天」而來，但畢竟不能代表「天」，須於「許多人」身上總括之大處著眼，可言「天」。高攀龍云：

> 謂各在當人之身者，猶未足盡仁。必大著眼，孔知天地間這許多人，
> 總是一團天理方完得，這仁字則失之遠矣，參之此說又不可不知。
> 〔註88〕

因此「昭昭之天」所代表著天地間每一個人實踐其天命之性道德內涵之總和。因此當個人之生命有死生之日，此狀況並不影響此無窮昭昭之天。故高攀龍云：「天下原是一身，吾輩合并爲公，即天下如一氣呼吸。」〔註89〕高攀龍又云：

> 蓋天地之心充塞於人身者，爲惻隱之心。人心充塞天地者，即天地
> 之心。人身一小腔子，天地即大腔子也。〔註90〕

「蓋天地之心充塞於人身者，爲惻隱之心。」即高攀龍所言：「天在人身爲天聰、天明，爲良知、良能。率其自然便是道，參不得絲毫人爲。」〔註91〕「惻隱之心」即「良知」。「人心充塞天地者，即天地之心。」之意乃是「天地間這許多人，總是一團天理方完得」。高攀龍言「人之生也，直本體也」，所以人之「身」由天而來。若就個人而言，人身是「一小腔子」；就天地而言，天地是「一大腔子。」如楊愼云：

> 一人之心即天地之心；一物之理即萬物之理；一日之運即一歲之運。

〔註87〕高攀龍：《高子遺書‧語》，（台北，臺灣商務印書館文淵閣四庫全書，民國72年），卷一，頁336。
〔註88〕高攀龍：〈仁者人也〉，《高子遺書‧講義》，（台北，臺灣商務印書館文淵閣四庫全書，民國72年），卷四，頁399。
〔註89〕高攀龍：〈荅劉心統二〉，《高子遺書‧書》，（台北，臺灣商務印書館文淵閣四庫全書，民國72年），卷八下，頁523。
〔註90〕高攀龍：《高子遺書‧語》，（台北，臺灣商務印書館文淵閣四庫全書，民國72年），卷一，頁335。
〔註91〕高攀龍：《高子遺書‧語》，（台北，臺灣商務印書館文淵閣四庫全書，民國72年），卷一，頁335。

〔註92〕
楊愼亦以爲人之身就如同一小宇宙，可以代表天道運行，因爲身之本質同於天，故可言此。高攀龍云：

> 夫一動一靜者，天地之生死也；一死一生者，群生之動靜也。此所謂易也。…死生，道也。譬之於漚，起滅一水也，寂然不動者也。余欲復其寂然者，豈遺棄世事務，一念不起之謂哉。君君、臣臣、父父、子子，萬象森羅，常理不易，吾與之時寂而寂，時感而感。萬感萬寂而一也，故死生萬生而一也。聞道者，非耳也。至於今而後，恍然知向所謂道，其爲物乃如此也。〔註93〕

「夫一動一靜者，天地之生死也；一死一生者，群生之動靜也。此所謂易也。」高攀龍認爲「易」之生生變化，即指「天地之生死」之「群生之動靜」。所以高攀龍說「死生，道也。」所以死與生亦是陰陽相生之「道」之變化。就天地之死生而言，其乃「寂然不動」，因爲天地不因物之死生而有所改變，故天地之道仍生生不斷。然而會有變化者，在於人之「心」其念之起滅。高攀龍云：

> 萬變俱在人，其實無一事。猛省曰：原來如此，實無一事也。一念纏綿斬然遂絕，忽如百觔擔子頓爾落地；又如雷電一閃，透體通明，遂與大化融合無際，更無天人內外之隔，至此六合皆心，腔子是其區宇，方寸亦其本位，神而明之，總無方所可言也。〔註94〕

高攀龍認爲「萬變俱在人，其實無一事。」當人心達到完全展現「天道」生德之「仁」，如此則可與「大化融合無際」而合乎天道之易，其不受萬物之動靜死生影響。若人能如此即可言「無天人內外之隔，至此六合皆心，腔子是其區宇，方寸亦其本位，神而明之，總無方所可言也。」所以高攀龍言「君君、臣臣、父父、子子，萬象森羅，常理不易，吾與之時寂而寂，時感而感。萬感萬寂而一也，故死生萬生而一也。」天之易生生變化而有「君君、臣臣、父父、子子，萬象森羅，常理不易」，但是易又包括萬物之死生之道，而吾心會隨之起念，而有寂有感，但若就天地總括而言，「萬感萬寂而一也，故死生

〔註92〕 楊愼：《升庵全集·瓓語》，（台北，臺灣商務印書館，民國57年），卷六五，頁832。

〔註93〕 高攀龍：〈夕可說〉，《高子遺書·經解類》，（台北，臺灣商務印書館文淵閣四庫全書，民國72年），卷三，頁371。

〔註94〕 高攀龍：〈困學記〉，《高子遺書·經解類》，（台北，臺灣商務印書館文淵閣四庫全書，民國72年），卷三，頁357。

萬生而一也。」因此就人所處之天而言，人雖會有所死亡，但是因為生與死亦為天之道，所以「死生萬生而一也」。就「人道」而言，因為天之道無刻不生，當有人死亡，其生生之理雖會隨個體之死而消散，但因「天道」無時無刻不創生新的萬物，而其所創生之人物，會再依其「天命之性」而創德不輟，故對「人道」之「仁」之生生實踐而言，並無一息滅亡。

第二節　性即天

一、有條有理在人為性

> 從古聖人未曾說氣，至孟子始說浩然之氣，始說夜氣，是最喫緊，何也？天地間渾然一氣而已，張子所謂虛空即氣是也。此是至虛至靈有條有理的，以其至虛至靈在人即為心，以其有條有理在人即為性。〔註95〕

高攀龍認為從孟子才開始談到「氣」，而孟子「浩然之氣」是最「喫緊」，因為「天地間渾然一氣而已」。所以高攀龍認為天地間主體乃「氣」，即如張載所謂「虛空即氣」。由此可知孟子「浩然之氣」與張載「虛空即氣」皆是儒家以「氣」為本體之代表。「氣」與「性」之關係為何？如王船山云：

> 太虛者，陰陽之藏，健順之德存焉；氣化者，一陰一陽，動靜之幾，品彙之節具焉。秉太虛和氣健順相涵之實，而合五行之秀以成乎人之秉彝，此人之所以有性也。原於天而順乎道，凝於形氣，而五常百行之理無不可知，無不可能，於此言之則謂之性。〔註96〕

王船山說明人之「性」即稟受「太虛」之氣之實有內涵，而構成人「性」之內涵。羅整庵亦云：

> 同一陰陽之氣以成形，同一陰陽之理以為性。〔註97〕

萬物由陰陽二氣所化生，亦稟持陰陽二氣之理為其性。而高攀龍言「氣」之

〔註95〕高攀龍：〈講義・牛山之木章〉，《高子遺書・語》，（台北臺灣商務印書館文淵閣四庫全書，民國72年），卷四，頁405。
〔註96〕王船山：〈太和篇〉，《船山全書・張子正蒙注》，（長沙，嶽麓書社，1988年至1996年），第十二冊，卷一，頁33。
〔註97〕羅欽順：《困知記》，（明嘉靖十六年吳郡陸粲刊本，台北，國家圖書館善本書室），續卷上，頁55。

特色是「至虛至靈有條有理」，而「性」直承其「有條有理」之特色，由此可知高攀龍藉此點出孟子「浩然之氣」與張載「虛空即氣」之「氣」爲「性」之主體。因爲「浩然之氣」即「太虛元氣」故由此可知「浩然之氣」是天地萬物最終之本原。故「性」之主體在「浩然之氣」。高攀龍云：

> 子輿以「浩然」名氣，先生以「太和」名易，浩然者，太和之充於
> 四體；太和者，浩然之塞乎天地。匪是不爲知道，不爲見易，故曰：
> 周公才美，智不足稱。〔註98〕

高攀龍藉由「浩然者，太和之充於四體；太和者，浩然之塞乎天地。」說明孟子「浩然之氣」與張載「太和之氣」同爲天地生化萬物之本原。因爲高攀龍前有言孟子「浩然之氣」與張載「太虛」爲「性」之主體，由此可知張載「太和之氣」與「太虛元氣」即孟子「浩然之氣」皆爲「性」之主體。高攀龍解釋何謂「太和」？《高子遺書》云：

> 翁曰：公近釋正蒙，且論太和何如？曰：張子謂虛空即氣，故指氣
> 以見虛，猶易指陰陽以謂道也。〔註99〕

何謂「太和」？高攀龍言「猶易指陰陽以謂道也」。因爲張載所言「虛空即氣」，乃藉由具體「氣」之名，來說明「太虛元氣」無形無狀，而虛空卻眞實存有之狀態。高攀龍運用張載論「太虛元氣」之方來說解「太和之氣」。高攀龍有云：「道者，無聲無臭。體道者，言、行而已。」〔註100〕因此高攀龍藉由生生之「易」中陰陽二氣相摩相盪派生具體萬物之過程，來說明無聲無臭卻是實有之「道」。高攀龍云：

> 道有體用焉。其用可見，其體難明。其體可明，其用難盡。〔註101〕

前有言張載以「太和」名「易」，故高攀龍由「易」之陰陽來指稱「道」之「體」之「太和之氣」。高攀龍有云：

> 鼻息呼吸乃闔闢之機也，非眞元之氣。眞元之氣生生不息。〔註102〕

〔註98〕高攀龍：〈聖賢論贊・橫渠先生〉，《高子遺書・經解類》，（台北，臺灣商務印書館文淵閣四庫全書，民國72年），卷三，頁378。

〔註99〕高攀龍：〈聖賢論贊・橫渠先生〉，《高子遺書・經解類》，（台北，臺灣商務印書館文淵閣四庫全書，民國72年），卷三，頁376。

〔註100〕高攀龍：《高子遺書・語》，（台北，臺灣商務印書館文淵閣四庫全書，民國72年），卷二，頁345。

〔註101〕高攀龍：《高子遺書・語》，（台北，臺灣商務印書館文淵閣四庫全書，民國72年），卷一，頁337。

〔註102〕高攀龍：《高子遺書・會語》，（台北，臺灣商務印書館文淵閣四庫全書，民國

高攀龍認為天地生生萬物本原之「眞元之氣」乃生生不息。如薛瑄云：

> 今天地之始，即前天地之終。其終也，雖天地混合爲一，而氣則未
> 嘗有息。〔註103〕

薛瑄以為在天地之始即天地之終之形氣之萬物消滅死亡，又重新創生萬物。「氣」仍「未嘗有息」。故其所言之「氣」如高攀龍之「眞元之氣」為生生不息。故高攀龍「眞元之氣」即孟子「浩然之氣」，即張載「太虛之氣」與「太和之氣」。如王廷相云：

> 有聚氣，有游氣，游聚合，物以之而化。化則育，育則大，大則久，
> 久則衰，衰則散，散則無，而游聚之本未嘗息焉。〔註104〕

王廷相言「元氣」以「氣之聚散」故可化生萬物，但人此形氣「鼻息呼吸」雖是與「眞元之氣」同為生生表現之「闔闢之機」，但人之「鼻息呼吸」之「闔闢之機」卻有止息之日，但「游聚之本未嘗息」。高攀龍云：「夫一動一靜者，天地之生死也；一死一生者，群生之動靜也。此所謂易也。……故死生萬生而一也。」〔註105〕高攀龍以為「性」之本原「眞元之氣」為生生不息，唯有形氣之「鼻息呼吸」才有死亡之日，因此天地間萬物皆有生死之時，故有動、靜之別。高攀龍曰：「死生，道也。譬之於漚，起滅一水也，寂然不動者也。」〔註106〕其以為「死生」即是「群生之動靜」，如前其以「易指陰陽以謂道」，因此高攀龍言「譬之於漚，起滅一水也，寂然不動者」，因為「群生之動靜也。此所謂易也。」因為「群生之動靜」即指萬物之生死，而萬物之生死乃「易」之陰陽二氣生化過程。就「易」而言，萬物之生死即「易」「生機流行」之「道」而已，即「易」之「不易」之特色。故高攀龍言「死生萬生而一」。然而天地「死生」之「闔闢之機」其主宰者，則是「眞元之氣」。呂坤有云：

> 氣化無一息之停，不屬進就屬退；動植之物，其氣機亦無一息之停，

72年），卷五，頁417。

〔註103〕薛瑄：《薛瑄全集‧讀書錄》，（山西，人民出版社，1990年8月），卷三，頁1073。

〔註104〕王廷相：〈道體〉，《王廷相集‧慎言》，（北京，中華書局，1989年9月），卷一，頁753。

〔註105〕高攀龍：〈夕可說〉，《高子遺書‧經解類》，（台北，臺灣商務印書館文淵閣四庫全書，民國72年），卷三，頁371。

〔註106〕高攀龍：〈夕可說〉，《高子遺書‧經解類》，（台北，臺灣商務印書館文淵閣四庫全書，民國72年），卷三，頁371。

不屬生就屬死。再無不進不退而止之理。〔註107〕

由此可知高攀龍認爲人從出生至死亡，其「鼻息呼吸」過程中，「性」乃由「眞元之氣」生生不息「易」之生化作用而來。高攀龍所言「眞元之氣」即孟子「浩然之氣」和張載所言「虛空即氣」與「太和之氣」，此乃說明「性」之本體爲「氣」之最佳例證。由上可知「性」之本體爲「氣」，而「氣」如何過渡到人之「性」？高攀龍云：

> 中庸者何也？人之性也。性者何也？天之命也。在大化上説，謂之天；在人身上説，謂之性。性即天也。若天命之者然，故曰天命。
> 〔註108〕

此處高攀龍進一步說明「中庸」即是人之「性」。而「性」從何而來？高攀龍云：

> 靜中觀喜、怒、哀、樂未發時，湛然太虛，此即天也。心、性、天總是一箇，故孟子曰：盡其心者，知其性也；知其性，則知天。〔註109〕

「性」從何而來？由「天之命」而來。因前有言「性」乃「太虛元氣」之有條有理者，而此處又言「天」即「湛然太虛」，所以「天之命」即「太虛元氣」之「命」。故高攀龍曰「心、性、天總是一箇」，三者皆由「太虛元氣」而來。吳廷翰云：

> 蓋人之有生，一氣而已。朕兆之出，天地靈秀之氣孕於無形，乃性之本。〔註110〕

由吳廷翰言之「知言」可知「性」之本原爲「太虛元氣」。高攀龍云：

> 靜坐之法不用一毫安排，只平平常常，默然靜去，此平常二字，不可容易看過，即性體也。以其清靜不容一物，故謂之平常，畫前之易如此，人生而靜以上如此，喜、怒、哀、樂未發如此，乃天理之自然，須在人各各自體貼出，方是自得。〔註111〕

〔註107〕呂坤：〈天地〉，《呻吟語》，（台北，志一出版社，民國83年7月），卷四，頁187。

〔註108〕高攀龍：〈天命之謂性章〉，《高子遺書・講義》，（台北，臺灣商務印書館文淵閣四庫全書，民國72年），卷四，頁398。

〔註109〕高攀龍：〈示學者〉，《高子遺書・經解類》，（台北，臺灣商務印書館文淵閣四庫全書，民國72年），卷三，頁359。

〔註110〕吳廷翰：《吳廷翰集・吉齋漫錄》，（北京，中華書局，1982年2月），卷上，頁27～28。

〔註111〕高攀龍：〈靜坐說〉，《高子遺書・經解類》，（台北，臺灣商務印書館文淵閣四

前高攀龍有云「靜坐」中見「性」，此處高攀龍解釋如何於靜坐之中見「性」？
高攀龍以為靜坐中，只要「平平常常，默然靜去」即可見「性」，因為「平常」
即「性體」。為何「平常」即「性體」？因「平常」所指為「清靜不容一物」。
而「清靜不容一物」乃因人之「性體」即「人生而靜以上」之「畫前之易」
之「天理之自然」。高攀龍云：

> 窮理者天理也，天然自有之理，人之所以為性，天之所以為命也。
> 在易之為中正，聖人卦卦拈出示人，此處有毫釐之差便不是性學。
> 〔註112〕

而高攀龍言「在大化上說，謂之天；在人身上說，謂之性。」而為何言「在
大化上說，謂之天」？高攀龍云：

> 人莫要知天，知天則知感應之必然。今人所謂天，以為蒼蒼在上者
> 云爾。不知九天而上，九地而下，自吾之皮毛骨髓，以及六合內外
> 皆天也。……曰自感自應何以謂之天？何以謂天，必知之也。曰自
> 感自應所以為天也，所以為其為物不貳也。〔註113〕

此即承其前所言「在大化上說，謂之天；在人身上說，謂之性。」因此若要
「知性」，則先要「知天」。而高攀龍說明何謂「在大化上說，謂之天」？因
為「天」乃「自感自應」，故「天」是「為物不貳」，而「為物不貳」即「太
虛元氣」生生之「易」生化萬物之「大化」。因此「天」乃具體萬物之總稱，
即「九天而上，九地而下，自吾之皮毛骨髓，以及六合內外皆天也。」高攀
龍云：「天地間渾然一氣而已，張子所謂虛空即氣是也。」〔註114〕與「湛然
太虛，此即天也。」〔註115〕為何高攀龍言「在人身上說，謂之性。」？高
攀龍云：

> 其為物不貳，只是一箇道理。惟其一所以生物不測，為不測故神，
> 所謂易也。故程夫子則曰：其體則謂之易，其理則謂之道，其用則

　　　庫全書，民國72年），卷三，頁359。
〔註112〕高攀龍：《高子遺書・語》，（台北，臺灣商務印書館文淵閣四庫全書，民國
　　　72年），卷一，頁337。
〔註113〕高攀龍：〈知天說〉，《高子遺書・經解類》，（台北，臺灣商務印書館文淵閣四
　　　庫全書，民國72年），卷三，頁362。
〔註114〕高攀龍：〈牛山之木章〉，《高子遺書・講義》，（台北，臺灣商務印書館文淵閣
　　　四庫全書，民國72年），卷四，頁405。
〔註115〕高攀龍：〈牛山之木章〉，《高子遺書・講義》，（台北，臺灣商務印書館文淵閣
　　　四庫全書，民國72年），卷四，頁405。

謂之神，其命於人則謂之性，率性則謂之道，修道則謂之教。〔註116〕

高攀龍以為「為物不貳」生生之「易」，乃程明道所謂「其命於人則謂之性」之天命主體。高攀龍云：

> 易者，象也。乾者，天行之象也。君子自強不息，則乾之象也。以者非法其如此，而如此之謂也。六十四卦，一易而已；生道者，一易而已。天得之為天，地得之為地，人得之為人，皆此也。以此自強不息則謂之乾，以此厚德載物則謂之坤。非此而更有何者，而可以自強不息，厚德載物乎。故易者，象三才之為一像也。〔註117〕

高攀龍言「易」為「乾」。而高攀龍解釋為「乾者，天行之象也。君子自強不息，則乾之象也。」高攀龍談「易」與「乾」皆透過具體之「象」來論。因為「卦象」是具體之物，所以高攀龍試圖在現實形氣上指點出「湛然太虛」之「天」其「易」之生生作用。故其又言「六十四卦，一易而已；生道者，一易而已。」高攀龍欲由具體「卦象」上說明「易」之生生作用，此乃「氣本論」重現實形氣世界之學術特點。如同前所言由「自感自應」具體「為物不貳」創生萬物之「大化」，來論及傳統形上之「天命」本體之「天」。

高攀龍進一步言「天得之為天，地得之為地，人得之為人，皆此也。」由此可知「天」與「人」皆承此「太虛元氣」生生之「易」，故得以自強不息。所以總括而論「天」與「性」皆承「太虛元氣」其「易」之生生而來。但因「天」乃「湛然太虛」之「氣」本體，所以人之「性」可謂由「湛然太虛」之「天」不間斷地創生萬物之「大化」而來。如孫應鰲云：

> 道，一而已矣。在天為命，在人為性。其倫，父子、君臣、夫婦、兄弟、朋友；其知此為智，行此為仁，強此為勇，其得此為帝、為王、為師，其總之名曰中。〔註118〕

孫應鰲與高攀龍論點相近，其以為「太虛元氣」之「天」其為物不貳生物過程為「道」，而此「道」則「在天為命，在人為性」。因此高攀龍言「在大化上說，謂之天；在人身上說，謂之性。」而高攀龍又言「性即天也。若天命

〔註116〕高攀龍：《高子遺書‧會語》，（台北，臺灣商務印書館文淵閣四庫全書，民國72年），卷五，頁416。

〔註117〕高攀龍：〈大象〉，《高子遺書‧經解類》，（台北，臺灣商務印書館文淵閣四庫全書，民國72年），卷三，頁370。

〔註118〕孫應鰲：《四書近語》，《陽明學研究叢書‧孫應鰲文集》，（貴州，教育出版社，1990年），頁194。

之者然，故曰天命。」高攀龍有云：

> 先生曰：天在眼前，人起不知，只爲了說天命，不知如何爲命連天
>
> 也。不知了天只是天，一落人身故喚做命，命字即天也。〔註119〕

高攀龍認爲何謂「天命」？因爲「命」與「天」有連帶關係，但「天」與「命」又有所分別。若就天地之「大化」之生生流行而言，則曰「天」；若就個人形氣之「性」而言，則曰「命」。如王船山云：

> 天與性一也，天無體，即其資始而成人之性者爲體……盡其性而與
>
> 天合。〔註120〕

人之「性」直承「湛然太虛」之「天」，而「天」即生物本體之「太虛元氣」，亦爲生生不息之「眞元之氣」所生化之萬物總稱，故可言「性即天」。又因「湛然太虛」之「天」透過「大化」之「命」使萬物具有「性」，此意指「性」是由「湛然太虛」之生生不息的「天」所「命」而來。所以言「性」爲「天命之者」。但「性即天」之狀態爲何？高攀龍有云：

> 靜坐只以見性爲主，人性萬物皆備，原不落空，人性本無一物，不
>
> 容執著，性即天也。〔註121〕

高攀龍言「靜坐只以見性爲主」，此意爲何？因高攀龍有云：「龜山門下相傳，靜坐中觀喜、怒、哀、樂未發前作何氣象？是靜中見性之法要，知觀者，即是未發者也。」〔註122〕由上可知「靜坐」乃是爲了觀「喜、怒、哀、樂未發」之狀態，因爲「喜、怒、哀、樂未發」狀態即人之本性，所以高攀龍才言「靜坐只以見性爲主」。但因「喜、怒、哀、樂未發」之狀態爲人之本性，亦即前所言「湛然太虛」之狀態，而「湛然太虛」即「天」。因而在此靜坐「湛然太虛」之狀態下，人性乃「萬物皆備，原不落空」，故此指人性之內涵爲承「太虛元氣」其「易」之「生德」內涵而來。因爲「太虛元氣」之內涵具有萬物任何可能性之「氣種」，所以高攀龍又言「萬物皆備，原不落空」。高攀龍言「人性本無一物，不容執著」，此即其前所言人性是「萬物皆備，原不落空」，

〔註119〕高攀龍：《高子遺書・會語》，（台北，臺灣商務印書館文淵閣四庫全書，民國72年），卷五，頁416。

〔註120〕王船山：〈誠明篇〉，《船山全書・張子正蒙注》，（長沙，嶽麓書社，1988年至1996年），第十二冊，卷三，頁130。

〔註121〕高攀龍：〈荅呂剑潭大行〉，《高子遺書・書》，（台北，臺灣商務印書館文淵閣四庫全書，民國72年），卷八上，頁498。

〔註122〕高攀龍：《高子遺書・語》，（台北，臺灣商務印書館文淵閣四庫全書，民國72年），卷一，頁339。

因此人性之內涵中亦具有無限可能，故無固定之內涵，所以是「本無一物」。亦因人性爲「本無一物」之具有無限可能，所以「不容執著」，因爲「執著」會侷限人性之發展與表現。高攀龍有云：

> 人想到死去一物無有，萬念自然撇脫；然不如悟到性上一物無有，
> 萬念自無係累也。〔註123〕

高攀龍言「性上一物無有」指性之本體是道德純粹之意。因此只有在性之上之生生不息「眞元之氣」之氣本體，其「道德意識」才是純粹無瑕。故高攀龍所言「性上一物無有」即氣本體之純然道德狀態。而高攀龍所謂「性即天」之狀態，即「人性萬物皆備，原不落空，人性本無一物，不容執著」之道德純粹之狀態。

二、性者生理

> 洋洋乎盈眸而是者，何物也？易也。子輿以「浩然」名氣，先生
> 以「太和」名易，浩然者，太和之充於四體；太和者，浩然之塞
> 乎天地。匪是不爲知道，不爲見易，故曰：周公才美，智不足稱。
>
> 〔註124〕

高攀龍先分而言之，其言「浩然者」乃爲說明「太和之氣」之「易」創生之道德萬物，而「太和者」是「浩然之氣」之本體所創生出萬物，其充滿天地之間。但合而言之，「浩然者」與「太和者」並無分別。由上可知萬物皆由「浩然之氣」凝聚而成一具體之「太和」之氣化世界。高攀龍云：

> 其爲物不貳，只是一箇道理。惟其一所以生物不測，爲不測故神，
> 所謂易也。……孟子於其中又發揮出浩然之氣來，可謂盡矣。〔註125〕

高攀龍明白指出「浩然之氣」即爲物不貳、生物不測之「易」。此更深入解釋「浩然之氣」如何成爲萬物生化之本原？其因乃是「浩然之氣」有爲物不貳、生物不測之「易」之生生作用。高攀龍云：

> 如太虛，然四時自行，百物自生，無所不有，實無所有，此所謂天

〔註123〕高攀龍：《高子遺書・語》，（台北，臺灣商務印書館文淵閣四庫全書，民國72年），卷一，頁342。

〔註124〕高攀龍：〈聖賢論贊・橫渠先生〉，《高子遺書・經解類》，（台北，臺灣商務印書館文淵閣四庫全書，民國72年），卷三，頁378。

〔註125〕高攀龍：《高子遺書・會語》，（台北，臺灣商務印書館文淵閣四庫全書，民國72年），卷五，頁416。

理也。〔註126〕

「太虛」即「浩然之氣」。而高攀龍認爲「太虛」其氣「易」之生生作用，會依照「天理」之「易」生生次序創生萬物。高攀龍云：

> 窮理者天理也，天然自有之理，人之所以爲性，天之所以爲命也。
>
> 在易之爲中正，聖人卦卦拈出示人，此處有毫釐之差便不是性學。
>
> 〔註127〕

高攀龍認爲「天理」其「在易之爲中正」，所以高攀龍先明白指出「天理」與「易」之關係。「易」生生萬物之「天然自有之理」則稱爲「天理」。如高攀龍云：

> 式和民則，順帝之則，有物有則，動作禮儀威儀之則，皆天理之自
>
> 然，非人所爲，聖賢傳心之學在此。〔註128〕

高攀龍以爲「天理之自然」即「有物有則」，如其前所言「天然自有之理」，此「天理」非人所爲，而是由「浩然之氣」其「易」之生生作用而來。如高拱所云：

> 物，氣之爲；則，理之具。有物必有則，是此氣即此理也。〔註129〕

高攀龍云：「有物有則之謂在物爲理。」〔註130〕所以「天理」除了是形氣世界之萬物之「物則」外，而高攀龍進一步說明此「浩然之氣」本體生生次序之「天理」是「人之所以爲性，天之所以爲命也」。高攀龍云：

> 龜山曰：天理即所謂命，知命只事事循天理而已。言命者，爲此語
>
> 最盡。〔註131〕

高攀龍以爲「天理」稱作「命」，乃因人之「性」即是「浩然之氣」，其將大化生生次序之「天理」命於人身者。如高攀龍云：「性者何，天理也。天理者，天

〔註126〕高攀龍：〈達巷黨人章〉，《高子遺書・講義》，（台北，臺灣商務印書館文淵閣四庫全書，民國72年），卷四，頁388。

〔註127〕高攀龍：《高子遺書・語》，（台北，臺灣商務印書館文淵閣四庫全書，民國72年），卷一，頁337。

〔註128〕高攀龍：《高子遺書・語》，（台北，臺灣商務印書館文淵閣四庫全書，民國72年），卷一，頁337。

〔註129〕高拱：《高拱論著四種》，（北京，中華書局，1993年7月），頁213。

〔註130〕高攀龍：《高子遺書・語》，（台北，臺灣商務印書館文淵閣四庫全書，民國72年），卷一，頁337。

〔註131〕高攀龍：《高子遺書・語》，（台北，臺灣商務印書館文淵閣四庫全書，民國72年），卷一，頁337。

然自有之理，非人所爲。如五德、五常之類，生民欲須臾離之不可得。」〔註132〕

而高攀龍又云：

> 太極者，具易而言，天地間莫非易，易有太極，非易之外別有所謂
> 太極也。且以吾身觀之，吾身是易，當下寂然，無些子聲臭，即是
> 太極。周子云：寂然不動者，誠也。誠即太極也。〔註133〕

高攀龍再說明何謂「太極」？高攀龍認爲「太極」是由「易」之生生來說。「太極」爲何物？如羅整菴云：

> 聖人所謂太極，乃據《易》而言之。蓋就實體上指出此理以示人，
> 不是懸空立說，須仔細體認可也。〔註134〕

羅整菴之言與高攀龍說法一致。兩人皆以「太極」爲據「易」而言，所以「太極」即是由生生之「易」來談。高攀龍又言「蓋就實體上指出此理以示人，不是懸空說」。韓邦奇亦云：

> 太極未嘗無也，所謂無者，萬有之未發也；所謂有者，有是體而無
> 形也。未嘗無之謂太極。〔註135〕

因此高攀龍認爲「太極」不是憑空說，而「太極」即易之生生次序具體之「理」。形氣萬物透過「一氣」易之生生作用，而形氣之身皆具此以爲其性。所以「太極」即「浩然之氣」生生作用之次序。吳廷翰云：

> 太極者，以此氣之極至而言也。〔註136〕

吳廷翰認爲「太極」並非創物之本原，而是「氣之極致」，故「氣」才是萬物之本。「太極」是形上「太虛元氣」之生生條理，故言「太極」爲氣之極致。而氣本論學者都不同意「太極」乃「虛」之理，由高攀龍「忠義之士」不曾亡滅之觀點來看，「太極」雖無形，卻未嘗無，是存在具體之實有，如韓邦其所言「太疑」是具體之有，只是無形而已。「太極」是「寂然不動」之「誠」。

〔註132〕高攀龍：〈氣心性說〉，《高子遺書・經解類》，（台北，臺灣商務印書館文淵閣四庫全書，民國72年），卷三，頁365。

〔註133〕高攀龍：《高子遺書・會語》，（台北，臺灣商務印書館文淵閣四庫全書，民國72年），卷五，頁418。

〔註134〕羅欽順：〈答林次崖僉憲〉，《困知記・附錄》，（明嘉靖十六年吳郡陸粲刊本，台北，國家圖書館善本書室），頁65上。

〔註135〕韓邦奇：《苑洛集》，（明嘉靖刊本，台北，國家圖書館善本書室），卷一八，頁25。

〔註136〕吳廷翰：《吳廷翰集・吉齋漫錄》，（北京，中華書局，1982年2月），卷上，頁8。

然而就人身而言，吾身即易。故「寂然不動」之「太極」則爲吾人之「性」。因爲人之「性」即「當下寂然，無些子聲臭」，此即由「浩然之氣」之「易」生生次序之「天理」而來。王船山云：

> 知性者，知天道之成乎性；知天者，即性而知天之神理。知性知天，則性與天道通極於一。〔註137〕

「性」即是「天道」之「易」生生命其生生次序於人身，因此由「性」可知「湛然太虛」之「天」之神理，而「天」與「性」又由「一氣」相貫通，故「性與天道通極於一」。高攀龍云：

> 客問高子曰：何謂浩然之氣？高子曰：性也。曰：性也，安得謂之氣？曰：養成之性也。性者，生理也。如草木焉，惟有性故忽而根荄，忽而幹葉，忽而花實也。實則成性而復生，或槁之或戕之則靡然委矣。〔註138〕

高攀龍言「性」是由「氣」本體而來，即孟子所謂「浩然之氣」、張載「虛空即氣」。此處又明言「浩然之氣」即「性」。所以再一次肯定「性」之本原即「氣」。而客問高攀龍「性也，安得謂之氣？」因客有疑問，「性」與「氣」之關係是如何？高攀龍認爲由「養成之性」與「性者，生理」此兩觀點可看出「性」是由「氣」本體而來。其一，由「性者，生理」來論。因前有言「浩然之氣」乃具有爲物不貳、生物不測「易」之生生作用，而高攀龍以爲「性」即是「浩然之氣」生生之「易」其大化而「命」其生生之「理」在人身者。因爲前有言「理」是「氣之條理」，即「浩然之氣」本體中生生作用之「易」生化萬物之次序，而「性」則是氣中「有條有理者」，因此高攀龍言「性者，生理也。」如王船山云：

> 蓋性者，生之理也。均是人也，則此與生俱有之理，未嘗或異。〔註139〕

高攀龍所謂「性」是「浩然之氣」本體生生之「易」創生萬物之「理」，其「命」於人身者，故人之性乃是生命活動之「生理」。如孫應鰲亦云：「生之謂氣，

〔註137〕王船山：〈誠明篇〉，《船山全書・張子正蒙注》，（長沙，嶽麓書社，1988 年至 1996 年），第一二冊，卷三，頁 120。

〔註138〕高攀龍：〈三勿居說〉，《高子遺書・經解類》，（台北，臺灣商務印書館文淵閣四庫全書，民國 72 年），卷三，頁 370。

〔註139〕王船山：〈誠明篇〉，《船山全書・張子正蒙注》，（長沙，嶽麓書社，1988 年至 1996 年），第十二冊，卷三，頁 128。

生之理謂性。」〔註140〕羅整庵云：

> 孟子以「勿忘勿助長」為養氣之法。氣與性一物，但有形而上下之
> 分爾，養性即養氣，養氣即養性，顧所從言之不同，然更無別法。
>
> 〔註141〕

羅整庵云「性」與「氣」是一物，由此肯定「性」由「氣本論」角度論之。
羅整庵言「養氣即養性」與高攀龍所言「養成之性」之意相近。而焦循《孟
子正義》云：

> 人之德性遡之天德，則氣化流行，生生不息，仁也。由其生生有自
> 然之理。〔註142〕

如高攀龍所云：「善即生生之易也，有善而後有性，學者不明善，故不知性也。
夫善洋洋乎，盈眸而是矣。」〔註143〕高攀龍認為「易」之生生即「善」，如同
《易‧繫辭下傳》云：「天地之大德曰生。」〔註144〕因為「易」之大化「生生」
之表現，就是最大最公平之「善」。當人之「性」由「浩然之氣」生生作用所
凝聚，因此人之「性」中亦有稟此「善」為其本質。故高攀龍云：

> 不識天理，不識性為何物矣。是儒者至善極處，是佛氏毫釐差處。
>
> 〔註145〕

高攀龍認為人之「性」即「天理」，如前所言「浩然之氣」其氣本體生生作用
之次序。再者，高攀龍以為此即儒家道德傳統所言之「至善」。所以由上可知
「性者，生理。」之意乃「性」之本體為「浩然之氣」。因「浩然之氣」具有
「易」之生生作用，故可以生化萬物。「浩然之氣」之「易」生化萬物之次序
則稱為「天理」，所以「天理」即「浩然之氣」生生之次序。無形無狀之「浩
然之氣」藉由「易」生生作用，而凝聚成具體有形之萬物，在此「大化」之

〔註140〕孫應鰲：《四書近語》，《陽明學研究叢書‧孫應鰲文集》，（貴州，教育出版社，
　　　　1990年），頁309。

〔註141〕羅欽順：《困知記》，（明嘉靖十六年吳郡陸粲刊本，台北，國家圖書館善本書
　　　　室），卷上，頁23。

〔註142〕焦循：〈公孫丑章句上〉，《新編諸子集成‧孟子正義》，（台北，世界書局，民
　　　　國67年7月），卷三，頁139。

〔註143〕高攀龍：〈荅少墟〉，《高子遺書‧書》，（台北，臺灣商務印書館文淵閣四庫全
　　　　書，民國72年），卷八上，頁477。

〔註144〕朱熹：《周易本義‧繫辭下傳》，〈台北，大安出版社，民國88年7月〉，卷三，
　　　　頁252。

〔註145〕高攀龍：〈聖賢論贊‧明道先生〉，《高子遺書‧經解類》，（台北，臺灣商務印
　　　　書館文淵閣四庫全書，民國72年），卷三，頁378。

過程中，「浩然之氣」將其生生次序之「天理」，「命」於形氣萬物之身，而為形氣萬物其「天然自有之理」。就人而言，即「性」；就物而言，即「物則」。但是以上看法與高攀龍另一個「養成之性」之觀點有所出入。因人之「性」若為「天理」之「至善」，又何須「養成」呢？

　　若由「性」即「氣」之觀念而言，因為人與萬物皆有「浩然之氣」生生之「易」之作用所凝聚之「性」。因此人與萬物除了具有「浩然之氣」生生次序之「理」之道德內涵，成為其「性」外，人與物更稟有「陰陽二氣」不同比例組成之「氣質」為其形軀，兩者統而言之即是所謂「氣質之性」。而「氣質之性」是以「至善」之「浩然之氣」道德內涵為主體，但「性」之「至善」本質之表現則會受到形氣之「氣質」影響，因此需要透過「集義」之「養氣」工夫來「變化氣質」，使之回復「性」本然純粹道德之狀態，因此高攀龍認為「氣質之性」乃是「養成之性」。

第三節　氣質之性即為天地之性

一、形而後有氣質之性

> 形而後有氣質之性者，人至受形以後，天地之性已為氣質之性矣，
> 非天地之性外復有氣質之性也。善反之則氣質之性即為天地之性，
> 非氣質之性外復有天地之性也。故曰：二之則不是。〔註146〕

高攀龍認為人由「浩然之氣」其「大化」凝聚而有此形軀。而有形氣之身後，才有所謂「氣質之性」。而高攀龍又言「人至受形以後，天地之性已為氣質之性矣。」高攀龍由人受形之過程來論何謂「氣質之性」。高攀龍之意乃言人有此形體之後，「天地之性」之至善「天理」就在吾人形氣之身中，為形氣之身之本質，而此「性」稱為「氣質之性」。由上可知人只有一性，即「氣質之性」，故高攀龍言「非天地之性外復有氣質之性也。」

　　高攀龍再由人受形以後論其「氣質之性」中其本質之「天地之性」。孫應鰲云：

> 告子單認氣為性，故把性與仁義看作二物，豈知仁義即天命之性，

〔註146〕高攀龍：《高子遺書・語》，（台北，臺灣商務印書館文淵閣四庫全書，民國72年），卷一，頁341。

非有外於性也。〔註147〕

告子又即前説而指「生之謂性」，是單就氣言性，乃學術差誤之根本。
〔註148〕

孫應鰲認爲「仁義」之道德內涵，即是吾人「氣質之性」中本具者，而告子只見「氣質之性」具有「氣質」之部分，忽略「仁義」內在於「氣質之性」中，而無一「氣質之性」外之「仁義」。高攀龍認爲「善反之則氣質之性即爲天地之性」，此句話與其所言「養成之性」意思相同。張載云：

> 形而後有氣質之性，善反之則天地之性存焉。故氣質之性，君子有
> 弗性者焉。〔註149〕

由此可知「氣質之性」中雖已具「天地之性」之「天理」之「至善」爲其內涵，但是卻需要再透過「反」與「養」之修養工夫，才可以回復其「氣質之性」其本質之「天地之性」純粹道德之狀態。此即高攀龍所謂「非氣質之性外復有天地之性也。故曰：二之則不是。」高攀龍云：

> 同是一箇命，理一分殊。一者，千萬人、千萬世是一箇；殊者，一
> 人是一箇。一者，心性也；殊者，壽夭、貧富、貴賤之類是也。一
> 者，雖命於天，把柄卻屬之於我；殊者，雖受於我，把柄卻屬之於
> 天。把柄屬之我，故雖有昏明、強弱不同，卻由我自立；把柄雖屬
> 之天，故雖隨遇可盡，卻聽天作主。〔註150〕

因其前有言「性者，生理。」高攀龍認爲人之「氣質之性」亦是據「太虛元氣」「命」其「易」之生生「大化」中其「易」生生次序之「理」於人者。但高攀龍進一步詳細地討論，此由「浩然之氣」生生次序而來之人「性」之具體內涵。高攀龍明白指出「同是一箇命，理一分殊。」雖然人之「氣質之性」同由「浩然之氣」生生之「易」大化所「命」，但卻有「理一」與「分殊」之不同。羅整菴云：

〔註147〕孫應鰲：《四書近語》，《陽明學研究叢書·孫應鰲文集》，（貴州，教育出版社，1990年），頁308。

〔註148〕孫應鰲：《四書近語》，《陽明學研究叢書·孫應鰲文集》，（貴州，教育出版社，1990年），頁309。

〔註149〕張載：〈誠明篇第六〉，《張載集·正蒙》，（台北，漢京文化事業有限公司，民國72年9月），頁23。

〔註150〕高攀龍：〈盡其心者三章〉，《高子遺書·講義》，（台北，臺灣商務印書館文淵閣四庫全書，民國72年），卷四，頁407。

> 夫易乃兩儀、四象、八卦之總名，太極則眾理之總名也。云易有太
> 極，明萬殊之原於一本也，因而推其生生之序，明一本之散爲萬殊
> 也。斯固自然之機，不宰之宰，夫豈可形跡求哉。〔註151〕

羅整庵以爲「太極」即「氣質之性」之「理一」者，「氣質之性」之「理一」
者乃萬物之總名。其可散爲天下「萬殊」之「性」。有高攀龍以爲「一者，千
萬人、千萬世是一箇」，此即言「理一」之「性」具有永恆普遍性，由「浩然
之氣」本體內涵而來者，此即人之「氣質之性」中「天地之性」之道德本質，
此乃人皆有之。何謂「分殊」？高攀龍認爲是「殊者，一人是一箇」，此即就
各個形氣之人而言，人人所不同「壽夭、貧富、貴賤之類」之際遇，此乃隨
氣聚氣散之有限形氣之表現。

　高攀龍又詳盡地解釋「理一」與「分殊」之性不同之處。高攀龍言「一
者，雖命於天，把柄卻屬之於我；殊者，雖受於我，把柄卻屬之於天。把柄
屬之我，故雖有昏明、強弱不同，卻由我自立；把柄雖屬之天，故雖隨遇可
盡，卻聽天作主。」如張載云：

> 德不勝氣，性命於氣；德勝其氣，性命於德。窮理盡性，則性天德，
> 命天理，氣之不可變者，獨死生修夭而已，故論死生則曰「有命」，
> 以言其氣也；語富貴則曰「在天」，以言其理也。此大德所以必受命，
> 易簡理得而成位乎天地之中也。〔註152〕

因此高攀龍認爲「理一」之「天地之性」此即是張載所謂「在天」之「以言
其理」者，雖是由「天」所命，但「把柄」卻屬於自己，其意即可以由己身
掌握表現。至於「氣質」形異之「分殊」，此即是張載所謂「有命」之「以言
其氣」也者。高攀龍認爲雖然已經受命在我之身，須由天所掌握，而己無權
掌握。因此高攀龍所言「把柄屬之我」者，雖然有昏明、強弱之不同，但是
須由己自立之；而「把柄屬之天」者，雖是「隨遇可盡」，看似容易達成，但
卻須由「天」作決定，自己無權掌握。因此要如同張載所云「德勝其氣，性
命於德」才是人窮理盡性之法。因此高攀龍云：

> 大易教人息息造命，臣弒其君，子弒其父，其所由來者，漸也。既

〔註151〕羅欽順：〈答林次崖僉憲〉，《困知記・附錄》，（明嘉靖十六年吳郡陸粲刊本，
　　　　台北，國家圖書館善本書室），卷上，頁6上。
〔註152〕張載：〈誠明篇第六〉，《張載集・正蒙》，（台北，漢京文化事業有限公司，民
　　　　國72年9月），頁23。

已來矣，寧可逃乎？辨之於蚤，如地中無此種子，秧從何來。〔註153〕

高攀龍言「臣弒其君，子弒其父，其所由來者」其若「辨之於蚤」，則知「如地中無此種子，秧從何來」。此段話表示事情之發生，在事發之前，冥冥之中已有定數，而此定數不是人之己身可決定，因其「把柄屬之天」者，須「天」來做主。但高攀龍進一步闡明，雖事情發生前已有「天」命之定數，但當人遇到「命定」之事，卻更應該以「把柄屬之我者」而「息息造命」，並非逃避而無所作為。王船山云：

> 《集註》說性兼說形，方是徹上徹下，知天知人之語。性之異者，
> 人道。形之異者，天道。故曰：「形色，天性也，唯聖人然後可以踐
> 形。」〔註154〕

王船山認為「天道」之生生造成「形異」之「分殊」之萬物。而因氣質之「形異」而「氣質之性」之「分殊」使形氣之人展現森羅萬象之人倫道德與事功，此即所謂「人道」。因此王船山引用孟子所言「形色天性」來作「天人合一」之「天道」即「人道」之註解。因此高攀龍認為人應該把握「把柄屬之我」之人人皆有之者，雖然有昏明、強弱之「命定」之限制，看似很難完成天所命之道德，但是也因此標舉出「命定義」可造就各形氣踐德之獨一無二之道德價值，故言「形色天性」，而「性即天」之境地。因此「氣質之性」中「理一」之「天地之性」是具有永恆普遍性，人人皆有，只要吾輩立定志向，即有達成之時。《論語·顏淵》云：

> 司馬牛憂曰：『人皆有兄弟，我獨亡？』子夏曰：『商聞之矣：死生
> 有命，富貴在天。君子敬而無失，與人恭而有禮，四海之內，皆兄
> 弟也。君子何患乎無兄弟也？』〔註155〕

子夏以為「死生有命，富貴在天」，故司馬牛所應該把握者乃「把柄屬之我」之「天命之性」。故子夏希望司馬牛可以「敬而無失，與人恭而有禮」，即可以達到「四海之內皆兄弟」，如能達到此境，又何患無兄弟。《論語·憲問》云：

〔註153〕高攀龍：《高子遺書·語》，（台北，臺灣商務印書館文淵閣四庫全書，民國72年），卷一，頁340。

〔註154〕王船山：《孟子·離婁下篇》，《船山全書·讀四書大全說》，（長沙，嶽麓書社，1988年至1996年），第六冊，卷八，頁1026～1027。

〔註155〕朱熹：《四書集注·論語》，（台北，世界書局，民國86年3月），卷六，頁139。

> 子曰：『莫我知也夫？』子貢曰：『何爲其莫知子也？』子曰：『不怨
> 天，不尤人，下學而上達，知我者，其天乎？』〔註156〕

孔子亦是把握「把柄屬之我」者，而不怨對「把柄屬於天者」，勤勉地表現，
以致力於達到「下學而上達」之境界。至於「分殊」之「形異」看似「隨遇
可盡」，輕易地可以達成，卻是人無法掌握，不會因爲人爲之努力而有所改變。
「分殊」之「形異」得氣質形軀乃由「天」作主，且當形氣之身死亡之日，
此「分殊」之「形異」的氣質之軀會隨之亡滅。何謂「氣質之性」之「理一」
者？高攀龍進一步闡述之，其云：

> 凡人之言合者，必二物也。本離而合之之謂合，本合則不容言合也。
> 天下之物有萬而理則一，無體用、無顯微、無物我、無內外，一以
> 貫之者也。〔註157〕

高攀龍先從「本離而合之之謂合，本合則不容言合也」之角度來論「氣質之
性」。高攀龍認爲「天下之物有萬而理則一」，其意如前所言「理一」者乃「無
體用、無顯微、無物我、無內外」。因爲「理一」之「天地之性」是無所分別，
由此可知「理一」之「天地之性」具有永恆普遍義。此即符合其所言「千萬
人、千萬世一箇」之特性。故高攀龍言此「理一」之「天地之性」是「一以
貫之」，即各物皆本具此「理一」之「天地之性」而生。如高攀龍云：

> 生生之謂易，無刻不生則無刻不易，無刻不易則無刻不逝，所謂造
> 化密移是也。在天地如此，在人身如此，在物物如此，但不可得而
> 見，可見者如川流，故聖人指以示人，云：如斯者，正謂物物如斯
> 也，此是人的性體。〔註158〕

高攀龍認爲「生生之易」乃無刻不生、無刻不易、無刻不逝，其使形氣世界
隨時都有「生」、「死」之變化，但不論有何種變化，「易」仍是「不易」地「變
易」創生出各種生物。而「易」之生生「變易」之特色，「在天地如此，在人
身如此，在物物如此，但不可得而見，可見者如川流」，故高攀龍言「物物如
斯」者即人之「性體」。其意乃是將「易」不斷地「造化密移」之特質，當作

〔註156〕朱熹：《四書集注·論語》，（台北，世界書局，民國 86 年 3 月），卷七，頁
　　　　162。
〔註157〕高攀龍：〈陽明言辨三〉，《高子遺書·經解類》，（台北，臺灣商務印書館文淵
　　　　閣四庫全書，民國 72 年），卷三，頁 374。
〔註158〕高攀龍：〈子在川上章〉，《高子遺書·講義》，（台北，臺灣商務印書館文淵閣
　　　　四庫全書，民國 72 年），卷四，頁 391。

人之本性。所以「物物如斯」表示「天下萬物皆如此」，如其所言「物有萬理則一」也。故由此可知「理一」之「性」即「易」生生之特性與內涵。

　　高攀龍又云：「人之生也，直本體也。」〔註159〕此乃指形氣之人其「氣質之性」之道德本質是直承「浩然之氣」本體「生生之易」之「善」而來。顧炎武云：

　　「天地絪縕，萬物化醇」，善之爲言猶「醇」也。曰：「何以謂之善

　　也？」曰：「『誠者，天之道。』豈非善乎？」〔註160〕

顧炎武以爲「天之道」之「天地絪縕，萬物化醇」爲「善」。如同高攀龍言「浩然之氣」其「易」之生德，爲最大最公平之善。所以高攀龍言人「氣質之性」即具有「氣」之「善」之本質來溝通「天」、「人」之間。高攀龍云：

　　元、亨、利、貞，皆善也，元而亨，而利而貞，貞而復元，故曰：

　　繼之者善；元始之。故曰：善之長。天地一闔一闢，吾人一呼一吸，

　　繼之而不已者，皆是此件，故曰：生生之謂易。〔註161〕

因高攀龍言「元而亨，而利而貞，貞而復元」即「生生之謂易」之生物過程。而其又曰「元、亨、利、貞，皆善也」，由此可知高攀龍以爲「生生之謂易」即最大、最公平之「善」。其又言「天地一闔一闢，吾人一呼一吸，繼之而不已者，皆是此件」，其意乃是「人」之呼吸「息息」表現，即是繼承此生生之「善」而來，而其前有言「人之性體」乃是「生生之易」，此「生生之易」即「善」，所以天下萬物皆同然之「理一」之「天地之性」即「善」。其所言「人之性體」乃是「氣質之性」之本質之「天地之性」，高攀龍云：

　　萬物總是一物，故一物皆備萬物。我亦一物也，萬物一我也，即萬

　　爲一，故藏密處不容一些散漫。〔註162〕

萬物具有「物物如斯」之「生生之易」之「至善」內涵爲其「氣質之性」之本質，而在具有此「善」之「氣質之性」層面之下，高攀龍可以言「萬物總是一物，故一物皆備萬物」。因我與物之「氣質之性」之本質皆同爲來自「浩

〔註159〕高攀龍：《高子遺書‧語》，（台北，臺灣商務印書館文淵閣四庫全書，民國72年），卷一，頁335。

〔註160〕顧炎武：〈繼之者善也誠之者性也〉，《原抄本顧亭林日知錄》，（台北，文史哲出版社，民國68年），頁19～20。

〔註161〕高攀龍：《高子遺書‧箚記》，（台北，臺灣商務印書館文淵閣四庫全書，民國72年），卷二，頁347。

〔註162〕高攀龍：〈萬物皆備章〉，《高子遺書‧講義》，（台北，臺灣商務印書館文淵閣四庫全書，民國72年），卷四，頁407。

然之氣」其「生生之易」之「至善」內涵，所以高攀龍言「我亦一物也，萬物一我也，即萬爲一」。由以上兩點來看，高攀龍認爲須在「藏密處不容一些散漫」才可以達到「萬物總是一物」、「我亦一物也，萬物一我也，即萬爲一」之境界。而「密」所指爲何？此「密」即是人之「性」也。如《易‧繫辭上傳》云：

> 是故著之德圓而神，卦之德方以知，六爻之義，易以貢。聖人以此
> 洗心，退藏於密，吉凶與民同患。〔註163〕

「圓而神」就是指易於人倫日用中，隨機流行，而無所隱曲，所以可以稱作「顯」，也就如同聖人之「心」，因「心」具表現作用。而「退藏於密」之意乃是將「顯」之心，歸攝於「密」之「性」中。如牟宗三先生云：「歸顯于密」。〔註164〕高攀龍之意乃是要人體認「人」、「物」皆具「生生之易」之「善」爲其性之本質。高攀龍以爲「浩然之氣」生生之易所命之「性」，除了「理一」此具永恆性、普遍性之特色外，還有一「分殊」之性，此即「一人是一箇」之獨特性與有限性。

二、性有萬殊者形而已

> 龍謂天地間物莫非陰陽五行，五行便是五色，便有五味，各自其所
> 秉，紛然不同，故無足異至發之先後。蓋天地間有一大元亨利貞，
> 各物又具一元亨利貞，雜然不齊良有以也。〔註165〕

高攀龍言「天地間物莫非陰陽五行，五行便是五色，便有五味，各自其所秉，紛然不同，故無足異至發之先後。」此段話乃是言吾人形氣之身之「氣質」之「形軀」是由「浩然之氣」中「陰、陽」兩種不同比例組成「五行」不同「分殊」之「性」而來。因此萬物有不同具體形氣之身之展現。但萬物除了有由相異之「分殊」之「形異」展現不同之「氣質」形軀，高攀龍又言「蓋天地間有一大元、亨、利、貞，各物又具一元、亨、利、貞，雜然不齊良有以也。」因爲萬物不同「分殊」之「形異」乃由「浩然之氣」其「易」之生生「元、亨、

〔註163〕朱熹：《周易本義‧繫辭上傳》，（台北，大安出版社，民國88年7月），卷三，頁247。
〔註164〕牟宗三：《從陸象山到劉蕺山》，（台北，臺灣學生書局，民國89年5月），頁453。
〔註165〕高攀龍：〈荅顧涇陽先生論格物四〉，《高子遺書‧書》，（台北，臺灣商務印書館文淵閣四庫全書，民國72年），卷八上，頁468。

利、貞」而來，而高攀龍云：「元、亨、利、貞，皆善也。」〔註166〕故「各物又具一元、亨、利、貞，雜然不齊良有以也」，其意指前所言萬物雖各有不同之「分殊」之「形異」的形氣身軀，但其「分殊」之「形異」之氣質身軀中本具有與「浩然之氣」相同之內涵，此即「元、亨、利、貞」。而此「浩然之氣」生生之「善」為其「氣質之性」之道德主體的「天地之性」，此即所言「千萬人、千萬世是一箇」具有永恆普遍性之「理一」。高攀龍云：

> 易曰：乾，元、亨、利、貞；如言人，仁、義、禮、智之謂也。

〔註167〕

高攀龍明白指出「易」生生之「至善」之「元、亨、利、貞」，此即人之「仁、義、禮、智」。人形氣之身之「氣質之性」乃稟此「易」生生之「善」之「仁、義、禮、智」為其「理一」之「天地之性」，而此「理一之性」則為「氣質之性」之本質的道德主體。故高攀龍言「雜然不齊良有以也」，其強調物物雖有不同形氣之軀之「氣質之性」之表現，但其「形異」之氣質身軀之「氣質之性」中皆有「易」之「生德」之「至善」為其本質與道德主體。因此「至善」就在萬物「形異」之氣質身軀中。因此形氣世界中之各物除了具有萬種不同「分殊」之「形異」表現外，各物則可以「至善」之「理一」之「天地之性」互相溝通，又因物物皆有「分殊」之「形異」之氣質身軀，故造成這大化流行，豐富多變之道德氣化世界。高攀龍云：

> 性者，學之原也。知性善而後可言學，知氣質而後可言性。故論性至程張而始定。張子曰：形而後有氣質之性，天地間性有萬殊者，形而已矣。以人物言之，人形直而靈，獸形橫而蠢。以人言之，形清而靈，形濁而蠢。匪直外有五官之形，且內有五臟之形。故吳王濞有反骨，而高祖先知其反。安祿山有反骨，而張九齡先知其反。王莽之鴟吻，商臣之蜂目，越椒熊虎之狀，伯石豺狼之聲，皆形也。形異而氣亦異，氣異而性亦異。弗虛弗靈，性弗著也。夫子曰：性相近也。習染未深之時，未始不可為善，故曰相近。然而，質美者，習於善易，習於惡難。質惡者，習於惡易，習於善難。上智下愚則

〔註166〕高攀龍：《高子遺書·箚記》，（台北，臺灣商務印書館文淵閣四庫全書，民國72年），卷二，頁347。

〔註167〕高攀龍：〈觀白鷺洲問答致涇陽〉，《高子遺書·書》，（台北，臺灣商務印書館文淵閣四庫全書，民國72年），卷八上，頁472。

氣質美惡之極，有必不肯學於善，必不肯習於惡者也。故有形以後
皆氣質之性也。天地之性非學不復，故學以變化氣質爲主。〔註168〕

高攀龍先言此論點之大前提「性者，學之原也。知性善而後可言學，知氣質而
後可言性。」高攀龍認爲「性」是學之根源，此「性」所指乃此「氣質之性」
中「理一」之「天地之性」之純善本質，知此「理一」之「天地之性」爲吾人
「氣質之性」之道德本質，才可言「學」，因所欲學者乃恢復吾人本然狀態之「理
一」之「天地之性」的道德意識，故高攀龍言「知性善而後可言學」。高攀龍云：

善即生生之易也，有善而後有性，學者不明善，故不知性也。夫善
洋洋乎，盈眸而是矣。〔註169〕

由此可知高攀龍認爲人「氣質之性」中之「理一」之「天地之性」乃「善」，
此「善」由「生生之易」氣化之「命」而來。人有身而後有性，而「性」又
由「生生之易」氣化之「命」而來，故高攀龍言「有善而後有性」。其有言人
之「氣質之性」中本具「浩然之氣」中生生之易所命「善」之道德內涵爲人
「氣質之性」之道德內涵與道德主體。但爲何高攀龍言「知氣質而後可言性」
呢？前有言高攀龍認爲「氣質之性」是「養成之性」，而「養成之性」與「同
是一箇命」中「氣質之性」之「分殊」的「形異」之特色有極大之關聯。由
「性」即「氣」之觀念而言，因爲人與萬物皆具「浩然之氣」生生之「易」
之作用下所凝聚而來「理一」之「天地之性」的至善本質，但人與萬物除了
具有「浩然之氣」生生之「至善」內涵成爲其「性」之本體外，人與物亦稟
有由「浩然之氣」其「陰陽」二種不同比例組成之「氣質」之「分殊之性」，
此「分殊之性」造成物物有相異之「氣質」爲其形軀。純然道德之「理一」
之「天地之性」與「分殊」迥異之「形異」之氣質，此兩者統而言之即是所
謂形氣萬物之「氣質之性」。「氣質之性」是以「善」之「理一」之「天地之
性」爲其主體，但「理一」之「天地之性」之表現，會受到「分殊」之「形
異」之「氣質」影響，因此需要透過「養」來「變化氣質」。而「養」即是
此處所言「學」之工夫，「學」可使「氣質之性」回復「氣質之性」本然以「善」
之「天地之性」爲本質之狀態。如孫應鰲云：

〔註168〕高攀龍：〈氣質言〉，《高子遺書・經解類》，（台北，臺灣商務印書館文淵閣四
　　　　庫全書，民國72年），卷三，頁366。
〔註169〕高攀龍：〈荅少墟〉，《高子遺書・書》，（台北，臺灣商務印書館文淵閣四庫全
　　　　書，民國72年），卷八上，頁477。

> 曾子氣質之偏，其始也，與柴之愚、師之辟、由之喭同。而其終也，
> 獨得傳夫子之宗，非三子之可望而極。可見氣質之性，君子有弗性，
> 在人之善反焉耳。〔註170〕

孫應鰲以爲「氣質之性」之「分殊」的「形異」會造就「氣質之偏」之情況，此乃君子所弗性者。但是其所著重處並非貶低「氣質之性」之「分殊」之「氣質之偏」，而是強調「善反」而「學」之工夫。因爲「善反」之「學」的工夫，即是曾子「變化氣質」而可傳夫子之道，使其他三子望塵莫及之因。所以高攀龍強調萬物具有不同之「分殊」之氣質形軀，故可以展現「理一之性」不同種「善」之風貌。前有言「有善而後有性」，此「善」之「天地之性」是千萬人、千萬世之人所皆同之「理一」者。但具體之形氣世界萬象森羅、品物川流，各物表現皆有所不同，因此高攀龍引用張載之言作說明，張載云：「形而後有氣質之性，天地間性有萬殊者，形而已矣。」由「形而後有氣質之性」可知，高攀龍認爲言「性」即是在「人」有「形」之後，意思就是人具有此形體之後，才可以言「性」，所以人之「性」與形氣之身是一體。也就如前所言「知氣質而後可言性」，因爲未有此氣質之身前則不可稱「性」。而高攀龍又藉由「天地間性有萬殊者，形而已矣」此句話說明爲何言「知氣質而後可言性」與人有「分殊」之原因。此亦是形氣世界萬象森羅之來由，皆是因「形」之不同，原自於「氣質」相異也。呂坤云：

> 性合理氣之道也，理不雜氣，則純粹以精，有善無惡，所謂義理之
> 性也，理一雜氣，則五行紛糅，有善有惡，所謂氣質之性也。〔註171〕

因萬物皆由「浩然之氣」生生之「易」創生萬物，而創生過程中，藉由「浩然之氣」內陰陽二種材質凝聚，而組成陰陽比例不同之生理，故創生形氣不同特質之「分殊」者，使形氣之人有萬殊之「形異」。高攀龍舉例說明「以人物言之，人形直而靈，獸形橫而蠢。以人言之，形清而靈，形濁而蠢，匪直外有五官之形，且內有五臟之形。故吳王濞有反骨，而高祖先知其反。安祿山有反骨，而張九齡先知其反。王莽之鴟吻，商臣之蜂目，越椒熊虎之狀，伯石豺狼之聲，皆形也。」就人與物而言，人是形體直立，故「靈」，即人能靈活之活動；動物是身體是橫著行走，因而行動不便。若就人而言，人之形

〔註170〕孫應鰲：《四書近語》，《陽明學研究叢書·孫應鰲文集》，（貴州，教育出版社，1990年），頁246。

〔註171〕呂坤：〈談道〉，《呻吟語》，（台北，志一出版社，民國83年7月），卷一，頁80。

氣有氣清、氣濁之不同，因而有「靈」與「蠢」之異。高攀龍又言「匪直外有五官之形，且內有五臟之形。」然而高攀龍認爲「氣質之性」中「分殊」之「形異」不僅可以決定形氣「五官之形」之外在外貌，更可以決定「五臟之形」，此即氣質形體自身之內在表現，如同其所言「故吳王濞有反骨，而高祖先知其反。安祿山有反骨，而張九齡先知其反。」而高攀龍強調「王莽之鴟吻，商臣之蜂目，越椒熊虎之狀，伯石豺狼之聲，皆形也。形異而氣亦異，氣異而性亦異。弗虛弗靈，性弗著也。」高攀龍認爲「王莽之鴟吻，商臣之蜂目，越椒熊虎之狀，伯石豺狼之聲」皆因「氣質之性」之「分殊」之「形異」而造成外形五官之迥異，因此高攀龍言「形異而氣亦異，氣異而性亦異」，此表示氣質形軀其「分殊」之「形異」乃造成「氣質之性」有異之因，而「氣質之性」其本質乃「善」之「理一」的「天地之性」是人我皆同，唯有「形異」之氣質外貌才會有所不同。但高攀龍又補充說明「弗虛弗靈，性弗著也」，因爲前言人與物之別在於人其形體爲直立者故「靈」，物其形體爲橫列者故「蠢」；就人自身而言，氣清者故「靈」，氣濁者故「蠢」。因此唯有人之氣清者，其「氣質之性」爲「虛靈」，亦因此才可以「著」性。高攀龍認爲唯有其「氣質之性」之「分殊」的「形異」特質爲「氣清」者，「氣質之性」才是「虛靈」而可「著性」。如高攀龍云：

> 靜坐只以見性爲主，人性萬物皆備，原不落空，人性本無一物，不
> 容執著，性即天也。〔註172〕

因謂人之「分殊」之「形異」之氣質形貌，若清暢，就不會影響到「理一」之「天地之性」之展現，因此「理一」之「天地之性」與「分殊」而形異之「氣質」才會相得益彰。故「分殊」而形異之「氣質」不僅可以讓具體形氣世界之萬有不同，更可以讓「理一」之「天地之性」透過「分殊」而形異之「氣質」展現成不同卻又具體之善行。

高攀龍又言夫子說「性相近」也。其意爲習染未深之時，未始不可爲善，故曰相近。然而，質美者，習於善易，習於惡難。質惡者，習於惡易，習於善難。上智下愚則氣質美惡之極，有必不肯學於善，必不肯習於惡者也。故有形以後皆氣質之性也。天地之性非學不復，故學以變化氣質爲主。如呂坤云：

> 孔子不專言性善，曰：「繼之者，善也，成之者，性也。」又曰：「性

〔註172〕高攀龍：〈荅呂劍潭大行〉，《高子遺書·書》，（台北，臺灣商務印書館文淵閣四庫全書，民國72年），卷八上，頁498。

相近也，惟上智與下愚不移。」纔言相近，便不是一箇。相遠從相
近起腳。

呂坤認為孔子所謂「性相近」，乃言「氣質之性」，因為「相近」則非為「一箇」，
故「相近」不是指稱人所同然之「理一」之「天地之性」。《論語‧雍也》云：「子
曰：『人之生也直，罔之生也幸而免。』」〔註173〕孔子以為人生之「性」其本然
狀態乃「正直」者，而有「罔」而不直者，是因幸而免於難。孔子認為人之本
性應該是善而直者，所不直者應該是「習」之故，因此《論語‧陽貨》云：「子
曰：『性相近也，習相遠也。』」〔註174〕但是在《論語‧陽貨》云：「子曰：『唯
上智與下愚不移。』」〔註175〕孔子又明白指出有「人之生也罔者」，亦即是氣質
濁惡者之「下愚」，與氣質十分清暢者之「上智」。而孔子如何分「上智」與「下
愚」？《論語‧季氏》云：「孔子曰：『生而知之者，上也；學而知之者，次也；
困而學之，又次也；困而不學，民斯為下矣。』」〔註176〕孔子將人大略分為
四等「上」之「上智」、「次」者的學而知之與困於學之者，其次則是「下」者，
亦即「困而不學」之氣質，此即氣質濁惡者。因此《論語‧雍也》云：「子曰：
『中人以上，可以語上也。中人以下，不可以語上也。』」〔註177〕孔子認為「中
人以上」可以向其說明一些高深上層之學問，但是「中人以下」者即不可以向
其說明高深上層之學問。因此高攀龍引用孔子「性相近」之言，說明人皆有以
「理一」之「天地之性」為其本質之「氣質之性」，即人「性相近」之因。但亦
因「性相近」可知人「氣質之性」中亦有「分殊」之客觀「陰陽二五」比例所
造成之「形異」，此即高攀龍所謂「質惡者」與「質美者」形成之因。

　　氣質之「美」、「惡」會影響「氣質之性」中「至善」主體之「理一」的
「天地之性」之表現，故高攀龍言「質美者，習於善易，習於惡難。質惡者，
習於惡易，習於善難。上智下愚則氣質美惡之極，有必不肯學於善，必不肯
習於惡者也。」此亦即孔子所言「唯上智與下愚不移」之意。但天地間大部
分都是資質中庸之人，若由孔子「性相近」觀點來言，中人還是可以「語上」，
因此高攀龍言「天地之性非學不復，故學以變化氣質為主」，因此高攀龍藉由
「變化氣質」可復「天地之性」之道德本質此觀點引出「學」之關鍵，透過

〔註173〕朱熹：《四書集注‧論語》，（台北，世界書局，民國86年3月），卷六，頁98。
〔註174〕朱熹：《四書集注‧論語》，（台北，世界書局，民國86年3月），卷九，頁179。
〔註175〕朱熹：《四書集注‧論語》，（台北，世界書局，民國86年3月），卷九，頁179。
〔註176〕朱熹：《四書集注‧論語》，（台北，世界書局，民國86年3月），卷八，頁176。
〔註177〕朱熹：《四書集注‧論語》，（台北，世界書局，民國86年3月），卷八，頁176。

「學」來改變「氣質之性」中「分殊」之「形異」的氣質，使「氣質之性」回復到其最初「天地之性」之「善」之境界。高攀龍進一步說明「善」之「天地之性」與具有「形異」差別之「氣質之性」之關係。高攀龍云：

> 或疑天地之性、氣質之性不可分，性爲二者，非也。論性於成形之後，猶論水於淨垢器中。道著性字，只是此性；道著水字，只是此水，豈有二耶。又或疑性自性，氣質自氣質，不可混而一之者，亦非也。天地之道爲物不貳，故性即是氣，氣即成質。惡人之性，如垢器盛水清者，已垢。垢者，亦水也。明乎氣質之性，而後知天下有自幼不善者氣質，而非性也。性善之言始定。而變化氣質之功始力。所謂變化氣質者，正欲人知得性善，雖惡人可齋戒沐浴事上帝云爾，故曰：氣質之性，君子有弗性者焉。弗性，氣質之性，則形色天性矣。蓋一明性善，隨他不好氣質當下點鐵成金。〔註178〕

高攀龍言「或疑天地之性、氣質之性不可分，性爲二者，非也。」吳廷翰云：

> 蓋性即是氣，性之名生於人之有生。人之未生，性不可名。既名爲性，即已是氣。〔註179〕

吳廷翰認爲「性」由「氣」而言，「性」之名乃在人之「生」而有，因此一言「性」，「性」已經落於「氣質」之身中，此如同高攀龍所言「知氣質而後可言性」。故吳廷翰認爲「性」是「氣質之性」，亦無於形下「氣質」之外言性者。因此其反對天地之性、氣質之性二分。如高攀龍所言「論性於成形之後，猶論水於淨、垢器中。道著性字，只是此性；道著水字，只是此水，豈有二耶。又或疑性自性，氣質自氣質，不可混而一之者，亦非也。」高攀龍認爲「天地之性」與「氣質之性」之分別在「成形」與否，因爲前有言「知氣質而後可言性」，所以高攀龍言「論性於成形之後」。高拱云：

> 而宋儒乃分而二之，曰有『氣質之性』，有『義理之性』，夫性一而已。將何者爲氣質之性？又將何者爲義理之性乎？且氣質之性謂其雜於形氣者也，義理之性謂其不雜於形氣者也，然氣質之性固在形氣中矣，而義理之性乃不在形氣中乎？不在形氣之中，則將何所住

〔註178〕高攀龍：〈氣質言〉，《高子遺書・經解類》，（台北，臺灣商務印書館文淵閣四庫全書，民國72年），卷三，頁366。

〔註179〕吳廷翰：《吳廷翰集・吉齋漫錄》，（北京，中華書局，1982年2月），卷上，頁28～29。

著乎？蓋天之生人也，賦之一性，而宋儒以爲二性，則吾不敢知也。

〔註180〕

高攀龍與高拱皆不贊同朱子「理」與「氣」二分，而有二性。故高攀龍云「又
或疑性自性，氣質自氣質，不可混而一之者，亦非也。」因爲既言「論性於
成形之後」，故「性」與「氣質」是一。因此高攀龍認爲非「性自性，氣質自
氣質」。所以高攀龍舉例說明性與氣質之關係就如同「論水於淨垢器中」，「水」
即是「性」之本質的「天地之性」，「淨、垢之器」即是「形異」之氣質，當
水倒入淨或垢之器皿中兩者即是一體，不可分割。但是高攀龍進一步解釋之，
其以爲「惡人之性，如垢器盛水清者，已垢。垢者，亦水也。」因爲「惡人」
其「氣質之性」就如同「清水」放入「垢器」之中，雖水已垢，但是本質仍
然是「水」之「天地之性」。高攀龍言「天地之道爲物不貳，故性即是氣，氣
即成質。」

　　高攀龍說明爲何言「論性於成形之後」，與「氣質」和「性」是一，因爲
「性即是氣，氣即成質」，所以「性」與「氣質」之本質皆是「氣」，皆是由
「浩然之氣」生生之易道爲物不貳所創生。如王廷相云：

　　余以爲人物之性無非氣質所爲者，離氣言性，則性無處所，與虛同
　　歸；離性言氣，則氣非生動，與死同途；是性與氣相資，而有不得
　　相離者也。〔註181〕

而高攀龍又言「明乎氣質之性，而後知天下有自幼不善者，氣質而非性也。
性善之言始定。而變化氣質之功始力。」高攀龍認爲論「性」即言「氣質之
性」，但「氣質之性」之主體在於「善」之「天地之性」本質，此即「氣質之
性」中具有普遍性與永恆性之「理一」，而非人人不同之「分殊」氣質之形異。
如孫應鰲云：

　　道之散見謂之「萬殊」；道之會歸謂之「一本」。〔註182〕

孫應鰲以爲「太虛元氣」創生萬物之道，其可散爲萬殊之萬物，亦可會歸爲
萬物創生本原之「一本」。因此「道」有「理一」之「太虛元氣」之道德內涵
之「一本」。而「道」會因創生萬物而有「分殊」之形異之產生。所以高攀龍

言「天下有自幼不善者氣質，而非性也」。高拱云：

> 譬之樹然，千枝萬葉，只是一根，萬殊之所以一本也。一根而散爲
> 千枝萬葉，一本之所以萬殊也。〔註183〕

高拱認爲人「氣質之性」有萬殊之因，就如枝葉之「分殊」，但其根本皆來自
於樹之根之之「一本」。羅整菴云：

> 夫性一而已矣，苟如張子所言氣質之性，君子弗性，不幾於二之乎？
> 此一性而二名，僕所以疑其詞之未瑩也。若以理一分殊言，較似分
> 明，學者較易於體認，且於諸君子大意未嘗不合也。〔註184〕

羅整菴認爲只有一性即「氣質之性」，因此「理一」之一本由「太虛元氣」之
凝聚轉化爲「萬殊」，此具有形異特色之「氣質之性」。因此高攀龍認爲自幼
不善者是因爲「分殊」之「形異」其氣質濁惡，而非「氣質之性」之「理一」
之「天地之性」主體出問題。由此可知「氣質之性」其本體是「理一」之「天
地之性」之善，故高攀龍言「性善之言始定」。然而人性有善與不善之行爲表
現，乃受形氣之身「分殊」之「氣質」濁惡影響，若「變化氣質」便可以恢
復「氣質之性」其本然純善一如「天地之性」之狀態。

　　何謂「變化氣質」？高攀龍言「所謂變化氣質者，正欲人知得性善，雖
惡人可齋戒沐浴事上帝云爾」，所以高攀龍又言若明「性善之言」則「變化氣
質之功始力」。高攀龍以爲吾輩應該知道「氣質之性，君子有弗性者焉。」亦
即「氣質之性」本體在「至善」之「理一」的「天地之性」而非「分殊」之
「形異」之氣質形軀。牟宗三先生云：

> 在超越體證中，天理本體自身即是「一理」，在洒然冰解凍釋中，天
> 理本體成爲具體而眞實的本體，此即天理本體達至「分殊」。「分殊
> 者」現實生活中各種不同的分際是也。〔註185〕

牟宗三以爲「理一」者在形下散爲「分殊」之形氣之人之「性」，此「性」即
是此形氣之人的「分際」。因此高攀龍「氣質之性」所謂「分殊」之「形異」
就會造就形氣之人有不同樣態與獨特的分際與地位。但人之不同「分際」與
「樣態」中仍是以「理一」之「天地之性」爲其主體。高拱云：

〔註183〕高拱：《高拱論著四種》，（北京，中華書局，1993 年 7 月），頁 138。
〔註184〕羅欽順：〈答林正郎貞孚〉，《困知記・附錄》，（明嘉靖十六年吳郡陸粲刊本，
　　　　台北，國家圖書館善本書室），頁 44 上。
〔註185〕牟宗三：《心體與性體》，（台北，正中書局，民國 85 年 2 月），第三冊，頁
　　　　7。

> 方以類聚，物以群分，則性命不同矣，知人事之異，其宜當知天理
> 之異，其分蓋天理在人自有不同之分也，則夫人事之異宜也，謂非
> 本於是哉。〔註186〕

高拱以爲物之類聚與群分，標舉出性命不同，由此可知人事之異。但人事之異其分際之「分殊」中仍有一共同之理則，即「理一」之「天理」。因此當吾輩有此認知時，「氣質之性，則形色天性矣。」高攀龍言：「形色天性，即形即性，即性即形，此之謂君子。」〔註187〕高攀龍言「形色」即「天性」，意思就是人當明白自己「氣質之性」是以「善」爲主體時，就不受氣質影響，反而可以擅用形氣之身「分殊」之形異，讓形氣之身之表現合乎天命自然之本性之「理一」。羅近溪云：

> 今說者多詳性而略形，便覺無意味也。大要亦是世俗同情皆云，此
> 身血是肉之軀，不以爲重。及談性命，便更索之玄虛，以爲奇崛。
> 軻氏惜之，故曰：吾此形色，豈容輕視也哉！即所以爲天性也，惟
> 是生知安行，造位天德，如聖人者於此形色，方能實踐。實踐云者，
> 謂行到底裡必其能事。〔註188〕

羅近溪認爲大眾都由天道之言虛玄之「性」，而忽略吾身之形色，認爲爲形軀之血肉是不足以爲重者。其以孟子所謂：「形色，天性也。惟聖人然後可以踐形。」〔註189〕來強調血肉之形色，即是踐形成聖之根基。因此羅近溪認爲「形色」應爲人所重視，不應只言虛玄之「至善」之「性」。因此高攀龍言「蓋一明性善，隨他不好氣質當下點鐵成金」，其以爲人若知其「形色」迥異之氣質中，有一人所同然之「至善」本性，則人能依此本性而踐其形，即能成爲「即形即性，即性即形」之「君子」，而達到如孟子所謂「踐形成聖」之境。因此高攀龍並非鄙視「氣質」之萬殊者，因爲氣質之萬殊之「形色」是淺顯易見，人可由具體之形氣萬殊即可明白此。但「氣質之性」之本質乃無聲無臭之「天地之性」，因此人雖喜言之，卻不明白「道」之生生即在吾人息息「呼吸」中

〔註186〕高拱：《程士集》，（明嘉靖年間吉水廖如春校刊本，台北，國家圖書館善本書室），卷三，頁19。

〔註187〕高攀龍：〈答區羅陽太常〉，《高子遺書・書》，（台北，臺灣商務印書館文淵閣四庫全書，民國72年），卷八上，頁50。

〔註188〕羅近溪：《旴江羅近溪先生全集》，（明萬曆十四年戊午劉一焜浙江刊本，台北，國家圖書館善本書室），卷四，頁50。

〔註189〕朱熹：〈盡心上〉，《四書集注・孟子》，（台北，世界書局，民國86年3月），卷七，頁405。

展現。如吳廷翰云：

> 耳目之類，雖曰氣質，而皆天地所生；仁義之類，雖曰天命，而皆
> 氣質所生。〔註190〕

吳廷翰強調「耳目」是氣質，此乃人所皆知。但是「仁義」之道德義理雖言
「天命」，其實爲「太虛元氣」之本體所命於人形軀之身爲其「氣質之性」，
因此亦爲「氣質所生」。因此高攀龍認爲論「性」即在成形之後，所以言「氣
質之性」，因爲「氣質」與「氣質之性」之本質之「天地之性」皆爲「氣」，
因兩者乃由「浩然之氣」生生之易創生作用凝聚而來。薛瑄云：

> 性一也，本然之性純以理言，氣質之性兼理氣言，其實則一，故曰：
> 「二之則不是。」〔註191〕

薛瑄以爲「本然之性」即是言「理一」之性，而氣質之性是兼具「理一」與
「氣質」之「分殊」來論，其實是「理一」與「分殊」是一於「氣質之性」
中而不分爲二。高攀龍以爲「氣質之性」之主體其「理一」之「天地之性」
在千萬人、千萬世中皆具有，而「理一」之「天地之性」是由「太虛元氣」
其「易」生生之「至善」內涵而來。高攀龍認爲天地間「氣質之性」有萬殊，
則是因爲「形異」，而非「氣質之性」主體之「善」的「天地之性」有異，所
以高攀龍就由孔子所言「性相近」來說明「氣質之性」。

　　高攀龍認爲「氣質」之清、濁與美、惡會影響人之「氣質之性」之「理
一」的「天地之性」之至善主體之展現。故「靈」與「蠢」之不同，進而有
善人與惡人之不同，因此需要「學」來變化氣質，使氣質變清變美，而不影
響「氣質之性」中「理一」的「天地之性」之至善主體之表現。但是高攀龍
強調「氣質之性」中「理一」的「天地之性」之至善主體，就如同「水」，「水」
會裝入淨或垢不同之器皿中，成爲「淨水」、「垢水」，但是不論是「淨水」或
「垢水」，其本質還是「水」，因此不論人形氣之「分殊」之氣質如何之濁、
惡，「氣質之性」之本質仍是「善」之「天地之性」。人若有此認知，就不會
受被動地受到「氣質」濁、惡之影響，而是積極地把握本有之「善」本質，
而擴充之，若能如此，人皆有成聖之可能。因此高攀龍認爲人若明白「氣質
之性」乃「以善爲性」，則「氣質之性」之表現即所謂「形色天性」，則人身

〔註190〕吳廷翰：《吳廷翰集》，(北京，中華書局，1982年2月)，頁29。
〔註191〕薛瑄：《薛瑄全集・讀書錄》，(山西，人民出版社，1990年8月)，卷五，頁
　　　　1151。

「形色」之「氣質」表現皆是合乎道德之善，此時「氣質之性」即可達到「性即天」之「虛靈」狀態。

三、仁義禮智人與物一

高攀龍除了說明人之「氣質之性」外，高攀龍進一步辨明「人」之「氣質之性」與「物」「氣質之性」之異。高攀龍云：

> 來書云生之謂性章，頗有所疑。性者，萬物之一原，安有不同。孟子將犬馬之性猶人之性，折難告子，分明謂人與犬馬有二性矣。如何註謂知覺運動人與物同，仁、義、禮、智人與物異，似皆宜有商量，幸丈一參之。在天為命，在人、物為性，一也。然以命言，則萬物一原；以性言，則有稟受之不同，故人得之而為人之性，犬牛得之而為犬牛之性，非性異也。形既異，則氣為形拘，有不得不異者，所謂纔言性時，便已不是性者，謂落在形氣中也。仁、義、禮、智，人與物一也，形氣異，是以有偏、全、明、晦之異，故曰：論性不論氣不備，論氣不論性不明。理之與氣二之固不是，便認氣為理又不可。告子生之謂性，語未嘗差。生之謂性與一陰一陽之謂道，何異也。然聖人不謂陰陽便是道，故又曰：形而上者謂之道，形而下者謂之器。形只是這箇須是截得上下分明，告子不知此，故認氣為道也。鄙見如此，先生以為何如？〔註192〕

高攀龍由此段話說明「人」、「物」之辨。高攀龍言「性者，萬物之一原，安有不同。」所以高攀龍認為人之「氣質之性」與物之「氣質之性」皆是同出一原，因此人之「氣質之性」與物之「氣質之性」若就「理一」之「天地之性」而言仍相同，所以高攀龍不贊同孟子以「知覺運動人與物同，仁、義、禮、智人與物異」之「人與犬馬有二性」來反對告子「生之謂性」之說法。

高攀龍說明其看法「在天為命，在人、物為性，一也。然以命言，則萬物一原；以性言，則有稟受之不同，故人得之而為人之性，犬牛得之而為犬牛之性，非性異也。」高攀龍以為人與物之「氣質之性」皆是由「浩然之氣」生生之「易」大化所「命」，所以「氣質之性」中皆具有「元、亨、利、貞」之「善」，故本質之「理一」之「天地之性」應該相同。因此高攀龍之意乃言

〔註192〕高攀龍：〈答涇陽論生之謂性〉，《高子遺書·書》，（台北，臺灣商務印書館文淵閣四庫全書，民國72年），卷八上，頁470。

人與犬牛之「氣質之性」中，皆有來自「浩然之氣」其「易」之生德之「元、亨、利、貞」之「至善」內涵，此即就前所言「理一」之「天地之性」。如薛瑄云：

> 性乃天命賦予人物之實體。〔註193〕

故高攀龍言「在天為命，在人、物為性，一也。然以命言，則萬物一原。」

　　若就「氣質之性」中「分殊」之「形異」而言，人之「氣質之性」與犬牛之「氣質之性」則會有「稟受」之「氣質」形軀不同，此即是在形氣之身其氣質展現「理一」之本質會有不同之因。故高攀龍言「形異而氣亦異，氣異而性亦異」，此即前所言「氣質之性」之「分殊」者，此「分殊」會造成萬物具有不同之形氣樣貌，所以造就所謂「人」之性與「犬牛」之性之異。因此「人」之性與「犬牛」之性其分別在於「氣質之性」中「分殊」所造成各物稟受「形貌」之不同，而不在於「氣質之性」中「理一」之「天地之性」其「至善」本質不同，因此高攀龍言「以性言，則有稟受之不同，故人得之而為人之性，犬牛得之而為犬牛之性，非性異也。」高攀龍云：

> 離卻生，無處見性，而孟子所謂性，與告子所謂性，所爭只在幾希。
>
> 故曰：人之所以異於禽獸者，幾希。〔註194〕

因為人與物之性因為「氣質之性」中「分殊」所造成之「形異」而有別，並不是「氣質之性」中主體之「理一」之「至善」本質有別。所以「人之所以異於禽獸者，幾希」，高攀龍進一步說明既然「氣質之性」之「至善」本質人與犬牛皆同，而人與犬牛之最大差異何在？高攀龍云：

> 人與物同一氣也，惟人能集義，養得此氣，浩然其體，則與道合其
>
> 用，莫不是義，故曰配義與道。〔註195〕

高攀龍認為就宇宙生化之本原來看，人與犬牛之性同由「一氣」創生而來。羅整菴亦云：

> 人物之生，本同一氣。〔註196〕

〔註193〕薛瑄：《薛瑄全集‧讀書續錄》，(山西，人民出版社，1990年8月)，卷二，頁1326。

〔註194〕高攀龍：《高子遺書‧語》，(台北，臺灣商務印書館文淵閣四庫全書，民國72年)，卷一，頁338。

〔註195〕高攀龍：《高子遺書‧語》，(台北，臺灣商務印書館文淵閣四庫全書，民國72年)，卷一，頁335。

〔註196〕羅欽順：《困知記》，(明嘉靖十六年吳郡陸粲刊本，台北，國家圖書館善本書室)，卷上，頁6上。

　　蓋通天地，亙古今，無非一氣。〔註197〕

何謂「一氣」？亦即「以命言，則萬物一原」之意，因爲萬物皆是由「浩然之氣」其「易」之生生作用所凝聚而創生，所以皆有生生之「易」之生德之「至善」爲「氣質之性」之本質。而前有言「人性」與「犬牛之性」最大之差別在於「形異」，然而人明之，犬牛不明之，因爲前高攀龍有言「弗虛弗靈，性弗著也」與「明乎氣質之性，而後知天下有自幼不善者氣質，而非性也。」所以高攀龍認爲人若明白其「氣質之性」之本質是以「善」之「理一」的「天地之性」爲主體，因此人我之間與人、物之間善與不善之表現，乃因爲吾輩「氣質之性」中還有不同「分殊」之「形異」，會造成不同之氣質形軀，故有「靈」與「蠢」之表現。所以人知道要以「集義」之工夫來「養得此氣，浩然其體」，此即養其形氣之「氣質」達到氣質清暢，「靈」而不「蠢」，使其「氣質之性」本質之「天地之性」之「善」得以順暢表現。因犬、牛之動物其形氣之身之「氣質」是是濁而蠢，故不明其「氣質之性」具有「理一」之「天地之性」的「善」爲其主體，而不懂得「集義」之工夫養其濁而蠢之氣質，表現其「浩然之氣」所命於其「氣質之性」中之「天地之性」。然而「集義」即前所言「性者，學之原也。知性善而後可言學」的「學」之工夫。如《河南程氏遺書》云：

　　氣有偏勝處。〔註198〕

　　二氣五行剛柔萬殊，聖人所由爲一理，人須要復其初。〔註199〕

由此可知人與物知「氣質之性」不同之處在於「二氣五行」氣之偏勝所造成剛柔萬殊之「分殊」，此造成形氣之身「稟受」之氣質有「異」，而非「氣質之性」中「善」之主體之「理一」的「天地之性」有所不同，因此聖人其言行之標準在於「理一」之「天地之性」的「一理」。而人之性與犬牛之性不同之關鍵，就在於「分殊」之「形異」所造就的「學」之工夫有異，故人與犬牛之道德表現便不能等同而論。因此高攀龍言「形既異，則氣爲形拘，有不得不異者，所謂纔言性時，便已不是性者，謂落在形氣中也。」因爲形氣之不同，故由「浩然之氣」生生而「命」之「至善」的「天地之性」，就凝聚在

〔註197〕羅欽順：《困知記》，（明嘉靖十六年吳郡陸粲刊本，台北，國家圖書館善本書室），卷上，頁6上。
〔註198〕程顥、程頤：《二程集‧河南程氏遺書》，（台北，漢京文化事業有限公司，民國72年9月），卷六，頁81。
〔註199〕程顥、程頤：《二程集‧河南程氏遺書》，（台北，漢京文化事業有限公司，民國72年9月），卷六，頁81。

形氣之中，與形氣之氣質結爲一體，成爲「氣質之性」。但是高攀龍雖強調人
與物皆本具「浩然之氣」之「易」之生德之「至善」內涵，此即「仁、義、
禮、智，人與物一也」。但是高攀龍卻不貶損「氣質之性」其「分殊」之「形
異」的重要性，因此高攀龍言「形氣異，是以有偏、全、明、晦之異，故曰：
論性不論氣不備，論氣不論性不明。」如《河南程氏遺書》云：

> 論性不論氣不備，論氣不論性不明。〔註200〕

由高攀龍引此句話可知「形氣異，是以有偏、全、明、晦之異」，此即高攀龍
對形氣「氣質之性」其「分殊」之定義。薛瑄云：

> 「論性不論氣，不備。」有二義說：性氣不相離，專論性不論氣，
> 則性無安泊處，此不備也；性氣既不相離，陰氣有清濁、故性有明
> 暗，若專論本然之性善而不論氣，則不知有清濁、明暗、氣質之性，
> 此不備也。〔註201〕

薛瑄認爲「性氣不相離」，故言性應論氣才得以完備，其因有二，其一，不論
氣質，則「性」無所安置處。其二，如其所言：「『論性不論氣，不備』。言孟
子論性善，固得性之本原，然不論氣，則不知有清濁、昏明之異，故未備。」
〔註202〕若只論「本然之性」之「理一」而不論「氣質」之「分殊」則不知「氣
質之性」有「清濁、昏明之異」。然而高攀龍認爲形氣有所不同，乃因爲形氣
有偏、全、明、晦之異，但是形氣之異並不一都爲惡，因爲形氣中有氣質是
清、全、明等，此乃適合表現「氣質之性」之「理一」的「至善」之「天地
之性」本質之形氣。而且因爲「氣質之性」中具有「分殊」之「形異」，所以
「氣質之性」其「理一」之「天地之性」之本質亦會有不同樣貌之大德敦化、
小德川流的展現。因爲前有言論性於成形之後，所以「性」與「氣」是密不
可分，故稱之爲「氣質之性」。再者，「理」是「氣之條理」，而「性」又是氣
之「有條有理」者，由「氣」與「性」之關係論「理」與「氣」之關係，可
知「理」在「氣」中，「氣」中有「理」，因此高攀龍言「理之與氣二之固不
是，便認氣爲理又不可」。

〔註200〕程顥、程頤：《二程集‧河南程氏遺書》，（台北，漢京文化事業有限公司，民
　　　　國72年9月），卷六，頁81。
〔註201〕薛瑄：《薛瑄全集‧讀書續錄》，（山西，人民出版社，1990年8月），卷十，
　　　　頁1473。
〔註202〕薛瑄：《薛瑄全集‧讀書續錄》，（山西，人民出版社，1990年8月），卷九，
　　　　頁1469。

　　此外高攀龍除了反對孟子「知覺運動人與物同，仁、義、禮、智人與物異」之論點外，其對告子之「生之謂性」有新解，高攀龍認爲「生之謂性與一陰一陽之謂道何異？」，高攀龍認爲「生之謂性」即「一陰一陽之謂道」之意。因高攀龍認爲「生之謂性」即「論性而成形之後」，亦即「所謂纔言性時，便已不是性者，謂落在形氣中也」之意。因人乃由一陰一陽之謂道」其生化過程而有此「氣質之性」，亦即「生之謂性」之意思。高攀龍又言「然聖人不謂陰陽便是道，故又曰：形而上者謂之道，形而下者謂之器。形只是這箇須是截得上下分明，告子不知此，認氣爲道也。」高攀龍認爲聖人不將「陰陽」之「氣」當作「道」，因爲「道」是指陰陽二氣生化萬物之過程。告子卻不知「形而上者謂之道，形而下者謂之器。形只是這箇須是截得上下分明」，乃因「浩然之氣」此生生萬物之大化主體是無形無狀，然而其所生萬物則是具體有形，所以「浩然之氣」與「形氣」之區別在於有形與無形，但告子不察，則誤將「道」認作形上生化萬物之主體，殊不知萬物生化之主體乃「氣」本體，「道」爲一陰一陽創生萬物之過程。如王廷相云：

　　　　元氣之上無物，有元氣即有元神，有元神即能運行而爲陰陽……今日「所以陰陽者道也」，夫道也者，空虛無著之名也，何以能動靜而爲陰陽？〔註203〕

王廷相認爲「元氣」有「元神」可以運行陰陽二氣來生化萬物，故爲宇宙化生之實體。「道」空虛而無著，故不能爲萬物之本原。故高攀龍言告子之誤乃是「認氣爲道也」。高攀龍云：

　　　　丁未方實信程子「鳶飛魚躍必有事焉」之旨，謂之性者，色色天然，非由人力；鳶飛魚躍，誰則使之？勿忘勿助，猶爲學者戒勉。若眞機流行，瀰漫布濩，互古互今間不容息，於何而忘，於何而助？所以必有事者。如植穀然根苗花實，雖其自然變化，而栽培灌漑全在勉強問學，苟漫言自然都無一事，即不成變化，亦無自然矣。〔註204〕

高攀龍認爲「性者，色色天然，非由人力」，因爲「氣質之性」是由「浩然之氣」易之生生作用而來，故非由人力可決定者，指是一「眞機流行」，如高攀

〔註203〕王廷相：《王廷相集》，（北京，中華書局，1989年9月），頁764。
〔註204〕高攀龍：〈困學記〉，《高子遺書‧經解類》，（台北，臺灣商務印書館文淵閣四庫全書，民國72年），卷三，頁357。

龍云：

> 亙古亙今，塞天塞地，只一生機流行，所謂易也。〔註205〕

「浩然之氣」其易之生生作用是最大最公平之「善」，因為「浩然之氣」任何形氣皆創生，故有「鳶飛」、「魚躍」之不同。而前有言「物物如斯」者是「氣質之性」中之「理一」之「天地之性」，此為「氣質之性」之主體，但因「氣質之性」中「分殊」會造成各物稟受之氣質不同，因此有「形異」者。而「分殊」造成具體形氣世界之森羅萬象，此即「性者，色色天然」之意。但前有言「理一」之「天地之性」才為「氣質之性」之主體，而「分殊」所造成各物之氣質則有偏全、明晦、清濁不同，故高攀龍認為應該透過「學」之工夫，來栽培灌溉養成此「氣質之性」，達到變化氣質有如「植穀然根苗花實」之境界。高攀龍云：

> 繼之者善，是萬物資始；成之者性，是各正性命。元特為善之長耳，
>
> 元而亨，亨而利，利而貞，貞而復元，繼之者皆善也。〔註206〕

在《易·象傳》中有言：「大哉乾元，萬物資始，……乾道變化，各正性命。」〔註207〕而高攀龍言「繼之者善，是萬物資始……元特為善之長耳。」因《象》曰「大哉乾元，萬物資始」，其意乃是「乾元」為萬物創生之始。高攀龍前又有言「元、亨、利、貞皆善也」，「乾元」為萬物創生之始，故「乾」為萬物繼承「元、亨、利、貞」之善之始，因此高攀龍進而解釋為「元特為善之長耳」而《易·繫辭上傳》云：

> 一陰陽之謂道，繼之者善，成之者性。〔註208〕

《易·繫辭上傳》中有言「一陰陽之謂道，繼之者善」此即高攀龍以為「繼之者善，是萬物資始」之意，因「一陰陽之謂道」乃在說明「浩然之氣」生化萬物之過程，亦即是萬物繼承「浩然之氣」中「元、亨、利、貞」之善之內涵為其「氣質之性」之主體，所以萬物在創生之初即繼承「浩然之氣」易之作用中「元、亨、利、貞」之生德。高攀龍認為《象》中所言「乾道變化，

〔註205〕高攀龍：《高子遺書·語》，（台北，臺灣商務印書館文淵閣四庫全書，民國72年），卷一，頁340。

〔註206〕高攀龍：《高子遺書·語》，（台北，臺灣商務印書館文淵閣四庫全書，民國72年），卷一，頁340。

〔註207〕朱熹：《周易本義·乾上經》，（台北，大安出版社，民國88年7月），卷一，頁30。

〔註208〕朱熹：《周易本義·繫辭上傳》，（台北，大安出版社，民國88年7月），卷三，頁238。

各正性命」即「成之者性」之意。如羅近溪云：

> 夫性善之宗，道之孟子，而非始於孟子，繼之者善也，成之者性也。
> 孔子固先言之氣質之說，主於諸儒而非始於諸儒。形色，天性也。孟
> 子固亦先言之。且氣質之在人身，呼吸往來而周流活潑者，氣則爲之；
> 耳目肢體而視聽起居者，質則爲之。於今欲屛而去之，非惟不可屛而
> 實爲不能屛也。況天命之性固專謂仁義禮智也已，然非氣質生化呈露
> 發揮，則五性何從而感通？四端何自而出見也耶！〔註209〕

羅近溪認爲而「性善」由孟子始而「言」者，而非「性善」理論之創造者。
孔子雖先言「氣質之性」，但其實本來即有「氣質之性」之說，並非由諸儒之
言始而有。因此諸儒只是選擇其思想闡述之論點，而非能「始」而言之者。
氣質人身之「呼吸周流活撥者」由「氣質」之「氣」來表現，「耳目肢體而視
聽起居者」則由「氣質」之具體有形之「質」來表現，因此人生命展現虛藉
由「氣質」而得以維持，因此「氣質」是不可屛亦更不能屛者。「天命」之「仁、
義、禮、智」雖然重要，但此「天命」之德以在「氣質」之身中，唯有藉此
「氣質」其生命之「呼吸周流」與「耳目肢體而視聽起居」才得呈露發揮。
若無「氣質」則「五性何從而感通？四端何自而出見也耶！」故高攀龍言「論
性於成形之後」，高攀龍與羅近溪同爲重視「氣質」者。而高攀龍言此「氣質
之性」是以「元、亨、利、貞」之生生「至善」之「天地之性」爲其主體，
但是因爲是「論性於成形之後」，所以物皆有「氣質之性」之「分殊」所造
「形異」，即氣質表現會有不同。因爲具有形異之「氣質」之身，故其生命之
「至善」本質之「仁義禮智」才得已呈露，故當各物知其「氣質之性」是以
「至善」爲主體時，將會明白自我可以稟此形氣之身之個體之獨特性來完成
「浩然之氣」所「命」之「元、亨、利、貞」，此即「各正性命」之意也。因
此「各正性命」即前所言「形色天性」。然而當每一個萬物皆以完成「繼善」
爲其生命之使命，亦即「成之者性」。高攀龍云：

> 東林會中，傳先生發改過修慝之義，尤爲同學日用精切工夫，自茲以
> 往日事斯語而已，往者見禪林古德有言，未後世明道者多，行道者少，
> 惕然有省。竊以爲於今之世，不患本體不明，惟患工夫不密；不患理
> 一處不合，患分殊處有差，必做處十分酸澀，得處方能十分通透，天

〔註209〕羅近溪：《盱江羅近溪先生全集》，（明萬曆十四年戊午劉一焜浙江刊本，台北，
國家圖書館善本書室），卷二，頁17。

　　下事大抵皆然，得之易，失之亦易也。先生以爲何如？〔註210〕

高攀龍感慨「後世明道者多，行道者少」，因爲「易」之「一陰一陽」之謂道」，所以「道」即是「易」之創生萬物過程，此即高攀龍所言「繼之者善，是萬物資始」。但言「道」若就人身而論，即「成之者性，是各正性命」。因高攀龍認爲後世之人明「氣質之性」是「以善爲體」者多，但是成其性而「各正性命」之「行道」者卻很少，因此高攀龍「惕然有省」言「竊以爲於今之世，不患本體不明，惟患工夫不密；不患理一處不合，患分殊處有差」。高攀龍以爲「明道者多」所以「不患本體不明」，此亦即「不患理一處不合」。明「理一」者，即明「氣質之性」是「以善爲本體」者。但因爲「行道者少」故「惟患工夫不密」，此即「患分殊處有差」，故其言「各正性命」達到「形色天性」之「形即性，性即形」之「君子」境界者是爲之少數，此乃高攀龍擔憂之處，也是高攀龍告誡東林同仁之因。

　　因此高攀龍言「必做處十分酸澀，得處方能十分通透，天下事大抵皆然，得之易，失之亦易也。」高攀龍認爲經由確切「實踐」之考驗，才能眞正體悟通透，實知「性」是以「善」爲體，也唯有如此才可以達到「形色天性」而「各正性命」之境地。若非如此則「得之易，失之亦易也」，因爲人「氣質之性」之「至善」是天生本有，看似容易得到，但是此「理一之性」是把柄屬於我者，人若不時時維護，因爲人又有「分殊」之「氣質」會有影響，因此很容易就失去展現「理一之性」之機會，其維護之方即是「實踐」，由此可知高攀龍認爲「善」之道德義須由「做」中「體現」，此亦高攀龍言「形色天性」之因。

第四節　性善實證

一、善洋洋乎盈眸

　　元、亨、利、貞，皆善也，元而亨，而利而貞，貞而復元，故曰：
　　繼之者善；元始之。故曰：善之長。天地一闔一闢，吾人一呼一吸，
　　繼之而不已者，皆是此件，故曰：生生之謂易。〔註211〕

〔註210〕高攀龍：〈復錢漸菴一〉，《高子遺書·書》，（台北，臺灣商務印書館文淵閣四庫全書，民國72年），卷八上，頁488。
〔註211〕高攀龍：《高子遺書·劄記》，（台北，臺灣商務印書館文淵閣四庫全書，民國72年），卷二，頁347。

高攀龍言「易」生生作用之「元、亨、利、貞」，皆善也。而「浩然之氣」乃因有「易」之生生作用，故會創生萬物，然而人亦因此而生。故高攀攀龍言「天地一闔一闢，吾人一呼一吸，繼之而不已者，皆是此件，故曰：生生之謂易。」顧炎武云：

> 「維天之命，於穆不已」，繼之者善也。「天下雷行，物與無妄」，成
> 之者性也。是故天有四時，春夏秋冬，風雨霜露，無非教也。地載
> 神氣，神氣風霆，風霆流行，庶物露生，無非教也。〔註212〕

顧炎武以為「易」之生生創物乃「於穆不已」，而「易」之陰陽二氣氤氳會合所創之物，則承此「易」之生德，故「天下雷行，物與無妄」使善之氣化流行不已。因此二氣繼善成化，故萬物本然之性皆為「善」。顧炎武之言如同高攀龍以為「浩然之氣」本體「易」生生作用之「元、亨、利、貞」即「善」，而人既然直承「浩然之氣」之「易」之生生作用而生，故人、物皆繼承「浩然之氣」之「易」之「元、亨、利、貞」之善。高攀龍云：

> 善即生生之易也，有善而後有性，學者不明善，故不知性也。夫善
> 洋洋乎，盈眸而是矣，不明此則耳目心志一無著落處，其所學者僞
> 而已矣。〔註213〕

因此高攀龍明言「善即生生之易也，有善而後有性」，由此句話可知易之「生生」作用即是「善」，而人因此「善」而生，故人亦承此易之生生之「善」為人「氣質之性」之主體。而高攀龍又言「夫善洋洋乎，盈眸而是矣」，由此可知「善」除了為人之本性外，亦為萬物皆有之本性。高攀龍云：

> 蓋天地間有一大元亨利貞，各物又具一元亨利貞，雜然不齊良有以
> 也。……龍敬問先生曰：此一草一木與先生有關否？若不相關，便
> 是漠然與物各體，何以為仁。不仁何以心言得正，意言得誠，樂意
> 相關禽對語，生香不斷樹交花所以為善，形容浩然之氣，所以不可
> 不理會也。先生云：既無別體，我之體即物之體矣。〔註214〕

高攀龍言「蓋天地間有一大元、亨、利、貞，各物又具一元、亨、利、貞，

〔註212〕顧炎武：〈誠者天之道〉，《原抄本顧亭林日知錄》，（台北，文史哲出版，民國
　　　　68年），頁190。
〔註213〕高攀龍：〈答少墟〉，《高子遺書・書》，（台北，臺灣商務印書館文淵閣四庫全
　　　　書，民國72年），卷八上，頁477。
〔註214〕高攀龍：〈答顧涇陽先生論格物四〉，《高子遺書・書》，（台北，臺灣商務印書
　　　　館文淵閣四庫全書，民國72年），卷八上，頁468。

雜然不齊良有以也。」由此可知天地萬物雖「形異」但皆有「元、亨、利、貞」之「善」爲「性」之主體。

　　故高攀龍言「一草一木」與其身相關，乃因其與萬物皆同具此「元、亨、利、貞」之「善」，若非如此即是「漠然與物各體，何以爲仁」，故由此可知「仁」即是「與物爲體」，亦即言各個形氣中皆有「仁」爲其本性。而「仁」即是由「浩然之氣」易之生生之「元、亨、利、貞」之「善」而來，故高攀龍言「不仁何以心言得正，意言得誠，樂意相關禽對語，生香不斷樹交花所以爲善，形容浩然之氣，所以不可不理會也。」戴震云：

> 凡有生即不隔於天地之氣化。陰陽五行之運而不已，天地之氣化也。……氣之自然潛運，飛、潛、動、植皆同，此生生之幾肖乎天地者也。〔註215〕

戴震認爲氣之自然潛運之生生之幾，飛、潛、動、植皆同，如同高攀龍所言「樂意相關禽對語，生香不斷樹交花」所以皆爲生生之善之「幾」的表現。又因爲各物皆有「浩然之氣」之「元、亨、利、貞」之「善」，故高攀龍言「既無別體，我之體即物之體矣。」故人與物之性之本質皆善，而「氣質之性」之「善」之內涵爲何？高攀龍云：

> 易曰：乾，元、亨、利、貞；如言人，仁、義、禮、智之謂也。
> 〔註216〕

高攀龍認爲「浩然之氣」之「元、亨、利、貞」即是人之「仁、義、禮、智」。王船山云：

> 元、亨、利、貞，天之德也；仁、義、禮、知，人之德也。「君子行此四德」，則以與天合德，而道行乎其間矣。〔註217〕

王船山認爲「天德」之「元、亨、利、貞」與人之「仁、義、禮、智」是相對相合。人若實踐之盡道其間，即是與天合德。而高攀龍云：「仁、義、禮、智，人與物一也。」〔註218〕由此可知萬物皆有此「元、亨、利、貞」與「仁、

〔註215〕戴震：〈性2〉，《戴震集·孟子字義疏證》，（台北，里仁書局，民國69年），頁294。

〔註216〕高攀龍：〈觀白鷺洲問答致涇陽〉，《高子遺書·書》，（台北，臺灣商務印書館文淵閣四庫全書，民國72年），卷八上，頁472。

〔註217〕王船山：〈論語·衛靈公篇〉，《船山全書·讀四書大全說》，（長沙，嶽麓書社，1988年至1996年），第六冊，卷六，頁823。

〔註218〕高攀龍：〈答涇陽論生之謂性〉，《高子遺書·書》，（台北，臺灣商務印書館文淵閣四庫全書，民國72年），卷八上，頁470。

義、禮、智」之「善」。人「氣質之性」之「善」的內涵乃「元、亨、利、貞」
與「仁、義、禮、智」。高攀龍云：

> 仁者，人也。在眾人身上言，固見大同；在一人身上言亦無不盡。蓋
> 一人即千萬人，千萬人即一人也。夫子語意渾涵，原無所不該，非必
> 合許多人看，方見是仁。其實一人體仁，便能通天下之志，而道德九
> 經一以貫之矣。所謂知人者知此，知天者亦知此，非有二也。〔註219〕

高攀龍進一步解釋「仁者，人也」之意思是「在眾人身上言，固見大同；在
一人身上言亦無不盡。蓋一人即千萬人，千萬人即一人也。」因為人人皆有
「仁」為其本性，故在「在眾人身上言，固見大同」。但因為一人之性亦是「仁」
為其內涵，故「在一人身上言亦無不盡」。因為不論是在一人身上或千萬人身
上皆可言仁，故高攀龍言「一人即千萬人，千萬人即一人」。因此高攀龍就言
「一人體仁，便能通天下之志，而道德九經一以貫之矣」。因此由「仁」即可
達到「一貫」之境界。高攀龍云：

> 窮理者天理也，天然自有之理，人之所以為性，天之所以為命也。
> 在易之為中正，聖人卦卦拈出示人，此處有毫釐之差便不是性學。
>
> 〔註220〕

高攀龍因為「天理」在「易」稱作「中正」，此乃言「天理」即「易」生生作
用之次序，故即為「生生之理」。高攀龍前有言人與物之「氣質之性」皆具「元、
亨、利、貞」與「仁、義、禮、智」之「善」的內涵。所以高攀龍認為「天
理」之「善」即「天然自有之理」之「物則」，亦即人之「性」。因為人之「性」
即由天所命，所以「天理」即「天命」。高攀龍又言「聖人卦卦拈出示人」此
意乃是在形氣世界中言「性學」，因此高攀龍所言孔子之「一貫之道」則是不
於現實形氣世界之「倫理」規範外言。王船山云：

> 太虛者，陰陽之藏，健順之德存焉；氣化者，一陰一陽，動靜之幾，
> 品彙之節具焉。秉太虛和氣健順相涵之實，而合五行之秀以成乎人
> 之秉彝，此人之所以有性也。原於天而順乎道，凝於形氣，而五常
> 百行之理無不可知，無不可能，於此言之則謂之性。〔註221〕

〔註219〕高攀龍：〈仁者人也〉，《高子遺書・講義》，（台北，臺灣商務印書館文淵閣四
　　　　庫全書，民國72年），卷四，頁399。

〔註220〕高攀龍：《高子遺書・語》，（台北，臺灣商務印書館文淵閣四庫全書，民國
　　　　72年），卷一，頁337。

〔註221〕王船山：〈太和篇〉，《船山全書・張子正蒙注》，（長沙，嶽麓書社，1988 年

王船山以爲「太虛」藉由陰陽二氣交感創生萬物，而凝結之作用將太虛之內涵具於萬物之「氣質之性」中爲其本質，故言「秉太虛和氣健順相涵之實」，此即人之秉彝。亦因此人之倫理之「五常百行之理無不可知」。高攀龍云：

> 仁是生生之理，充塞天地人身，通體都是，何曾有去來，有內外；
> 自人生而靜以後，誘物爲欲，遂認欲爲心，迷不知反耳。〔註222〕

因爲高攀龍前有言「性」是「天理」，而「天理」又是「物則」。此外高攀龍又言：「性者，生理也。」〔註223〕故「仁」此生生之理即爲萬物之性之主體。因此高攀龍言「仁是生生之理，充塞天地人身，通體都是」。高攀龍又言此人性之「生理」之「仁」會因爲人生而靜以後，受到「誘物爲欲，遂認欲爲心」，故迷不知反耳。高攀龍云：

> 儒者須守十六字宗傳，以中爲本。人心，人之心也，有此人即有此
> 心，自知誘物化以來，皆爲五官四體之欲，攻取萬端，危孰甚焉；
> 道心，心之道也，有此心即有此道，雖根於仁、義、禮、智之性，
> 而發於氣拘物蔽之餘，乍明乍晦，微孰甚焉。精者，精明不昏昧也；
> 一者，純一不散亂也。惟此心精明純一，則允復於喜、怒、哀、樂
> 未發之中，而人心皆道心矣。〔註224〕

高攀龍認爲「人心」乃人性之「仁」因「誘物爲欲，遂認欲爲心」，故迷不知反耳者。因此高攀龍言「人心，人之心也，有此人即有此心，自知誘物化以來，皆爲五官四體之欲，攻取萬端，危孰甚焉」，高攀龍言「道心」是「心之道也，有此心即有此道，雖根於仁、義、禮、智之性」，因爲前有言人性有「仁、義、禮、智」爲其內涵，因此高攀龍有言「仁者，心之道也。」〔註225〕但是在「氣拘物蔽之餘」此道心是「乍明乍晦，微孰甚焉」，故高攀龍認爲「心」應該「精」之「精明不昏昧」與「一」之「純一不散亂」之工夫，才可以恢復人之「道心」之以「善」之「天地之性」爲其主體之狀態，而此時則「人心皆道心」。

　　至1996年），第十二冊，卷一，頁33。

〔註222〕高攀龍：〈仁遠乎哉章〉，《高子遺書・講義》，（台北，臺灣商務印書館文淵閣
　　　　四庫全書，民國72年），卷四，頁388。

〔註223〕高攀龍：〈三勿居言〉，《高子遺書・經解類》，（台北，臺灣商務印書館文淵閣
　　　　四庫全書，民國72年），卷三，頁370。

〔註224〕高攀龍：〈中言〉，《高子遺書・經解類》，（台北，臺灣商務印書館文淵閣四庫
　　　　全書，民國72年），卷三，頁363。

〔註225〕高攀龍：〈仁遠乎哉章〉，《高子遺書・講義》，（台北，臺灣商務印書館文淵閣
　　　　四庫全書，民國72年），卷四，頁388。

　　高攀龍云：「大哉乾乎，剛健、中正、純粹，精也。此所謂至善。朱子謂純乎天理，而無一毫人欲之私，最盡。」〔註226〕由此可知「精」即是生生之「乾」「剛健、中正、純粹」之內涵，即是「至善」，朱子稱之爲天理。因爲前高攀龍有言：「不識天理，不識性爲何物矣。是儒者至善極處，是佛氏毫釐差處。」〔註227〕所以「剛健、中正、純粹」之「精」亦是人之「氣質之性」中「至善」之「天地之性」之本質。由上可知人之「性」之「善」之內涵有「元、亨、利、貞」與「仁、義、禮、智」與「剛健、中正、純粹」。

二、以善即性

　　　孟子道性善而必稱堯舜者，何也？性無象，善無象，稱堯舜者，象
　　　性善也。若曰：如此如此云爾，須在思慮未起時認取，思慮未起時，
　　　便是此件剛健中正純粹，精求與堯舜一毫不同者，不可得也。即動
　　　念便差，動步便差，求與堯舜一毫相同者，不可得也。繇其同，故
　　　人皆可爲；繇其不同，故不可不爲。何以爲之，曰：堯舜所不爲者，
　　　斷不可爲，所以爲堯舜也。〔註228〕

高攀龍認爲孟子道性善必稱堯舜，原因是「性無象，善無象，稱堯舜者，象性善也。」而高攀龍更具體之說明，其云：「何以必道性善，是人人本色也；何以必稱堯舜，是性善實證也。」〔註229〕因爲「性」與「善」皆是不可睹不可聞之「無象」主體，因此孟子談性善就以「堯舜」爲例。羅近溪云：

　　　孟子當時道人性皆善，是見孩提之良知良能，無不愛敬親長；言必
　　　稱堯舜，是見得堯舜之道，只是孝弟而已。〔註230〕

羅近溪亦以爲孟子言「性善」乃是見道孩提之「愛敬親長」與堯舜之「孝弟」之具體善行，故言此。因此羅近溪亦由具體之道德行爲來言孟子之「性善」。

〔註226〕高攀龍：《高子遺書・語》，（台北，臺灣商務印書館文淵閣四庫全書，民國
　　　　72年），卷一，頁340。

〔註227〕高攀龍：〈聖賢論贊・明道先生〉，《高子遺書・經解類》，（台北，臺灣商務印
　　　　書館文淵閣四庫全書，民國72年），卷三，頁378。

〔註228〕高攀龍：《高子遺書・箚記》，（台北，臺灣商務印書館文淵閣四庫全書，民國
　　　　72年），卷二，頁347。

〔註229〕高攀龍：〈聖賢論贊・孟子〉，《高子遺書・經解類》，（台北，臺灣商務印書館
　　　　文淵閣四庫全書，民國72年），卷三，頁378。

〔註230〕羅近溪：《盱江羅近溪先生全集》，（明萬曆十四年戊午劉一焜浙江刊本，台北，
　　　　國家圖書館善本書室），卷一，頁12

若就高攀龍思想體系而言，「性善」已是「人人本色」，何以「稱堯舜」？如王船山云：

> 蓋性者，生之理也。均是人也，則此與生具有之理，未嘗或異。故仁義禮智之理，下愚所不能減，而聲色臭味之欲，上智所不能廢，俱可謂之性。〔註231〕

王船山乃由人之生之形氣「氣質」言「性」者，故其言「性者，生之理」，故其言「上智」之聖人亦有「聲色臭味之欲」。再者其亦以爲「天地之性」之「理一」是人皆有之。因此其云「下愚」之人亦本具「仁義禮智」之「天地之性」。因爲「上智」之聖人亦有「聲色臭味之欲」故「性善實證」才爲「天地之性」其具體完成之保證，故非只言形上虛玄之道德義之「天地之性」，而是由形氣之「氣質之性」言已具體完成的「天地之性」之善。而高攀龍認爲「堯舜」是「性善實證」。當「性善」爲「人人本色」，且「性」與「善」爲不具體之「無象」時，高攀龍認爲「性善實證」才具有保證性，亦更具有推崇示範之義。高拱云：

> 夫知有物之有則，則吾所謂仁義禮知者，可識也。知秉彝之好德，則吾所謂惻隱、羞惡、辭讓、是非者，可識也。而情之可爲善也不既明乎，情善，則性可知矣。〔註232〕

高拱指出由「情善」之具體之道德言行，則「性」之秉彝之好德乃可知。此意同於高攀龍乃由堯舜之具體善行之「性善實證」，可知「氣質之性」之本質乃「天地之性」之至善。而高攀龍以爲實踐「性善」之前，首要在認取吾身「善」之主體，如何認取？高攀龍認爲應先在「思慮未起」時認取之。高攀龍云：

> 龜山門下相傳，靜坐中觀喜、怒、哀、樂未發前作何氣象？是靜中見性之法要，知觀者，即是未發者也。觀不是思，思則發矣。此爲初學者，引而至之善，誘也。〔註233〕

高攀龍認爲「喜、怒、哀、樂未發」即「性」。而高攀龍又言「未發者」乃「觀」而非「思」，由此可知高攀龍前所言「思慮未起時」即「喜、怒、哀、樂未發」，

〔註231〕王船山：〈誠明篇〉，《船山全書・張子正蒙注》，（長沙，嶽麓書社，1988 年至 1996 年），第十二冊，卷三，頁 128。

〔註232〕高拱：《程士集》，（明嘉靖年間吉水廖如春校刊本，台北，國家圖書館善本書室），卷三，頁 7。

〔註233〕高攀龍：《高子遺書・語》，（台北，臺灣商務印書館文淵閣四庫全書，民國72 年），卷一，頁 339。

此亦即「性」也，故高攀龍言「思慮未起時，便是此件剛健、中正、純粹」。
高攀龍又云：「大哉乾乎，剛健、中正、純粹，精也。此所謂至善。朱子謂純
乎天理，而無一毫人欲之私，最盡。」〔註234〕思慮未起時則「剛健、中正、
純粹，精也」此即是「乾」生生之「至善」之「天理」。高攀龍云：「靜中觀
喜、怒、哀、樂未發時，湛然太虛，此即天也。心、性、天總是一箇，故孟
子曰：盡其心者，知其性也；知其性，則知天。」〔註235〕因此思慮未起時即
「喜、怒、哀、樂未發」的「湛然太虛」之「性」，此即「氣質之性」中純然
道德之「理一」的「天地之性」，即「心、性、天是一」。因此高攀龍又云：

> 丙午方實信孟子性善之旨，此性無古、無今、無聖、無凡，天、地、
> 人只是一箇，爲最上根，潔清無蔽，便能信入。其次全在學，力稍
> 隔一塵，頓遙萬里。孟子所以示暝眩之藥也。〔註236〕

高攀龍認爲「性善」之意義在於「此性無古、無今、無聖、無凡，天、地、
人只是一箇」，其狀態即「最上根，潔清無蔽，便能信入」，亦即前所言「湛
然太虛」之狀態。因此高攀龍言「思慮未起時，便是此件剛健中正純粹，精
求與堯舜一毫不同者，不可得也。」而高攀龍云：

> 孟子言：聖人人倫之至，豈人人可爲。人不爲聖人，豈便至賊君、
> 賊民，不知人倫之至處，正是人人可能處，乃人之性也。〔註237〕

由前高攀龍所言「此性無古、無今、無聖、無凡，天、地、人只是一箇」，可
以得知其反駁孟子「聖人人倫之至，豈人人可爲」之因。高攀龍乃由吾輩皆
具有與堯舜聖人相同，以「善」爲主體之「氣質之性」，只要吾人肯在現實形
氣世界實踐「人倫」道德，此即與堯舜等同之聖人。楊慎云：

> 宋儒析性情爲義理、氣質之分似也。而曰孔子之論性，乃氣質之性，
> 孟子之論性乃義理之性，力主孟子而陰若不足孔子者，非也。或曰：
> 若子之論性固善矣，則是堯舜無情，桀紂吾性也。曰：善哉子問。
> 吾盡諭子，堯舜非無情，性其情也；桀紂非吾性也，情其性矣。無

〔註234〕高攀龍：《高子遺書・語》，（台北，臺灣商務印書館文淵閣四庫全書，民國
72 年），卷一，頁 340。
〔註235〕高攀龍：〈示學者〉，《高子遺書・經解類》，（台北，臺灣商務印書館文淵閣四
庫全書，民國 72 年），卷三，頁 359。
〔註236〕高攀龍：〈困學記〉，《高子遺書・經解類》，（台北，臺灣商務印書館文淵閣四
庫全書，民國 72 年），卷三，頁 357。
〔註237〕高攀龍：《高子遺書・語》，（台北，臺灣商務印書館文淵閣四庫全書，民國
72 年），卷一，頁 332。

非善子之問爲是也。得子之問吾說益明，是以善之者。〔註238〕

楊慎以爲宋儒析氣質與義理兩性，而言孔子所謂性爲「氣質之性」，孟子所謂「性」爲「義理之性」。其實人乃性之「義理」與情之「氣質」皆具者，而堯舜與桀紂之別則在堯舜「性其情」之表現「氣質之性」之「善」之本質，而桀紂則是「情其性」不知擅用「氣質之性」之本質來踐德，只是縱其情而流於惡。而高攀龍言「人倫之至處，正是人人可能處，乃人之性也」。高攀龍云：

> 雞鳴而起，孳孳爲善，是吾人終身進德修業事也。然爲善必須明善，乃爲行著習察。何謂明善？善者，性也。性者，人生而靜是也。人生而靜時，胸中何曾有一物來，其營營擾擾者皆有知識以後，日添出來，非其本然也。既是添來，今宜減去，減之又減，以至於減無可減，方始是性，方始是善。何者人心湛然無一物時，乃是仁、義、禮、智也。爲善者，乃是仁、義、禮、智之事也。明此之謂明善，爲此之謂爲善，明之以立其體，爲之以致其用。感而遂通者，原是寂然不動，本無一物也。以此復性，以此盡性，故曰：易簡而天下之理得矣。〔註239〕

因爲前有言人先「認取」與堯舜之聖人一樣「思慮未起」之「剛健、中正、純粹」之「善」，亦即是此處所言之「明善」。何謂「明善」？即知自己不如聖人之處，乃在於「即動念便差，動步便差」；若「求與堯舜一毫相同者，不可得也」，因與堯舜不同之處乃因「營營擾擾者皆有知識以後，日添出來，非其本然也」。而「明善」即知道「氣質之性」之本然狀態爲「善者，性也。性者，人生而靜是也。人生而靜時，胸中何曾有一物來」。

高攀龍以爲「明善」之後，則可知吾性與堯舜不同之處，知此即要以「學」來回復與堯舜同者，如高攀龍所言當吾性不再如同人生而靜以上「爲最上根」之「潔清無蔽」之狀態時，則「其次全在學，力稍隔一塵，頓遙萬里。孟子所以示瞑眩之藥也。」〔註240〕而要如何「學」？乃須做到「堯舜所不爲者，斷不可爲」之境地，此即「人心湛然無一物時，乃是仁、義、禮、智也」之

〔註238〕楊慎：《升庵全集・廣性情說》，（台北，臺灣商務印書館，民國57年），卷五，頁76。

〔註239〕高攀龍：〈爲善言〉，《高子遺書・經解類》，（台北，臺灣商務印書館文淵閣四庫全書，民國72年），卷三，頁362。

〔註240〕高攀龍：〈困學記〉，《高子遺書・經解類》，（台北，臺灣商務印書館文淵閣四庫全書，民國72年），卷三，頁357。

「湛然太虛」之「心、性、天是一」之境界，此乃回復吾性本來面貌。因此高攀龍云：「人想到死去一物無有，萬念自然撇脫；然不如悟到性上一物無有，萬念自無係累也。」〔註241〕所以高攀龍有言「緣其同，故人皆可爲；緣其不同，故不可不爲。何以爲之，曰：堯舜所不爲者，斷不可爲，所以爲堯舜也。」當吾人「明善」即知「善者，性也。性者，人生而靜是也。」後，將其「營營擾擾者」即有知識以後，日添出來，非其本然之「萬念」減去，須「減之又減，以至於減無可減」，此即回復吾性本來「善」之面貌。

何謂「雞鳴而起，孳孳爲善」？高攀龍言「爲善者，乃是仁、義、禮、智之事也。」其以爲人會稟其「性」爲善，乃因「仁、義、禮、智」即吾善性之內涵，因此「爲善」即是「率性」，亦即「道」也。高攀龍言：「道者率性之謂，天下豈有須臾離性之人，百姓特日用而不知耳。」〔註242〕故高攀龍認爲「天下豈有須臾離性之人」，因此人應積極爲善。而高攀龍又言「百姓特日用而不知耳」，因高攀龍言「道有體用焉。其用可見，其體難明。其體可明，其用難盡。故君子致知力行，必交勉也。」〔註243〕所以高攀龍言「明之以立其體，爲之以致其用」，「明之以立其體」之意即「明善」，「明善」乃明白「感而遂通者，原是寂然不動，本無一物也。」而「爲之以致其用」之意則是「爲善」，亦即「率性」、「盡性」。若人人可以於日用之中「明善」、「爲善」即可以達到「易簡」之境，故言「易簡而天下之理得矣！」若能如此再「雞鳴而起，孳孳爲善」，即可以完成「吾人終身進德修業事」之自得而見性之境。然而高攀龍有言「道」之「其用難盡」，如同王廷相云：

> 道無定在，故聖人因時……道無窮盡，故聖人有不能。〔註244〕

王廷相「道」無窮盡，故聖人時時行之，但也因道無窮盡，即便是聖人亦有「不能」。高攀龍說明何謂「易簡」。其又云：

> 在聖人之道至易至簡，無可名言。故曰：予欲無言，言之至矣。惟其無可言，故其可言者，人倫日用之常而已。所以愈淺而愈深，愈

〔註241〕高攀龍：《高子遺書・語》，（台北，臺灣商務印書館文淵閣四庫全書，民國72年），卷一，頁342。

〔註242〕高攀龍：《高子遺書・箚記》，（台北，臺灣商務印書館文淵閣四庫全書，民國72年），卷二，頁347。

〔註243〕高攀龍：《高子遺書・語》，（台北，臺灣商務印書館文淵閣四庫全書，民國72年），卷一，頁337。

〔註244〕王廷相：《王廷相集》，（北京，中華書局，1989年9月），頁848。

卑而愈高，愈微而愈顯。然則如之何而可使人見本體也。曰：此在
人之信，而非可以無思、無爲、無善、無惡，轉令人走向別處去也，
如易曰：乾，元亨、利貞；如言人，仁、義、禮、智之謂也。停停
當當，本體當如是而已，信得及者，則別無一事，日用常行人倫事
物，無令少有污壞而已，此聖人之學所以至易、至簡也。〔註245〕

前有言高攀認爲人人於日用中「明善」、「爲善」即「易簡」之境地，即可見
天下之理。而高攀龍有言：「易簡而理得矣，中庸其至矣乎，聖人示人竭盡無
餘，天理於此而見。」〔註246〕由此可知高攀龍認爲當吾輩「明善」、「爲善」
之後所達到「易簡而理得」即「聖人之道至易至簡」。聖人至易、至簡之道即
是言「喜、怒、哀、樂未發」之「中庸」是「無可名言」。而高攀龍言：「中
庸者何也？人之性也。」〔註247〕所以「性」也是「無可名言」。但是高攀龍又
言「聖人示人竭盡無餘，天理於此而見」。而聖人如何「示人竭盡無餘」？高
攀龍言「惟其無可言，故其可言者，人倫日用之常而已。」孫應鰲云：

人之爲道而遠人，不可以爲道矣。道，原於性，具於心，著於人倫，
見於日用常行。易則易知，簡則簡能。〔註248〕

蓋吾道本平平坦坦，其易知，人人與知；其易能，人人與能。〔註249〕

其實「道」不在玄遠，就在吾人日用常行中。而「道」本在吾人之心性，因
此人行道是「易」之「易知」與「簡」之「易能」。由此可知聖人是在「人倫
日用之常」中實踐善以示「天理」於人。如薛瑄云：

元亨利貞、仁義理知之道，流行古今，充塞宇宙，無物不有，無時
不然。聖人性之而無不盡，賢者復之而求其至，凡民則日用而不知
也。〔註250〕

〔註245〕高攀龍：〈觀白鷺洲問答致涇陽〉，《高子遺書・書》，（台北，臺灣商務印書館
　　　　文淵閣四庫全書，民國72年），卷八上，頁472。
〔註246〕高攀龍：《高子遺書・語》，（台北，臺灣商務印書館文淵閣四庫全書，民國
　　　　72年），卷一，頁338。
〔註247〕高攀龍：〈天命之謂性章〉，《高子遺書・講義》，（台北，臺灣商務印書館文淵
　　　　閣四庫全書，民國72年），卷四，頁398。
〔註248〕孫應鰲：《四書近語》，《陽明學研究叢書・孫應鰲文集》，（貴州，教育出版社，
　　　　1990年），頁215。
〔註249〕孫應鰲：《四書近語》，《陽明學研究叢書・孫應鰲文集》，（貴州，教育出版社，
　　　　1990年），頁214～215。
〔註250〕薛瑄：《薛瑄全集・讀書續錄》，（山西，人民出版社，1990年8月），卷一，

薛瑄以為「元亨利貞、仁義理知之道」此「天理」即在凡民日用之中，只是凡民不知。此即呼應高攀龍所言「百姓特日用而不知耳」由此可知凡民亦有成聖之本質，只是其不自知。故聖人示善於人，使人知「天理」。但因「天理」本在吾身之中，為吾人「氣質之性」之主體，所以高攀龍云：「性者何，天理也。天理者，天然自有之理，非人所為。如五德、五常之類。生民欲須臾離之不可得。」〔註251〕故可之「性」之本體即「天理」。如孫應鰲云：

> 人之生也，得天地之理以為性。性也者，人之生理也。惻隱之心為
> 仁，羞惡之心為義，辭讓之心為禮，是非之心為智，何嘗有毫不直？
> 這都是性中自然發出來，無有虛假，無有矯逆。若有四端於我，知
> 皆擴而充之，便是直養而無害，便是盡心、知性之學。〔註252〕

孫應鰲以為「人之生」即得「太虛元氣」氣化之「天地之理」，故人「氣質之性」中即具有「天然自有之理」，人之行為舉止乃在表現此至善之「天理」。

高攀龍認為如何「使人見本體」？高攀龍以為應該先「在人之信」，亦即前所言之「認取」吾形氣之身中本具有與堯舜皆同之「無古、無今、無聖、無凡，天、地、人只是一箇，為最上根，潔清無蔽」之「天地之性」的至善本質。所以高攀龍言「易曰：乾，元亨、利貞；如言人，仁、義、禮、智之謂也。停停當當，本體當如是而已」。此乃言性之本體內涵即如「浩然之氣」之生生「善」之內涵，此即性體之「停停當當」最純然道德之狀態。高攀龍又言「信得及者，則別無一事，日用常行人倫事物，無令少有污壞而已，此聖人之學所以至易、至簡也。」高攀龍認為「聖人至易至簡之道」即是在「日用常行人倫事物」無令少有污壞而已，所以高攀龍言「信得及者，則別無一事」。因此高攀龍言「性」即「如五德、五常之類。生民欲須臾離之不可得」。由此可知高攀龍認為「易簡而理得」，此即其所言之「聖人之道」之「中庸」之意。因前有言吾人與聖人皆同有「善性」，而須藉由「明善」、「為善」於日用常行之人倫事物，無令少有污壞，便可以達到與聖人同為「易簡而理得」境地。前有言「聖人之道至易至簡」亦是「中庸」之境界，何謂「中庸」？高攀龍云：

> 孔門宗傳「中庸」二字而已，子思子恐後世之失其傳，故作《中庸》

頁 1306。

〔註251〕高攀龍：〈氣心性言〉，《高子遺書・經解類》，（台北，臺灣商務印書館文淵閣四庫全書，民國72年），卷三，頁365。

〔註252〕孫應鰲：《四書近語》，《陽明學研究叢書・孫應鰲文集》，（貴州，教育出版社，1990年），頁216。

以傳道也。此章首釋「中庸」二字之義，全篇皆推明此義也。中庸者何也？人之性也。性者何也？天之命也。在大化上言，謂之天；在人身上言，謂之性。性即天也。若天命之者然，故曰天命。率此之謂道，修此之謂教。率者，率循其自然天之道也；修者，求循其自然之人道也。然則道也者，性而已矣，即人之性也，豈有須臾離人者哉。〔註253〕

高攀龍前有言「道」即「率性」。此處高攀龍藉子思之作《中庸》乃爲「傳道」，進一步說明「道」之內涵。高攀龍先定義「中庸」即是「人之性」。「人之性」乃由「浩然之氣」之「命」其生生之易的道德內涵於人者。「浩然之氣」生生之「命」在「大化」而言，稱作「天」；在人之身則稱作「性」也，故曰「性即天」。高攀龍又言「率此之謂道」，所以人之「率性」即道。而「率者，率循其自然天之道也」。因此「浩然之氣」所命之「性」即「自然之天道」。所謂「自然之天道」由「易之生生」內涵而來之「生生之善」，即「氣質之性」中純善之「天地之性」。而高攀龍又言「修此之謂教」，其所修者爲何？高攀龍言「修者，求循其自然之人道也。」因爲「氣質之性」是由「浩然之氣」生生之易之內涵凝聚而來，因爲「浩然之氣」中陰陽兩種形質組成之「氣種」決定萬物之氣質有清濁、明晦、偏全之異。如高攀龍言：「辨之於蚤，如地中無此種子，秧從何來。」〔註254〕因此高攀龍言「氣質之性」乃「養成之性」。雖然高攀龍有言「以善爲性」，但是「氣質之性」中有「分殊」之「形異」，乃由陰陽兩種形質組成之「氣種有定」所造成，此即使氣質有會有清濁、明晦、偏全之異，所以須要透過「學」之工夫來「修養」，以達到「變化氣質」之功。因「氣質之性」中「氣質」有濁惡部分，達到「根苗花實」之「暢茂條達」而「自然之人道」之境地。因此高攀龍又言「然則道也者，性而已矣。即人之性也，豈有須臾離人者哉。」。高攀龍云：

試看不睹不聞時何如？耳目有時離形聲，人無時可離道，君子所以戒謹恐懼也。不睹不聞言時亦可，言體亦可，不睹不聞之時純是此體也。玩乎其所三字，便見不睹不聞，不落空，戒謹恐懼非著相矣，

〔註253〕高攀龍：〈天命之謂性章〉，《高子遺書・講義》，（台北，臺灣商務印書館文淵閣四庫全書，民國72年），卷四，頁398。

〔註254〕高攀龍：《高子遺書・語》，（台北，臺灣商務印書館文淵閣四庫全書，民國72年），卷一，頁340。

此天下之至隱也，而莫見焉；至微也，而莫顯焉，所謂獨也。獨者，
獨自之獨，各人自知之，自愼之而已，無他，即人之喜怒哀樂未發
者之謂也，即喜怒哀樂發而中節者之謂也。〔註255〕

前高攀龍有言「人之性也，豈有須臾離人者哉。」而「道」即「率性」。故高
攀龍言「試看不睹不聞時何如？耳目有時離形聲，人無時可離道，君子所以
戒謹恐懼也。」因此高攀龍認爲「不睹不聞」之時，人亦無所離「性」，故君
子戒愼恐懼者即此「性」體。因此高攀龍又言「不睹不聞言時亦可，言體亦
可，不睹不聞之時純是此體也。」因爲人無時可以離性，因此在「不睹不聞」
之狀態中，仍然是「無時不體」，高攀龍故言「不睹不聞之時純是此體」。而
因爲此「即時即體」之「性」無刻不在身中，但是此「性體」又是「至隱而
莫見」、「至微而莫顯」，因此稱爲「獨」。故高攀龍言「獨者，獨自之獨，各
人自知之，自愼之而已，無他，即人之喜怒哀樂未發者之謂也，即喜、怒、
哀、樂發而中節者之謂也。」由此句話可知「獨」即是「喜、怒、哀、樂未
發者」之「中」，亦是人之「性體」。君子在「不睹不聞」之時，因爲「獨」
是「至隱而莫見」、「至微而莫顯」，因此更是戒愼恐懼之，所以君子要「愼獨」。
如何「愼獨」？高攀龍云：

龜山曰：天理即所謂命，知命只事事循天理而已。言命者，爲此語
最盡。〔註256〕

眞知天命可畏是眞愼獨。〔註257〕

高攀龍認爲「愼獨」即是所謂「事事循天理」，也就是「知天命」。高攀龍云：

人生只有理、欲二途，有知識以來起心動念俱是人欲了。聖人之學
全是用逆法，如何爲逆法？只從矩，不從心所欲也。立者立於此，
不惑者不惑於此，步步順矩，故步步逆欲，到五十而知天命，方是
順境，故六十而耳順矣，七十而順心矣。由此觀之，聖凡之判只在
順逆二字。凡人自幼與人欲日順一日，故與天理日逆一日。天理者
人所固有，原是順之；人欲者，人所本無原，是逆之，此一點機括

〔註255〕高攀龍：〈天命之謂性章〉，《高子遺書・講義》，（台北，臺灣商務印書館文淵
　　　　閣四庫全書，民國72年），卷四，頁398。
〔註256〕高攀龍：《高子遺書・語》，（台北，臺灣商務印書館文淵閣四庫全書，民國
　　　　72年），卷一，頁337。
〔註257〕高攀龍：《高子遺書・語》，（台北，臺灣商務印書館文淵閣四庫全書，民國
　　　　72年），卷一，頁337。

只在學與不學而知其故有。故順還他順，逆還他逆，不學而不知其
所故有，故順者反逆，逆者反順。吾輩要學聖人耳順、從心，有兩
句拙法曰：逆耳之言必深察，從心之事莫輕爲。〔註258〕

高攀龍認爲人生只有「理」與「欲」兩種表現，而前高攀龍有言「人生而靜
時，胸中何曾有一物來，其營營擾擾者皆有知識以後，日添出來，非其本然
也。」因此高攀龍在此處言「有知識以來起心動念俱是人欲了。」其前有言
「即動念便差，動步便差，求與堯舜一毫相同者，不可得也。緣其同，故人
皆可爲；緣其不同，故不可不爲。何以爲之，曰：堯舜所不爲者，斷不可爲，
所以爲堯舜也。」高攀龍認爲「聖人」之堯舜是「步步順矩，故步步逆欲」
之「順境」，但是凡人則是「動念便差，動步便差」之「逆境」，因此高攀龍
言「聖凡之判只在順逆二字」，何謂「順」？何謂「逆」？高攀龍又言「天理
者人所固有，原是順之；人欲者，人所本無原，是逆之，此一點機括只在學
與不學。」因此「順」即「理」；「逆」即「欲」。因高攀龍認爲「天理」是人
所本有之，也就是前所言「天地之性」之「自然之天道」，「天理」是「天所
命」因此是「順」，即前所言「率」其「善性」之「道」。孫應鰲云：

性者，天命也。詩曰：維天之命，於穆不已。人之動靜、食息、出
處、顯晦，仁義禮智之德，以時出而名立焉。無不感通，無不各當
其可，晝夜于是，生死于是，此天命之性。循其不已之體，自然而
然，行無所事，不落意見，不雜己私，與天地同流，是謂天命，故
曰：率性之謂道。〔註259〕

如同孫應鰲所言「循其不已之體，自然而然，行無所事，不落意見，不雜己
私」，故高攀龍所言之「順」即其前所謂「知天命」之自然而然「事事循天理」
之「慎獨」。因此高攀龍言「到五十而知天命，方是順境」。然而「人欲」卻
非人所「固有」，即「人欲」是人所本無。而會有「人欲」乃因「有知識以來
起心動念」，而產生之，所以非「順」其「性」之「道」，故稱爲「逆」。因此
高攀龍認爲聖凡之判於「順」、「逆」之間，其「關鍵」在「學」。而「學」亦
即前所言「修」其「氣質之性」之「教」之工夫，此即高攀龍所謂「逆法」。

〔註258〕高攀龍：〈六十而耳順二節〉，《高子遺書・講義》，（台北，臺灣商務印書館文
　　　　淵閣四庫全書，民國 72 年），卷四，頁 380。

〔註259〕孫應鰲：《淮海易談》，《陽明學研究叢書・孫應鰲文集》，（貴州，教育出版社，
　　　　1990 年），頁 19。

　　何謂「逆法」？「逆法」即「從矩」。而何謂「矩」？高攀龍云：「聖學所以與佛學異者，只一性字；性者，理也；理者，矩也；從心所欲不逾矩，方是躬行，方是踐形。」〔註260〕所以「矩」即「性」，即「理」，亦即「自然之天道」之「善」性。故「從矩」即高攀龍前所言「修性」之「教」，即「從矩」來「求循其自然之人道」，最終可達成所謂「故順還他順，逆還他逆，不學而不知其所故有，故順者反逆，逆者反順。」高攀龍云：

　　　　至於倫物之間，知之不明，處之不當，居之不安，將紛擾滋甚，而
　　　　欲其無也，愈不可得矣。是故以理為主，順而因之，而不有者，吾
　　　　之所謂無也；以理為障，逆而掃之，而不有者，彼之所謂無也。兩
　　　　者根宗而少異，而精神血脈頓若燕越背馳，不可不察也。〔註261〕

高攀龍認為在「倫物之間」知之不明，處之不當，居之不安之「紛擾」，若要「欲其無」則「愈不可得」。高攀龍認為當越想去除「紛擾」，卻越是不可能達到。因此高攀龍認為只要「以理為主，順而因之，而不有者」，即是「事事循天理」之「慎獨」即可，如此一來就不會有所紛擾，此乃是高攀龍所認為之「無」。其以為「無」乃「無為」而「知天命」之「順境」，亦即「率性」之「道」。如薛瑄云：

　　　　性本自然，非人所能強為也。順其自然，所謂「行其無所事」也；
　　　　有所作為而然，則鑿矣。〔註262〕

薛瑄認為人應該以「順其自然」之「行其無所事」之方為實踐道。此即同於高攀龍所言「以理為主，順而因之，而不有者」。而他人所言「欲其無也，愈不可得矣」之「無」，則是高攀龍言「以理為障，逆而掃之，而不有者」，此即前所言之「逆法」。若「從矩」來「求循自然之人道」，亦是「修性」之「教」。因此高攀龍認為言「無」者，多有不當之處，因此高攀龍將辨正之。高攀龍云：

　　　　名性曰善，自孟子始，無徵之孔子所成之性，及所繼之善也。名善
　　　　曰無，自告子始，吾無徵焉，竺乾氏之言似之。自王陽明先生始以
　　　　心體為無善無惡，心體即性也。……攀龍不敢知，竊以王陽明先生

〔註260〕高攀龍：〈答區羅陽太常〉，《高子遺書・書》，（台北，臺灣商務印書館文淵閣四庫全書，民國72年），卷八上，頁500。

〔註261〕高攀龍：〈許敬菴先生語要序〉，《高子遺書・序》，（台北，臺灣商務印書館文淵閣四庫全書，民國72年），卷九上，頁546。

〔註262〕薛瑄：《薛瑄全集・讀書錄》，（山西，人民出版社，1990年8月），卷一，頁1039。

　　所爲善，非性善之善也，何也，彼謂有善有惡者，意之動，則是以
　　善屬之意也。其所謂善第，曰善念云而已。所謂無善第，曰無念云
　　而已。吾以善爲性，彼以善爲念也；吾以善自人生而靜以上，彼以
　　善自吾性感動而後也，故曰：非吾所謂性善之善也。〔註263〕

高攀龍認爲「名性曰善」是從孟子傳承孔子之道開始；「名善曰無」則是由告子開始，佛是亦曰如此。再者，王陽明亦言「無」，王陽明以爲「有善有惡者，意之動」，故言「心體爲無善無惡，心體即性」。但高攀龍以爲一言「善」、「惡」，便有「善」、「惡」之別，而有「善」、「惡」之別即屬於「意」，「意」即「念」。所以高攀龍認爲王陽明之「無善無惡」指之是「無念」，而非論「性」。因此高攀龍明言其爲「以善爲性」，而王陽明乃「以善爲念」。高攀龍云：

　　道性善者，以無聲無臭爲善之體。王陽明以無善無惡爲心之體。一
　　以善即性，一以善爲意也。故曰：有善有惡者意之動。佛氏亦曰：
　　不思善，不思惡，以善爲善事，以惡爲惡事也。以善爲意，以善爲
　　事者，不可曰明善。〔註264〕

高攀龍認爲「道性善者」應以「無聲無臭爲善之體」。如其所言「聖人言道，未嘗諱言無也。曰：上天之載，無聲無臭。夫無聲無臭者，不可言，言人倫庶物而已。聖人曰：即此是道，更別無道也夫。曰：即此是道，更別無道者，無之極也，學者不察也。」因爲「上天之載，無聲無臭。夫無聲無臭者，不可言」，可知「上天之載，無聲無臭」指天道之生生乃無聲臭之無形體者。因此高攀龍言「道」爲「無」。因高攀龍前有言「道」即「率性」，「率性」乃是率自然之天道，因爲「天道」是無聲臭，而「自然之天道」又是「性」之主體之生生之善。故高攀龍言「性善」是「無聲無臭爲善之體」。「道性善者」是以「無聲無臭爲善之體」，此即「以善即性」。但王陽明卻言「無善無惡爲心之體」，因此高攀龍以爲王陽明乃「以善爲意」，故王陽明言「有善有惡者意之動」。高攀龍又曰「吾以善自人生而靜以上」。高攀龍認爲「善」即是「自人生而靜以上」，如同高攀龍前所「此性無古、無今、無聖、無凡，天、地、人只是一箇，爲最上根，潔清無蔽。」而高攀龍認爲王陽明言「善」乃「自

〔註263〕高攀龍：〈方本菴先生性善要序〉，《高子遺書・序》，（台北，臺灣商務印書館
　　　　文淵閣四庫全書，民國72年），卷九上，頁546。
〔註264〕高攀龍：《高子遺書・語》，（台北，臺灣商務印書館文淵閣四庫全書，民國
　　　　72年），卷一，頁338。

吾性感動而後也」，故王陽明即以「人生而靜以後」來論「善」，因此王陽明所言之善，並非高攀龍所認爲「以善即性」之善。至於佛氏則是「不思善，不思惡，以善爲善事，以惡爲惡事也。」高攀龍以爲佛氏乃「以善爲事者」，亦非「明善」。

三、性即人倫即庶物

高攀龍所謂「明善」即「以善爲性」。高攀龍繼續辨明「以善爲性」之意。高攀龍云：

> 今之言無者，異於是，曰：無善無惡。夫謂無善無惡可矣。謂無善何也？善者，性也；無善是吾性也。吾以善爲性，彼以善爲外也。吾以性爲即人倫即庶物；彼以人倫庶物是善，而非性也，是岐體用，岐本末，岐內外，岐精麤，岐心迹而二之也。〔註265〕

高攀龍認爲今之言「無」者，並非高攀龍認爲「無爲」之「率性」的「順境」，而是言「無善」之「無」。而今之言「無」者乃言「無善無惡」，「無善無惡」即佛氏所言之「不思善，不思惡」，因爲佛氏之道德主體爲「佛性心」，而佛氏認爲有善、惡之分別辨即是形下有限，故「善」與「惡」皆是因緣所生之「空無」。高攀龍認爲佛氏「以善爲無者」之意乃因爲佛氏認爲「善」是因緣所生「空無」，不是佛氏之道德主體，因此高攀龍認爲若依照佛氏之言，則只有在因緣所生之人倫事物中才可見佛是所謂之「善」。

高攀龍言佛氏是「以人倫庶物是善，而非性也」，而高攀龍認爲佛氏之「善」不是「性」之主體，因爲佛氏將「善」視爲「因緣」所生者，故「善」只在人倫庶物之「事」中現，即如佛氏所言「以善爲善事，以惡爲惡事也」，因此高攀龍言「以人倫庶物是善，而非性也」，而在「人倫庶物」中才可以見「善」，所以高攀龍言佛氏之「以善爲無」，即是「以善爲事」、「以善爲外」也。故高攀龍以爲佛氏認爲性之主體之「善」不內在人之性中，而是在「性」之外的外在事物表現中，高攀龍認爲佛氏乃「岐體用，岐本末，岐內外，岐精麤，心、迹而二之也」。高攀龍說明自己之立場乃「以善爲性」，那何謂「以善爲性」？因高攀龍認爲「氣質之性」是以「善」爲其主體，言「無善無惡」即以爲「無善」，若以「無善」言「吾性」則不可也。

〔註265〕高攀龍：〈許敬菴先生語要序〉，《高子遺書・序》，（台北，臺灣商務印書館文淵閣四庫全書，民國72年），卷九上，頁546。

在此吾輩先來辨明高攀龍前有言「象無象」、「善無象」與佛氏所言之「無」之「空無」有何不同？高攀龍前有言「象無象」、「善無象」，乃是「道性善者，以無聲無臭爲善之體」之意，所以「善」即無具體形象之無聲無臭者，「無聲無臭」並非佛氏所謂「善」是由因緣所生之「空」、「無」。如同高攀龍云：「張子謂虛空即氣，故指氣以見虛，猶易指陰陽以謂道也。」〔註266〕高攀龍認爲「性無象」、「善無象」，就如同張載所言之「虛空即氣」之氣之主體之狀態。因張載氣之主體之「太虛之氣」亦是無聲無臭之「虛空」狀態之本體。張載以「氣」指稱此無聲無臭之實有本體。因此高攀龍藉由生生之「易」中陰陽二氣相生作用具體生化萬物過程，來說明無聲無臭卻是實有之「道」。如高攀龍云：

> 道者，無聲無臭。體道者，言、行而已。〔註267〕

「善」雖無聲無臭，卻是具體存在於人形氣之身中，成爲「人人本色」，故高攀龍認爲須以「堯舜」爲「性善實證」，就如同其以「猶易指陰陽以謂道也」來具體說明何謂「以善爲性」。顧炎武云：

> 「維天之命，於穆不已」，其在於人，日用不知莫非命也……然則子
> 之孝、臣之忠、夫之貞、婦之信，此天之所命，人之所受之爲性也。
> 故謂「天命之謂性」。求命於冥冥之表，則離而二之。〔註268〕

顧炎武認爲「天命之性」非於「冥冥之表」而是在人之「日用」而不自知。如同日用倫常之子之孝、臣之忠、夫之貞、婦之信之表現。而高攀龍云：「聖人之道至易至簡，無可名言。故曰：予欲無言，言之至矣。惟其無可言，故其可言者，人倫日用之常而已。」〔註269〕高攀龍認爲「聖人之道」是「無可名言」，「無可名言」即無法用言語說明清楚。所以「聖人之道」乃「無可名言」之意，就如同高攀龍所云：

> 道有體用焉。其用可見，其體難明。其體可明，其用難盡。故君子
> 致知力行，必交勉也。〔註270〕

〔註266〕高攀龍：〈與管東溟虞山精舍問答〉，《高子遺書・經解類》，（台北，臺灣商務印書館文淵閣四庫全書，民國72年），卷三，頁376。

〔註267〕高攀龍：《高子遺書・語》，（台北，臺灣商務印書館文淵閣四庫全書，民國72年），卷二，頁345。

〔註268〕顧炎武：〈顧諟天之明命〉，《原抄本顧亭林日知錄》，（台北，文史哲出版社，民國68年），頁183～184。

〔註269〕高攀龍：〈觀白鷺洲問答致涇陽〉，《高子遺書・書》，（台北，臺灣商務印書館文淵閣四庫全書，民國72年），卷八上，頁472。

〔註270〕高攀龍：《高子遺書・語》，（台北，臺灣商務印書館文淵閣四庫全書，民國

「道」有體、用，但「道之體」是不可見，而「道之用」才可見。因此高攀龍不談「道」之無聲臭本體，而是以「道之用」之人倫庶物來言「道」，因此言聖人之道「故其可言者，人倫日用之常而已」。如孫應鰲云：

> 君子之道即率性之道，原於天命之性者也。此道在天地之間，本來體用一原，顯微無間，所謂費而隱也。夫婦之愚、不肖，可以與知與能，是道不離於愚夫愚婦也。〔註271〕

孫應鰲以為君子之道乃是率其天命之性之道德內涵而行。「道」看似唯有君子可行之。但其實愚夫愚婦、不肖之人皆可以與知與能，因此「道」不離日用常行，愚夫愚婦皆可行之。「道」在天地之間是「體用一原」而「顯微無間」，但就如同高攀龍所言「道」之「體」難見，故可見者乃其用，因此孫應鰲言「費而隱」。

《論語·衛靈公》：「子曰：『人能弘道，非道弘人。』」〔註272〕高攀龍認為「道」是「其體可明，其用難盡」。「道之體」雖然「難見」但是一實踐即知「道之體」之「善」就在吾身之中，故「其體可明」。但是「道之用」即是吾人遇到各種情境，皆要秉吾性之「善」為之，行為舉止合於善之標準才稱作「率性」之「道」，故人之息息皆為盡道之機會，亦即吾身「道之用」之展現與考驗。再者「道」乃無限，而人則為有限之生命，故言「道」之「其用難盡」。因此高攀龍言「君子致知力行，必交勉也」。

但談到「聖人」高攀龍怕百姓覺得太遙不可即，因此高攀龍言聖人之道「至易至簡」與「道者率性之謂，天下豈有須臾離性之人，百姓特日用而不知耳」〔註273〕來增加人實踐「善」之信心，因為聖人在「日用常行人倫庶物」中只要「無令少有污壞」而已，此即是展現「天理」於人。因此高攀龍就藉此說明顯示「善性」是人所本有，而且為善是「至易至簡」，此即所謂「明善」、「信入」之意義。當吾人「明善」之後，即知人人可以為堯舜，因此「為善」是吾人責無旁貸之事，其意乃言當吾人明「善」即吾人形氣之身的「人人本色」，因此吾人一呼一吸之日用常行間皆「為善」，因此高攀龍言「豈有須臾

72年），卷一，頁337。

〔註271〕孫應鰲：《四書近語》，《陽明學研究叢書·孫應鰲文集》，（貴州，教育出版社，1990年），頁175。

〔註272〕朱熹：《四書集注·論語》（台北，世界書局，民國86年3月），卷八，頁171。

〔註273〕高攀龍：《高子遺書·箚記》，（台北，臺灣商務印書館文淵閣四庫全書，民國72年），卷二，頁347。

離性」、「百姓特日用而不知耳」，故高攀龍言「吾以性爲即人倫，即庶物」。
高攀龍云：

> 吾所謂善，元也，萬物之所資始而資生也，烏得而無之，故無善之
> 言不足以亂性，而足以亂教。善一之而已矣，一之而一元，萬之而
> 萬行，爲物不二者也。……嗚呼古之聖賢曰止善，曰明善，曰擇善，
> 曰積善，蓋懇懇焉。今以「無」之一字，掃而空之，非不教爲善也。
> 既無之矣，又使爲之，是無食而使食也。〔註274〕

高攀龍言「吾所謂善，元也，萬物之所資始而資生也」，由此可知高攀龍認爲
「以善爲性」之「善」，是由「易之生生」之「乾元」而來，「善」乃在生生
之易創萬物之初，即在萬物中爲其性之主體，因此高攀龍言「烏得而無之」。
高攀龍又言「故無善之言不足以亂性，而足以亂教。」因爲「無善之言」並
不會影響吾人之身有「善」之事實，但是因爲「教」是「逆法」亦即「從矩」，
因爲「矩」是性中之善，故欲「從矩」而修時，若曰「無善」，則將無所「從」，
亦無所「修」。故高攀龍又言「善一之而已矣，一之而一元，萬之而萬行，爲
物不二者也。」高攀龍認爲「善」只有一箇，如前所言「無古、無今、無聖、
無凡，天、地、人只是一箇」，但因爲易之生生創生出萬物，萬物皆依此「善」
性而行，故言「一之而一元，萬之而萬行，爲物不二者也。」

　　綜上所述，高攀龍是「以善爲性」，而「善」即「太虛元氣」之「元」，
此易之生生之「大德」。因此高攀龍大聲疾呼：「嗚呼古之聖賢曰止善，曰明
善，曰擇善，曰積善，蓋懇懇焉。今以『無』之一字，掃而空之，非不教爲
善也。」高攀龍認爲古之聖賢論「止善」、「明善」、「擇善」、「積善」是何等
懇切，但是今人卻言「無善」，即以「無」之一字，掃而空之。高攀龍認爲既
然言「無」善，卻又要人爲善，即是「無食而使食」之謬事。因此高攀龍說
明儒家聖人之道是合乎自己所言之「以善爲性」、「以性即人倫即庶物」。因此
高攀龍云：

> 聖人之所謂庸，皆性命也。常人不著、不察人倫，庸而非中矣，故
> 庸而非聖人之庸。聖人所謂中，皆日用也，二氏不倫、不物之明察，
> 中而非庸矣，故中而非聖人之中。〔註275〕

〔註274〕高攀龍：〈方本菴先生性善要序〉，《高子遺書・序》，（台北，臺灣商務印書館
　　　　文淵閣四庫全書，民國72年），卷九上，頁546。
〔註275〕高攀龍：《高子遺書・語》，（台北，臺灣商務印書館文淵閣四庫全書，民國

高攀龍認為聖人之「庸」即「性命」。但若「庸」是「常人不著、不察人倫」，此「庸」即非「中」，此「庸」亦非「聖人之庸」。何謂「中」？「中」即是指「聖人之庸」。「庸」何以謂「中」？「中」即是「日用」。若「庸」在「日用」之「人倫庶物」中「明察」者即謂之聖人之「中」。若非如此者，則此「中」不是「聖人」之「中」。由此可知只有聖人即「庸」即「中」，亦即其日用常行與人倫庶物皆是「性命」天道之流行。因此高攀龍認為「以善為性」乃「以性為即人倫，即庶物」，此即聖人之「庸」即「中」之境界。為何高攀龍言聖人可以即「庸」即「中」？如高攀龍云：「中者，停停當當；庸者，平平常常。有一毫走作便不停當，有一毫造作便不平常，本體如是，工夫如是。」〔註276〕所以高攀龍認為中與庸「本體如是，工夫如是」，因此言聖人是「即庸即中」。高攀龍又云：

> 靜坐之法不用一毫安排，只平平常常，默然靜去，此平常二字，不可容易看過，即性體也。以其清靜不容一物，故謂之平常，畫前之易如此，人生而靜以上如此，喜、怒、哀、樂未發如此，乃天理之自然，須在人各各自體貼出，方是自得。〔註277〕

高攀龍認為「平平常常」即「性體」，因為「清靜不容一物」稱作「平常」，此即「人生而靜以上」與「喜、怒、哀、樂未發」之狀態，此即「天理之自然」。而前又有言「庸」是「平平常常」，所以言「庸」即「性命」。而《論語・衛靈公》：「子貢曰：『夫子之文章可得而聞也。夫子之言性與天道，不可得而聞也。』」〔註278〕由此可知「庸」之「性命」是無聲臭而不可見者，因此高攀龍又言「須在人各各自體貼出，方是自得」，此即前所謂「庸」要在「日用」之「人倫庶物」中「明察」者，才謂之「中」。「中」何謂也？高攀龍云：

> 中者，天命之性，天命不已，豈有未發之時。蓋萬古流行，而太極本然之妙，萬古常寂也，可言不發，不可言未發。中庸正指喜怒哀樂未發時為天命本體，而天命本體則常發；而未發者，情之發，性之用也，不可見性之體，故見之於未發。未發一語，實聖門指示見

---

72 年），卷一，頁 339。

〔註276〕高攀龍：〈困學記〉，《高子遺書・經解類》，（台北，臺灣商務印書館文淵閣四庫全書，民國 72 年），卷三，頁 357。

〔註277〕高攀龍：〈靜坐言〉，《高子遺書・經解類》，（台北，臺灣商務印書館文淵閣四庫全書，民國 72 年），卷三，頁 359。

〔註278〕朱熹：《四書集注・論語》，（台北，世界書局，民國 86 年 3 月），卷八，頁 171。

性之訣，靜坐觀未發氣象；又程門指示初學者攝情歸性之訣，而以

為無發時者，失其義矣。〔註279〕

因為前有言聖人其「庸」即「中」，故日用常行與人倫庶物皆是「性命」天道
之流行。「中」即「天命之性」，而「天命之性」是「天命不已，豈有未發之
時」，所以「中」是「常發」，故不可言「未發」。然而因為「中」之「停停當
當」，即「太極」本然之妙，而「太極」是「萬物常寂」，因此可言「不發」。
高攀龍認為《中庸》指「喜、怒、哀、樂未發」之「中」為「天命本體」。而
高攀龍認為「天命本體」是常發，而非「未發」，因此高攀龍認為《中庸》言
「未發」是「情之發，性之用」尚未表現，因為「性之體」之「善」是不可
見，可見者即「情之發，性之用」。「情之發，性之用」亦即「中」之「日用」
也。由上可知「庸」之「性命」乃「平平常常」的「人人本色」之「善」，但
是「性命」之體並不可見，須在「日用」之「情之發，性之用」之「中」中
見，故高攀龍言「中」之「天命本體」是「常發」而非「未發」。

然而《中庸》所謂之「未發」之「中」，乃因當「喜、怒、哀、樂未發」
亦即「太極本然之妙，萬古常寂也」，因此不可見性之體。但高攀龍認為「天
命本體」之「中」是「常發」之「情之發，性之用」。《中庸》言「中」為「喜、
怒、哀、樂未發」，但高攀龍則稱「中」為「不發」，即「情之發，性之用」
不發之狀態。故高攀龍認為「以善為無」者，是「以人倫庶物是善，而非性
也，是岐體用，岐本末，岐內外，岐精麤，心、迹而二之也。」因為以善為
無者，其是以「性」為無，就是前所言「至於倫物之間，知之不明，處之不
當，居之不安，將紛擾滋甚，而欲其無也」，認為去其紛擾，即是性本然狀態，
亦即「無」之意。當以「性」為無，其所日用常行雖合於善，但是「氣質之
性」之主體「善」。故高攀龍言「以善為無」乃「以人倫庶物是善，而非性也」。
因為「以善為性」是以「性」為「人倫庶物」，如同前「庸」之「性命」主體
之「善」即「中」之「日用」，亦為「即庸即中」之本體、工夫是一，此乃體
用是一也。因此若「以善為無」則「岐體用，岐本末，岐內外，岐精麤，心、
迹而二之也」。高攀龍云：

聖人之道一以貫之，是故言天下之至賾，而不可惡也；言天下之至

動，而不可亂也。彼外善以為性，故物曰外物，窮事物之理曰徇外，

〔註279〕高攀龍：〈未發言〉，《高子遺書‧經解類》，（台北，臺灣商務印書館文淵閣四
庫全書，民國72年），卷三，頁364。

直欲一掃而無之，不知心有未盡，不可得而無也；理有未窮，心不
可得而盡也。〔註280〕

高攀龍認為「以善為性」即可達到「聖人之道一以貫之」之境地。何謂「一
以貫之」？高攀龍云：

「一貫」二字乃夫子自言其道如此，夫子所以自生民以來未有者，
正在於此。自古聖人不及夫子者，只是貫不去，如程子言名為無，
不周徧，實則外於倫理者是矣。要知聖人一貫，且看中庸自喜、怒、
哀、樂未發，貫達德，達道九經，三重篤恭，而天下平者是矣。曾
子與門人指出忠、恕，即中庸之理，非有二也。吾輩當在日用間時
體貼，……聖人只在一處求，故曰：非多學而識。〔註281〕

高攀龍說明「以善為性」之聖人「一以貫之」之道是從儒家之創始者孔子言
「一貫」即開始。高攀龍藉孔子之學言來說明自己之「以善為性」的「一貫
之道」是其來有自。「古聖人不及夫子者，只是貫不去」昔日有許多聖人其比
不上孔子之因，就是不「一貫」，如同程明道「言名為無」是「不周徧，實則
外於倫理者是矣。」高攀龍藉此又批判言「善」為「無」者之弊端，因其「性」
是「不周徧」，並「外於倫理者」。高攀龍說明何謂「一貫之道」？高攀龍言
「一貫之道」即是指「中庸」之「喜、怒、哀、樂未發」，此時即「貫達德，
達道九經，三重篤恭，而天下平者是矣」。而高攀龍言曾子與門人所指出夫子
之道一以貫之，「忠、恕」即「中庸之理」。如《論語・里仁》：「子曰：『參乎！
吾道一以貫之。』曾子曰：『唯。』子出，門人問曰：『何謂也？』曾子曰：『夫
子之道，忠恕而已矣！』」〔註282〕何謂「忠恕」？朱注：「盡己之謂忠，推己
之謂恕。」〔註283〕《論語・衛靈公》云：「子貢問曰：『有一言可以終身行之
者乎？』子曰：『其恕乎！己所不欲，勿施於人。』」〔註284〕由上可知「一以
貫之」之中庸之理即是「盡己之忠」與「推己之恕」。高攀龍又言「吾輩當在
日用間時體貼」所以「忠恕」之「中庸」之理須在日用中體悟。高攀龍言「彼

〔註280〕高攀龍：〈許敬菴先生語要序〉，《高子遺書・序》，（台北，臺灣商務印書館文
　　　　淵閣四庫全書，民國72年），卷九上，頁546。

〔註281〕高攀龍：〈吾道一以貫之〉，《高子遺書・講義》，（台北，臺灣商務印書館文淵
　　　　閣四庫全書，民國72年），卷四，頁383。

〔註282〕朱熹：《四書集注・論語》，（台北，世界書局，民國86年3月），卷二，頁83。

〔註283〕朱熹：《四書集注・論語》，（台北，世界書局，民國86年3月），卷二，頁83。

〔註284〕朱熹：《四書集注・論語》，（台北，世界書局，民國86年3月），卷八，頁
　　　　169。

外善以爲性，故物曰外物，窮事物之理曰徇外，直欲一掃而無之，不知心有未盡，不可得而無也；理有未窮，心不可得而盡也。」高攀龍認爲當不「以善爲性」而是「以善爲外」之時，不知善就在吾身之中，因此要窮乎事物之理來求善，以爲要格盡天下之物，才得以盡物之理。「以善爲外」者，乃不知「心有未盡，不可得而無也；理有未窮，心不可得而盡也。」因此高攀龍認爲「一以貫之」即是「以善爲性」，所以「聖人只在一處求，故曰：非多學而識。」因此高攀龍認爲「一以貫之」的「天理」之物則，即是吾身之善，不須外求而得，故「非多學而識」。如《論語・衛靈公》：「子曰：『賜也，女以予爲多學而識之者與？』對曰：『然，非與？』子曰：『非也，吾道一以貫之。』」〔註285〕高攀龍云：

> 天下萬事皆有箇本源，從其本而求之，則雖難而實易，從其枝葉而求之，雖易而實難，義理無窮，學問亦無窮，此是言其讀書入頭處，諸友若誠實用力，則旬日之間，便各有所疑，學以能疑而進，有疑而師友決之，便沛然矣。〔註286〕

因此高攀龍認爲「天下萬事皆有箇本源，從其本而求之，則雖難而實易」，所以高攀龍認爲其「一貫之道」之「以善爲性」，即是天下本源。高攀龍又言「從其枝葉而求之，雖易而實難」，即高攀龍認爲佛氏「以善爲外」，若要求善就須格物物之理，實難求善也。所以「讀書入頭處」須先確立其本，便能事半功倍。高攀龍云：

> 此章聖人就人情上點出天性來，欲惡，情也，欲富貴，惡貧賤，人情之最切也。然是看同是不以道得之，一則不處，一則不去何也？以情言，富貴好過，貧賤難過；以性言，處非道之貧賤，反好過，處非道之富貴，反難過。只這一點過得過不得處，便是仁。只不瞞昧了，這點過得過不得處，便是不去。仁便是君子所以成名。由此觀之，名便是仁，總是實心，不是外面妝得門面之；仁便是名，總是實事，不是裡面弄得虛頭之。只是「君子去仁，惡乎成名」二句。聖人便把千古以來，不好名而不修行，好名而不根心之都破壞盡了。言君子不去仁，言到終食、造次、顛沛，已到至密處，何故？卻從

〔註285〕朱熹：《四書集注・論語》，（台北，世界書局，民國86年3月），卷八，頁165。

〔註286〕高攀龍：〈讀書法示揭陽諸友〉，《高子遺書・經解類》，（台北，臺灣商務印書館文淵閣四庫全書，民國72年），卷三，頁360。

富貴貧賤言來，蓋仁是人人具足之，只被那世情俗見封閉了，不得
出頭，今於富貴貧賤看得透了，心下方得湛然無事，方見仁之眞體。
有這眞本體，方有眞工夫，所以君子終食也在這裡，造次顛沛也在
這裡。〔註287〕

高攀龍此段落之內容，在闡述《論語・里仁》中論即孔子對人之處「富貴」
與「貧賤」中之取捨是否合「道」，來顯現仁之眞義。《論語・里仁》云：「子
曰：『富與貴是人所欲也，不以其道得之，不處也。貧與賤是人所惡也，不以
其道得之，不去也。君子去仁，惡乎成名？君子無終食之間違仁，造次必於
是，顛沛必於是。』曾子曰：『唯。』子出，門人問曰：『何謂也？』曾子曰：
『夫子之道，忠恕而已矣！』」〔註288〕而高攀龍認爲孔子以人情所欲之富貴與
人情所惡之貧賤來說明何謂「仁」，此即合乎高攀龍之「性」即是「人倫庶物」
之觀點，故高攀龍藉此章說明自己之「以善爲性」，而「善」之性之主體之「仁」，
即在「人情」中顯。

　　高攀龍認爲人情之最初而言，也就是就吾身形氣之氣質而言，人之選擇
一定是「欲富貴」、「惡貧賤」，即「以情言，富貴好過，貧賤難過」。但是高
攀龍卻言「以性言，處非道之貧賤，反好過，處非道之富貴，反難過。」所
謂「性」即「以善爲性」中「氣質之性」之主體之「善」，若不合於「道」之
富貴，反倒不好過。何謂「道」？高攀龍言：「道者率性之謂，天下豈有須臾
離性之人，百姓特日用而不知耳。」〔註289〕「道」即是「率性」，故「不合道」
即不「率性」而爲，「率性」乃依照吾人「氣質之性」中「善」之主體而行。
因此在這一點處不得之處即「仁」，亦即是「氣質之性」中之「善」之主體。
高攀龍由此點來看「君子去仁，惡乎成名」之意義，高攀龍言「名便是仁，
總是實心，不是外面妝得門面之；仁便是名，總是實事，不是裡面弄得虛頭
之。」因爲「仁便是君子所以成名。」故「名」即「以善爲性」之「仁」即
「實心」，因前高攀龍有言「仁、義、禮、智根於心」；「仁」即「名」即「實
事」，因爲「實心」之「仁」並不可見，所謂「道性善者，無聲無臭善之體」，
而可見者在「不處」與「不去」之實事中現。

〔註287〕高攀龍：〈富與貴章庚戌〉，《高子遺書・講義》，（台北，臺灣商務印書館文淵
　　　　閣四庫全書，民國72年），卷四，頁381。
〔註288〕朱熹：《四書集注・論語》，（台北，世界書局，民國86年3月），卷二，頁81。
〔註289〕高攀龍：《高子遺書・箚記》，（台北，臺灣商務印書館文淵閣四庫全書，民國
　　　　72年），卷二，頁347。

　　高攀龍言「言君子不去仁，言到終食、造次、顛沛，已到至密處」，因「卻從富貴貧賤言來，蓋仁是人人具足之，只被那世情俗見封閉了，不得出頭，今於富貴貧賤看得透了，心下方得湛然無事，方見仁之眞體。」因此由「人情」之「富貴貧賤」來看，因爲「仁」之「善」本具於吾人形氣之身的「氣質之性」中，所以吾人所表現「人情」之「富貴貧賤」的喜、惡中，本應表現出「仁」此「氣質之性」中「善」之主體，此即高攀龍所謂「性」即「人倫庶物」之意，但因前有言「人生而靜時，胸中何曾有一物來，其營營擾擾者，皆有知識以後，日添出來，非其本然也。」此外還有「世情俗見」之蔽，故看不透「人情」之「富貴貧賤」。但當吾人用「逆法」之「從矩」使所添增者，減之又減以至於「心下湛然無事」，即又見仁之眞體，此即知形氣之身仍是以「善」爲主體，如前所言復吾「太虛眞體」。因此高攀龍言有這「眞本體」之「善」，則會有「眞工夫」之「復性」，而這具體過程即「學」之工夫，藉此使此氣質之「養成之性」達到「浩然」之境界。因此君子不論「顛沛」或「造次」皆在終食間不違仁，因此「實事」而成「名」。故君子「顛沛」或「造次」終食間皆不違仁，就如同「堯舜」之「性善實證」，所以高攀龍再次說明「性善」之仁即是「實心」，即是在「人情」中人人能達成之「實事」。

第五節　即形即性即性即形

一、即形即性即性即形

　　高攀龍云：「天地間感應二者，循環無端，所云：定數莫逃者，皆應也。……『應』是受命之事。」〔註290〕高攀龍前有言「天」因「自感自應」而「爲物不貳」，「天命」即「應」，而「應」乃「定數莫逃」受命之事。高攀龍云：

　　　　太極者，具易而言，天地間莫非易，易有太極，非易之外別有所謂
　　　　太極也。且以吾身觀之，吾身是易，當下寂然，無些子聲臭，即是
　　　　太極。周子云：寂然不動者，誠也。誠即太極也。〔註291〕

高攀龍曰：「中者，天命之性，天命不已，豈有未發之時。蓋萬古流行，而太

〔註290〕高攀龍：《高子遺書·語》，（台北，臺灣商務印書館文淵閣四庫全書，民國
　　　　72年），卷一，頁341。
〔註291〕高攀龍：《高子遺書·會語》，（台北，臺灣商務印書館文淵閣四庫全書，民國
　　　　72年），卷五，頁418。

極本然之妙，萬古常寂也，可言不發，不可言未發。」〔註292〕高攀龍明白指
出「天命」之「性」之「中」即「太極」。薛瑄云：

> 如一人各具一太極也，一人之身心又統體之太極也，五臟百骸之理
> 又各具之太極也；一草一木各具一太極也，一草一木之根幹又統體
> 之太極也，枝葉花果又各具之太極也。萬物莫不皆然。〔註293〕

薛瑄以爲形氣之萬物皆各具「太極」，而其自身又可視爲一個「統體一太極」。
因此形氣之身乃一獨立「太極」之易生生之表現。高攀龍以吾身而論，吾身
之呼吸即「易」之表現，如高攀龍云：

> 元亨、利貞，皆善也，元而亨，而利而貞，貞而復元，故曰：繼之
> 者善；元始之。故曰：善之長。天地一闔一闢，吾人一呼一吸，繼
> 之而不已者，皆是此件，故曰：生生之謂易。〔註294〕

「太極」乃相對於生生之「易」而言，因爲「太極」本然之妙爲「萬古常寂」，
「易」卻是生生不息之爲物不貳。「太極」爲吾人之「性」，由此可知「太極」
之「性」即人永恆不變之本質。人之永恆不變之本質乃由「自感自應」之「太
虛元氣」其「爲物不貳」之「易」創生作用而來。高攀龍又云：

> 人之生也直，敬以直內而已。人之生也直，本體也。敬以直內，工
> 夫也。〔註295〕

《論語・雍也》云：「子曰：『人之生也直，罔之生也幸而免。』」〔註296〕孔子
認爲人生之「性」即「正直」不罔，而「罔」之不直者，乃有幸而免於難。
孔子認爲人之本性應該是善而直者，所不直者乃由於「習」之故，因此《論
語・陽貨》云：「子曰：『性相近也，習相遠也。』」〔註297〕而高攀龍對此段話
有新的詮釋。高攀龍云：

> 要知天地間一太和之氣而已，易曰：天地絪縕，此所謂太和也。人

〔註292〕高攀龍：〈未發説〉，《高子遺書・經解類》，（台北，臺灣商務印書館文淵閣四
庫全書，民國72年），卷三，頁364。

〔註293〕薛瑄：《薛瑄全集・讀書錄》，（山西，人民出版社，1990年8月），卷七，頁
1193。

〔註294〕高攀龍：《高子遺書・箚記》，（台北，臺灣商務印書館文淵閣四庫全書，民國
72年），卷二，頁347。

〔註295〕高攀龍：《高子遺書・語》，（台北，臺灣商務印書館文淵閣四庫全書，民國
72年），卷一，頁333。

〔註296〕朱熹：《四書集注・論語》，〈台北，世界書局，民國86年3月〉，卷六，頁98。

〔註297〕朱熹：《四書集注・論語》，（台北，世界書局，民國86年3月），卷九，頁179。

之生也得此以爲生。〔註298〕

高攀龍以爲人之「生」乃由「太和之氣」生生之易陰陽二氣氤氳相盪而生，故人之「生」即言人之「身」。高攀龍又曰：「人之生也直，直便是性。」〔註299〕高攀龍解釋「直」即「性」。此即解釋何謂「人之生也直，本體也。」因爲人之「生」是由「太和之氣」之易生生作用而來，再者，人之生而後才有此「身」，有此「身」即有此「直」之「性」，而此「直」之「性」亦是由「太和之氣」之氣本體而來，故「性」即「太和之氣」之氣本體。所以高攀龍明言「人之生也直，本體也」，此亦爲「人身」即「本體」之意。高攀龍云：

> 離卻生，無處見性，而孟子所謂性，與告子所謂性，所爭只在幾希。
>
> 故曰：人之所以異於禽獸者，幾希。〔註300〕

由前「人之生也直，本體也。」可知人之生而後才有此「身」，有此「身」即有此「直」之「性」。故高攀龍進一步肯定「離卻生，無處見性」。因爲「生」乃指吾人之身體、生命。呂坤云：

> 形者，氣之橐囊也；氣者，形之線索也。無形，則氣無所憑藉以生；
> 無氣，則形無所鼓舞以爲生。形須臾不可無氣，氣無形則萬古依然
> 在宇宙間也。〔註301〕

「形」之萬物須藉由「太虛元氣」才得此生命。而「太虛元氣」須藉由「形氣」才得以具體創生萬物。亦由於此高攀龍認爲沒有吾人形氣之生命與身體，即無人生命之身之存在。而無人生命之身的存在即無此人之「性」。高攀龍云：

> 天在眼前，人豈不知，只爲了言天命，不知如何爲命連天也。不知
> 了天只是天，一落人身故喚做命，命字即天也。〔註302〕

前高攀龍曾強調人要「知天」，乃因爲人可得此天命之「性」與天有極大之關聯，所以高攀龍言「命連天」。但對天而言，並無所謂「命」，只有對人而言，

〔註298〕高攀龍：〈子貢問師與商也孰賢章〉，《高子遺書・講義》，（台北，臺灣商務印書館文淵閣四庫全書，民國72年），卷四，頁392。

〔註299〕高攀龍：《高子遺書・會語》，（台北，臺灣商務印書館文淵閣四庫全書，民國72年），卷五，頁411。

〔註300〕高攀龍：《高子遺書・語》，（台北，臺灣商務印書館文淵閣四庫全書，民國72年），卷一，頁338。

〔註301〕呂坤：〈天地〉，《呻吟語》，（台北，志一出版社，民國83年7月），卷四，頁189。

〔註302〕高攀龍：《高子遺書・會語》，（台北，臺灣商務印書館文淵閣四庫全書，民國72年），卷五，頁416。

才有所謂「命」，因爲人之「性」是由天自感自應爲物不貳創生而來，因此「天只是天，一落人身故喚做命」，即人得此生命與形氣之身後才有所謂「性」之名。此即呼應「離卻生，無處見性」之意。高攀龍云：

> 得先生平等之教，并認平等之誤，平等者，性體也，森羅萬象，並育並行，善者還他善，惡者還他惡而已，無與焉之謂也。若非見性，人等惡於善究，且背善從惡矣。所謂火力煅煉質性穢濁，復吾太虛眞體，非以調停劑量之精神薰物而無忤也。體認如此，非造詣所到，先生以爲何如？〔註303〕

高攀龍認爲「氣質之性」中「善」之主體之「理一」之「天地之性」，此「天地之性」是「千萬人、千萬世是一箇」，而且「人」與「物」皆本具於其「氣質之性」中，並爲其「氣質之性」之本質，因此高攀龍言「平等者，性體也」。但因「氣質之性」中還有「分殊」，此會造成萬物之「形異」，因此高攀龍言「森羅萬象」，但因萬物皆有之「性體」是由「浩然之氣」之「易」生生之「善」而來，故「物物如斯」。所以高攀龍言「並育並行」，表示「浩然之氣」其「易」生生作用會不斷地創造「形異」之萬物，即「善者還他善，惡者還他惡而已，無與焉之謂也」。此外「浩然之氣」其「易」之生生亦不忘「命」其「善」爲萬物之「氣質之性」的道德主體。但是高攀龍認爲人須「見性」，才能知道己身之「氣質之性」是以「善」爲主體，因此不會「惡於善究，且背善從惡矣」，故能「火力煅煉質性穢濁，復吾太虛眞體」。萬物之「氣質之性」是以「善」爲主體的「太虛眞體」，而「太虛眞體」之狀態爲何？高攀龍云：

> 但自默觀吾性，本來清靜無物，不可自生纏擾，吾性本來完全具足，不可自虧欠；吾性本來蕩平正直，不可自做迂曲；吾性本來廣大無垠，不可自爲局促；吾性本來光明照朗，不可自爲迷昧；吾性本來易簡直截，不可自增造作。〔註304〕

高攀龍不言「性」，而言「吾性」，「吾」字表在吾人之身上認取此性。「本來」即本體義之意。高攀龍將「本體」與「吾性」結合，表示在吾人形氣之身上言「本體」。因此高攀龍是將「本體」和「形氣之身」說成一體，所以高攀龍

〔註303〕高攀龍：〈答南皋六〉，《高子遺書·書》，（台北，臺灣商務印書館文淵閣四庫全書，民國72年），卷八上，頁476。

〔註304〕高攀龍：《高子遺書·語》，（台北，臺灣商務印書館文淵閣四庫全書，民國72年），卷一，頁337。

認爲「氣質之性」是以「善」爲主體。高攀龍說明「氣質之性」其「善」之
主體之狀態爲「本來清靜無物」，此即指吾性是絕對純淨。「本來完全具足」
指吾性本來完全自足，完全具又具絕對無限義。「本來蕩平正直」指吾性道德
之標準。「本來廣大無垠」指吾性具有廣大之無限義。「本來光明照朗」指吾
性具自覺、察覺之能力，因「照」有覺察之意。「本來易簡直截」指吾性是簡
截單純。當可以達到「氣質之性」即「太虛眞體」的吾性本來面貌時，高攀
龍云：「形色天性，即形即性，即性即形，此之謂君子。」〔註305〕高攀龍言「形
色」即「天性」，其意乃言形氣之身其表現即是天命自然之本性。此即高攀龍
以爲「即形即性，即性即形」。因爲「形」指吾人之形氣之身，高攀龍明白地
指出吾人之形氣之身表現即人之本「性」，亦指人之本「性」即在吾人之形氣
之身中。孟子云：

> 形色，天性也。爲聖人然後可以踐形。〔註306〕

孟子意指人之形體容色皆是天所生之自然表現，聖人則可以藉此形體實踐道
德行爲，而「形色，天性也。」羅近溪云：

> 性所統宗，惟是生化之仁、合宜之義，舜之明物察倫，而性無不盡
> 者，……因性之仁，由之爲仁，初不知其爲仁，而乃行乎仁；因性
> 之義，初不知其爲義，而乃行乎義。〔註307〕

此句就如同高攀龍認爲天所命之性就在吾身之中，故吾身之一舉一動之行爲
表現，皆天命之性之道德表現。所以高攀龍認爲吾人之「性」即隨吾人形氣
之身存而始稱「天命之性」，若未有此身，皆稱作「天」，而不喚作「命」，更
不稱作「性」。高攀龍云：

> 形而後有氣質之性者，人至受形以後，天地之性已爲氣質之性矣，
> 非天地之性外復有氣質之性也。善反則氣質之性即爲天地之性，非
> 氣質之性外復有天地之性也。故曰：二之則不是。〔註308〕

高攀龍明白言「形而後有氣質之性者」，此段話更確立高攀龍「離卻生無處見性」

〔註305〕高攀龍：〈荅區羅陽太常〉，《高子遺書・書》，（台北，臺灣商務印書館文淵閣
　　　　四庫全書，民國72年），卷八上，頁500。
〔註306〕朱熹：《四書集注・孟子・盡心上》，（台北，世界書局，民國86年3月）。卷
　　　　七，頁405。
〔註307〕羅近溪：《盱壇直詮》，（明萬曆三十七年己酉曹胤儒刊本，台北，廣文書局，
　　　　民國66年），下卷，頁80。
〔註308〕高攀龍：《高子遺書・語》，（台北，臺灣商務印書館文淵閣四庫全書，民國
　　　　72年），卷一，頁341。

之觀念。「形而後有氣質之性者」此句高攀龍是將張載所言「形而後有氣質之性者」重新修訂過。因為「形而後有氣質之性者」最早由張載首先提出，而張載之思想是有一個超越在「氣質之性」以外之「天地之性」。但高攀龍認為人只有一性，即「氣質之性」，高攀龍要將「性」定位在「形氣」上。由「人至受形以後，天地之性已為氣質之性矣。」此句可知，高攀龍進一步說明「天地之性」轉化為形氣之身中「氣質之性」，其關鍵在於「人之受形」，即人之有此形氣之身以後，「性」之名才存在。所以高攀龍明確定義出其所認為之「性」，乃在人有此形體之身後。因為「天地之性」轉變成形氣之人之「氣質之性」，所以在「氣質之性」外，並無另一形上之「天地之性」之存在。因此高攀龍用「已為」來形容。因此「天地之性已為氣質之性矣」指人在受形之後，即無「天地之性」與「氣質之性」之分別，因為只一「性」即「氣質之性」。

　　高攀龍除了說明「性」之由來，高攀龍更解釋人有「氣質之性」之後，應如何回復「天地之性」之狀態？高攀龍言「善反則氣質之性即為天地之性，非氣質之性外復有天地之性也。故曰：二之則不是。」張載云：

> 形而後有氣質之性，善反之，則天地之性存焉。故氣質之性，君子弗性焉。〔註309〕

高攀龍認為吾人形氣之身之道德本性即「氣質之性」，並無所謂「氣質之性外之天地之性」，所以吾輩恰當地回復到道德本性，就可以得知「天地之性與氣質之性是一，非二」。此段話高攀龍先由人受形之過程來言，即是先「由天而言人」。高攀龍指出人受形之前有一個「浩然之氣」中之「天地之性」，但是人受形以後「天地之性」即轉變成人身上之「氣質之性」的道德本質。高攀龍再引申說明人受形後，其自身「氣質之性」中所具有「分殊」之「形異」與現實世界之外在環境，會影響人表現其「氣質之性」中「天地之性」之道德本質，故需要修養而回復到其行為表現皆合於「天地之性」之純然道德的境界，此即「由人而言天」。高攀龍言「善反則氣質之性即為天地之性，非氣質之性外復有天地之性也。故曰：二之則不是。」意指人之「氣質之性」即「天地之性」，兩者本是一，但因為受形以後，「天地之性」若落在形氣之人身上即稱作「氣質之性」，「氣質之性」會受到形氣本身之氣質與外在環境之影響，讓天所命之「理一」之「天地之性」展現為具體之道德行為時會有阻

〔註309〕張載：〈誠明篇第六〉，《張載集·正蒙》，（台北，漢京文化事業有限公司，民國72年9月），頁23。

礙，所以高攀龍再透過「善反則氣質之性即爲天地之性」說明現實形氣世界
中之惡並非「氣質之性」之原罪，而是因爲人不知「反」求於其「氣質之性」
中本具的「天地之性」。高攀龍云：

> 性者，學之原也。知性善而後可言學，知氣質而後可言性。故論性至
> 程、張而始定。張子曰：形而後有氣質之性。天地間性有萬殊，形而
> 已矣。……故有形以後皆氣質之性也。天地之性非學不復，故學以變
> 化氣質爲主。或疑天地之性、氣質之性不可分性爲二者，非也。論性
> 於成形之後，猶論水於淨垢器中。道著性字，只是此性；道著水字，
> 只是此水，豈有二耶。又或疑性自性，氣質自氣質，不可混而一之者，
> 亦非也。天地之道爲物不貳，故性即是氣，氣即成質。〔註310〕

高攀龍前有言「善反則氣質之性即爲天地之性」，故此句言「性者，學之原也。
知性善而後可言學，知氣質而後可言性。」「性者，學之原也。」「性」字所指
者乃張載所謂「天地之性」，此「天地之性」純善之性，此乃人可以「學」之因。
但高攀龍認爲既言「性」即在人受氣成形之後，故高攀龍言「故有形以後皆氣
質之性也」。高攀龍引張載之言「形而後有氣質之性。天地間性有萬殊，形而已
矣。」高攀龍說明爲何人受形之後即言「氣質之性」而不言「天地之性」，因爲
形氣之萬物具此形氣之身，即有不同之形體，其外形既異，故不可言同，而此
形異之「分殊」更顯形氣世界之萬殊中，森羅萬象之奇與異。如張載云：

> 有天地之性，萬殊之一本也；有氣質之性，一本之萬殊也。〔註311〕

故高攀龍既想強調形氣之亦又想保留「天地之性」之純善本質，因此高攀龍
說出「論性於成形之後，猶論水於淨垢器中。道著性字，只是此性；道著水
字，只是此水，豈有二耶。」此句明白說明「天地之性」與「氣質之性」之
不同。高攀龍認爲人之受形，「天地之性」即侷限於某一形氣之身，就如同「水」
裝於各種不同之器皿之中，水之外形會有所不同，而此時「天地之性」因爲
受到氣質所侷限，故稱爲「氣質之性」，而形氣之氣質會影響「氣質之性」中
其本質之「天地之性」的狀態，如同「論水於淨垢器中」一般，故高攀龍言
「天地之性非學不復，故學以變化氣質爲主。」希望透過「學」之修養工夫

〔註310〕高攀龍：〈氣質說〉，《高子遺書‧經解類》，（台北，臺灣商務印書館文淵閣四
　　　　庫全書，民國72年），卷三，頁366。
〔註311〕張載：〈誠明篇第六〉，《張載集‧正蒙》，（台北，漢京文化事業有限公司，民
　　　　國72年9月），頁23。

將氣質之影響剝落，讓人之「氣質之性」達到純淨無瑕之狀態，即如同人未受形前之「天地之性」之道德本質。

　　高攀龍言「道著性字，只是此性；道著水字，只是此水，豈有二耶。又或疑性自性，氣質自氣質，不可混而一之者，亦非也。」高攀龍意思乃是當人受形以後「天地之性」即與人之「氣質」成為一體，而不會產生如同朱學所謂「理氣不離不雜」之關係。而「天地之道為物不貳，故性即是氣，氣即成質。」高攀龍藉此句說明「天地之性」與「形氣」之身如何是一？因為形氣之身乃由「浩然之氣」易之生生作用為物不貳而來，故人之「性」即由「浩然之氣」之內涵而來，人之形氣之「身」亦由「浩然之氣」凝聚而成，因此人之「性」與人之「身」本質皆為「氣」，因此高攀龍言「性即氣，氣即成質」。此即呼應高攀龍所言「離卻生，無處見性」，因為「氣質之性」之「善」主體在形氣之身中，「氣質之性」與形氣之身本質皆同為「浩然之氣」，形氣之人「身」即具有「浩然之氣」之道德內涵。高攀龍云：

> 利貞者，性情也。成這物方有這性，故至利貞始言性情。貞之義大矣哉。四時以貞為冬，四德以貞為智，隆冬之時萬象寂然，無朕大智之人一點技倆，不形中庸，尚綱大易，藏密入德於此，成德於此。
>
> 〔註312〕

高攀龍言「成這物方有這性，故至利貞始言性情。貞之義大矣哉。」高攀龍認為「性」是在易之生生「成物」之後，又因為「利」是「完成創造」，「貞」則是將道德貞定在「易」所創造完成之物上，因此「利」代表創造完成形氣之物，即「情」，而「貞」代表貞定萬物之道德本性，所以就是「性」，所以高攀龍認為「利貞」可言人之「性情」。因為「貞」是將人之本性貞定在道德上，所以「貞」對人之道德意義重大。若就天地四時之春、夏、秋、冬自然變化而言，「貞」代表「冬」季，而「冬」是「萬象寂然」，因為「貞」代表人之「性」，而「性」是「易」之寂然不動之「太極」之「理」。若以「四德」之「仁、義、禮、智」言之，「貞」即代表「智」，因為「智」乃言「是非之心」，此即「心」道德判斷之能力，因為「貞」完成道德之「性」，故「貞」使道德之標準落在形氣之「性」中，故言「貞」即「智」之道德判斷之標準。由上可知人有此「貞」而具「無朕大智」。「朕」即徵兆。「無朕」乃無徵兆，

〔註312〕高攀龍：《高子遺書‧語》，（台北，臺灣商務印書館文淵閣四庫全書，民國72 年），卷一，頁 340。

此即指「虛」。「大智」則指「靈」，因此高攀龍言「弗虛弗靈，性弗著也」。故高攀龍言「不形中庸，尙絧大易，藏密入德於此，成德於此。」「中庸」即言「心性」，「心性」又由「大易」之生生而來，而「藏密入德」即言將「德」藏於「性」之「密」中；「成德於此」之意則是因「貞」完成道德之「性」。

二、仁者莫妙於人己之間

高攀龍云：「明道又曰：安有識得易後，不知退藏於密。密是用之源，聖人之妙處。又曰：形而上者，乃密也。發密義無餘蘊矣。」〔註313〕高攀龍言「形而上者，乃密也。」所以「密」指形上之易，因此密、易皆指形而上者。而「密」又是指人「性」，所以「易」即是「密」，因此人之「性」即是「易之生生」之善。高攀龍云：

> 以此洗心，退藏於密，隨處是密。程子曰：密者，用之源，顯諸仁即是藏諸用。譬如一株樹，春氣一動，抽芽發枝，枝葉都是春發出，是顯諸仁；然春都在枝葉，即藏諸用。夫子言仁，曰：恭、寬、信、敏、惠可見仁都在事物上，離事無仁。密不在寂然不動中尋，又不是舍寂然不動處有密，密只是藏諸用。〔註314〕

前有言「密」指「性」，而「密」又是用之源。而高攀龍言：「顯諸仁即體即用，藏諸用即用即體。」〔註315〕高攀龍利用「春」之體與「枝葉」之用之關係說明「性」之「體」與「性」之「用」的關係。高攀龍認爲因爲「春」之體並不可見，但是當春之體發用之時，可見者「枝葉」之生長，吾輩由「枝葉」之生長可見春之體就在枝葉中。所以高攀龍言「枝葉都是春發出，是顯諸仁」。薛瑄云：

> 只是一個「性」，分而爲仁、義、禮、知、信，散而爲萬善。〔註316〕

> 人性分而言之有五，合而言之則一。〔註317〕

〔註313〕高攀龍：《高子遺書・語》，（台北，臺灣商務印書館文淵閣四庫全書，民國72年），卷一，頁341。

〔註314〕高攀龍：《高子遺書・會語》，（台北，臺灣商務印書館文淵閣四庫全書，民國72年），卷五，頁418。

〔註315〕高攀龍：《高子遺書・語》，（台北，臺灣商務印書館文淵閣四庫全書，民國72年），卷一，頁337。

〔註316〕薛瑄：《薛瑄全集・讀書錄》，（山西，人民出版社，1990年8月），卷八，頁1228。

薛瑄說明「性」之與「五常」之仁、義、禮、智、信之間之關係，猶如「本」與「末」之關係。因為「性」以善之內涵為「本」，才有分殊「萬善」之不同表現。高攀龍又言「然春都在枝葉，即藏諸用。」由此吾輩可以得知「仁」即「春」之「體」並不可見，而可見者為「仁」之「用」，因「仁」之「用」即在具體之事上表現出之「恭、寬、信、敏、惠」。何謂「恭、寬、信、敏、惠」？《論語・陽貨》云：

> 子張問仁於孔子。孔子曰：能行五者於天下為仁矣。『請問之？曰：
> 恭、寬、信、敏、惠。恭則不侮，寬則得眾，信則任焉，敏則有功，
> 惠則足以使人。〔註318〕

「恭」即是對人恭敬，就不會遭受他人之侮辱；「寬」指待人要寬厚，就可以得到大眾之擁護；「信」對他人有信高，別人就信任你；「敏」指做事敏捷，才容易成功；「惠」施惠給人，他人才會自願為你所驅使。高攀龍認為「恭、寬、信、敏、惠」此五者是在人倫庶物上待人接物之方法，亦即「仁之用」。由此可知「性」之體之「仁」並不可見，可以見者在人倫庶物上、待人接物之事上所表現出之「恭、寬、信、敏、惠」的「仁之用」，由此可知「離事無仁」。薛瑄又云：

> 萬事萬物，一理貫之，理即性也。性之仁貫乎父子之親，仁民愛物
> 之類；性之義，貫乎君臣之義，尊賢之等，事物之遺；性之禮，貫
> 乎長幼之序，天秩之節文儀則；性之知，貫乎夫婦之別，是非、善
> 惡、賢否之分；性之信，貫乎朋友之交，五常萬事之實。只一性，
> 貫乎萬事萬物，所謂「一理渾然而泛應曲當」也。〔註319〕

薛瑄認為「理一」至善之性之內涵，可以散為萬事，而可「一理渾然而泛應曲當」。此如同高攀龍所言「密不在寂然不動中尋，又不是舍寂然不動處有密，密只是藏諸用。」「密」之「性」其實乃為一「寂然不動」之「體」，但「密」之「顯」卻是在「動」中，即是在日用常行的仁之息息表現中顯，此乃「性無須臾離人」與「離事無仁」之意。高攀龍云：

〔註317〕薛瑄：《薛瑄全集・讀書錄》，（山西，人民出版社，1990 年 8 月），卷八，頁
　　　　1051。
〔註318〕朱熹：《四書集注・論語》，（台北，世界書局，民國 86 年 3 月，），卷九，頁
　　　　180。
〔註319〕薛瑄：《薛瑄全集・讀書續錄》，（山西，人民出版社，1990 年 8 月），卷十，
　　　　頁 1473。

夫子曰：爲仁由己。曾子曰：以友輔仁何也？仁，人也。仁也者，
與人爲體者也；人也者，與仁爲用者也。胥天下之人而於仁之中也，
猶之胥天下之木而於春之中也。春不可見，而見之於木；仁不可見，
而見之於人。仁之於人，無一膜之隔；人之於仁，若萬里之阻，何
也？各己其己也。是故胥天下之謂仁，執一人之謂己，推己而人之
則仁，執人而己之則不仁。故爲仁者，莫妙於人己之間，吾之所不
得而知也。相觀相摩，相習相薰，忽不覺其執者化，推者通，而仁
矣。故曰：輔仁，輔仁者，友也。以者孰以之爲仁由己也。馬銘鞠
諸君，知於文中求友，友中求仁，爲作輔仁言。〔註320〕

《論語‧顏淵》云：「曾子曰：『君子以文會友，以友輔仁。』」〔註321〕曾子以
「君子以文會友，以友輔仁」來回答孔子所問「爲仁由己」之方。而高攀龍
進一步闡述何謂「爲仁由己」？高攀龍認爲「仁」與「人」爲「體」、「用」
關係，因爲「仁」與「人」即如同「春」與「枝葉」之關係。「仁」即人之體；
「人」即仁之用，「仁」之體不可見，而可見者是「人」身，因此人之「爲仁」
即須由「己」之身行之。而「仁之於人，無一膜之隔」，因當「各己其己」時，
人即不「仁」，即「人之於仁，若萬里之阻」。高攀龍前有言夫子之道是「一
以貫之」，即「忠恕」之道，而「盡己之謂忠」、「推己之謂恕」，高攀龍言「天
下之謂仁，執一人之謂己，推己而人之則仁」，所以高攀龍認爲人之其體是善
之「仁」，卻不應只是獨善其身之「盡己」，而是須再「推己而人」之「恕」
道，如《論語‧顏淵》云：

顏淵問仁。子曰：克己復禮爲仁。一日克己復禮，天下歸仁焉。
〔註322〕

因此高攀龍言「仁者，莫妙於人己之間，吾之所不得而知也。相觀相摩，相
習相薰，忽不覺其執者化，推者通，而仁矣。」高攀龍認爲「爲仁由己」之
盡「忠」外，又須「以友輔仁」來達到「恕」之推己及人，使「仁」妙乎人
我之間，天下歸仁之境地。因此「仁」雖不可見，但是由「人」、「我」之日
用常行之相觀相摩、相習相薰中，「仁」即息息展現之。高攀龍云：

〔註320〕高攀龍：〈輔仁說〉，《高子遺書‧經解類》，（台北，臺灣商務印書館文淵閣四
　　　　庫全書，民國72年），卷三，頁374。

〔註321〕朱熹：《四書集注‧論語》，（台北，世界書局，民國86年3月），卷二，頁81。

〔註322〕朱熹：《四書集注‧論語》，（台北，世界書局，民國86年3月），卷六，頁
　　　　137。

今人將聖人言仁者，做玄微道理，以爲非聖賢不能與，於此在自家
身上是沒要沒緊的，不知其爲民生日用，須臾不可離也。人生有身
必有所處，不處約、便處樂。不仁之人，約也，處不得；樂也，處
不得。即使暫處，斷不能久長，是此身無一處可著落也。〔註323〕

《論語‧公冶長》云：「子曰：『不仁者，不可以久處約，不可以常處樂，仁者
安仁，智者利人。』」〔註324〕此段話乃因高攀龍爲了重新詮釋《論語》中約、
樂之意。而高攀龍前有言「仁」乃「氣質之性」中「善」之主體之道德內涵。
但是人們不知「善」是人人本具，以爲只有聖人才有此「仁」之善，故「於此
在自家身上是沒要沒緊的，不知其爲民生日用，須臾不可離也。」孫應鰲云：

「仁者，人也。」有此人身，便有此天理，乃與生俱生，與形俱形，
不可須臾離者也。合而言之，則仁之理在人之身，人之身全人之理。
〔註325〕

孫應鰲認爲人有此身之形便有此「仁之生理」，是「與生俱生，與形俱形，
不可須臾離者也」，故言「仁者，人也」。高攀龍曰：「道者率性之謂，天下
豈有須臾離性之人，百姓特日用而不知耳。」〔註326〕高攀龍認爲「善」是
在「氣質之性」中爲其主體，而「氣質之性」又是吾人身之「性」，故「天
地一闔一闢，吾人一呼一吸」，在吾身之鼻息呼吸間，即是息息踐「仁」此
道德之「善」。

《易‧繫辭上傳》中有云：「一陰陽之謂道，繼之者善，成之者性。仁者見
之謂之仁，知者見之謂之知，百姓特日用而不知，故君子之道鮮矣。」〔註327〕
《易‧繫辭上傳》言「一陰陽之謂道」，所以「道」即是易之陰陽二氣氤氳相生
萬物之過程。而其又言「仁者見之謂之仁，知者見之謂之知，百姓特日用而不
知」因此若就人身而言，「道」即是人身日用常行之息息表現。高攀龍又言「道
者率性之謂」人生日用常行之息息表現即是「率性」。因此高攀龍認爲「天下豈

〔註323〕高攀龍：〈仁者不可以久處約章〉，《高子遺書‧講義》，（台北，臺灣商務印書
館文淵閣四庫全書，民國72年），卷四。頁380。

〔註324〕朱熹：《四書集注‧論語》，（台北，大安出版社，民國88年7月），卷六，頁85。

〔註325〕孫應鰲：《四書近語》，《陽明學研究叢書‧孫應鰲文集》，（貴州，教育出版社，
1990年），頁315。

〔註326〕高攀龍：《高子遺書‧箚記》，（台北，臺灣商務印書館文淵閣四庫全書，民國
72年），卷二，頁347。

〔註327〕朱熹：《周易本義‧繫辭上傳》，（台北，大安出版社，民國88年7月），卷三，
頁238。

有須臾離性之人」，意指只要吾身一息呼吸尚存，「性」即是人須臾不離之本質。
所以高攀龍即言「人生有身必有所處，不處約、便處樂。不仁之人，約也，處
不得；樂也，處不得。即使暫處，斷不能久長，是此身無一處可著落也。」高
攀龍言「人生有身必有所處」，因人無須臾離性，故人無一息離道，所以人身必
處在「性」之主體之「善」中，亦即是高攀龍所謂之「仁」之「約」與「樂」
中。人若不處於此處，即是所謂「不仁之人」，高攀龍云：

> 所謂仁也，出乎此即是不仁，中間更無站立處。〔註328〕

因爲出乎仁「中間更無站立處」，故高攀龍言「不仁之人」其「此身無一處
可著落」。所以由「所謂仁也，出乎此即是不仁，中間更無站立處。」得知
「仁」爲「氣質之性」中「善」之主體之內涵，亦即爲絕對地道德標準。高
攀龍云：

> 性可默識，不可言求何者？性無形體，安得以言形之，惟吾夫子以
> 中庸二字言性，故中庸首言：天命之謂性。未言上天之載無聲無臭。
> 中庸一書只言得一性字而已，非天子不能傳，此二字非子思不能傳，
> 此一書有云：不睹不聞之時者矣。有云：不睹不聞之體者矣。云：
> 體者，無時而不在，體即時也。云：時者，無時而不體，時即體也。
> 戒慎恐懼，即時即體也。爲物不二者也。〔註329〕

高攀龍明白指出「性可默識，不可言求」，因爲「性」乃「無聲無臭」、無形
體之「善」，故不能用言語、思維說明，只能藉由人形氣之身之力行實踐來體
悟。因「性無形體」孔子以「中庸」言之，而《中庸》首言「天命之謂性」。
由此可知人之「性」乃由「浩然之氣」之易大化所命，而高攀龍前又補充說
明，有此形氣之身後，才有此「氣質之性」。而由《中庸》所言「不睹不聞之
時者矣。」與「不睹不聞之體者矣。」知道「時」與「體」皆是「不睹不聞」
之無形無狀者。

　　《中庸》言「體者，無時而不在，體即時也。」與「時者，無時而不體，
時即體也。」高攀龍認爲此句意義是「體」即就橫平面言，即「本體在身中」，
此就「普遍性」而言；「時」乃就縱貫面言，即指「任何時空」本體皆在身中，

〔註328〕高攀龍：《高子遺書·語》，（台北，臺灣商務印書館文淵閣四庫全書，民國
　　　　72年），卷一，頁332。
〔註329〕高攀龍：《高子遺書·語》，（台北，臺灣商務印書館文淵閣四庫全書，民國
　　　　72年），卷一，頁338。

即「永恆性」之意。高攀龍之「體」有本體義，其意指「本體在身中」，亦即言易之生生之「善」為形氣之「氣質之性」之主體，此乃為「以善為性」之意。但若單就此言，只是橫平面之空間問題。故高攀龍又加入「時」之說法，加入縱貫面之說法，此即言立體之時間，其意乃是「從古至今」，此「善」之本體都在形氣之身中。而高攀龍又言「戒慎恐懼，即時即體也。為物不二者也。」《中庸》云：

> 道也者不可須臾離，可離非道也。是故君子戒慎乎其所不賭，恐懼
> 乎其所不聞，莫見乎隱，莫顯乎微，故君子慎其獨也。〔註330〕

高攀龍認為人無時不「慎」此在吾身中具有永恆性與普遍性之「獨」體。高攀龍云：

> 往者從結心開處窺見本性風光，未嘗不知人之即天也，物之即我也，
> 凡之即聖也，今之即古也，倫常日用之即神化性命也。然有陰氣在
> 如月光，然讀先生合編，竟先生之言如赫曦透體一逼，逼去寂靜的
> 意思。覺此身方活，見人方親，方有味呼。「善與人同」之語，此乃
> 為寂靜也，初看便有此意，今乃益實感幸之餘，附此為報，由此而
> 之，未知能不負先生否耳。〔註331〕

由前高攀龍認為「善」之本體是「即時即體」之觀點來看「本性的風光」，即是「人之即天也，物之即我也，凡之即聖也，今之即古也」，因為不論是「人」、「物」或「凡」者之形氣之身皆有此「善」之「太虛眞體」，故可以達到「天人是一」、「物我是一」、「凡聖是一」與「古今是一」之境地。因此高攀龍言「倫常日用之即神化性命也」，此即「善與人同」之意。故高攀龍云：

> 性既善，才豈有不善？迷於性則不善，復於性則善如反掌。然能反
> 者，乃才也。〔註332〕

高攀龍是「以善為性」，因此「善」之本體無時無刻不在形氣之身中，故高攀龍言「性既善，才豈有不善」。而高攀龍認為若不「慎」此以「善」為體之「氣質之性」，則不善也。但因為「善」在氣質之「才」中，故只要透過「學」之工夫，便可以「復性」而有如反掌之易。高攀龍除了說明「形氣之身」中具

〔註330〕朱熹：《四書集注·中庸》，（台北，世界書局，民國86年3月），頁26。
〔註331〕高攀龍：〈荅南皋四〉，《高子遺書·書》，（台北，臺灣商務印書館文淵閣四庫全書，民國72年），卷八上，頁476。
〔註332〕高攀龍：《高子遺書·語》，（台北，臺灣商務印書館文淵閣四庫全書，民國72年），卷一，頁343。

有「善」之道德主體外，高攀龍更肯定「氣質」之「才」之意義與價值，「才」除了具有「各正性命」之道德價值外，更因為有此「氣質」形氣之身，進而可以「養」吾「氣質之性」，回復到最初「天地之性」純善之境地。故高攀龍再一次肯定「離卻生無處見性」之意。